浙江省社会科学界联合会研究课题

VR 技术在高校英语教学领域的应用研究 课题编号：2019B29

信息化时代职业英语教学改革路径探析

朱尧平　著

九州出版社
JIUZHOUPRESS

图书在版编目（CIP）数据

信息化时代职业英语教学改革路径探析 / 朱尧平著．
北京：九州出版社，2024.5. -- ISBN 978-7-5225
-3007-9

Ⅰ．H319.1

中国国家版本馆 CIP 数据核字第 20240Z1K78 号

信息化时代职业英语教学改革路径探析

作　　者	朱尧平　著
责任编辑	云岩涛
出版发行	九州出版社
地　　址	北京市西城区阜外大街甲 35 号（100037）
发行电话	（010）68992190/3/5/6
网　　址	www.jiuzhoupress.com
印　　刷	河北万卷印刷有限公司
开　　本	710 毫米 ×1000 毫米　　16 开
印　　张	16.5
字　　数	230 千字
版　　次	2024 年 5 月第 1 版
印　　次	2024 年 5 月第 1 次印刷
书　　号	ISBN 978-7-5225-3007-9
定　　价	98.00 元

前言 PREFACE

随着信息化时代的到来，人们面临着越来越多的挑战与机遇，教育领域也不例外，特别是职业英语教学，作为培养应用型人才的重要途径，一直以来备受关注。在此背景下，信息技术对职业英语教学的影响愈发显著，如何顺应时代发展，实现职业英语教学的改革与创新成为一个亟须解决的问题。本书是作者基于《兼顾道德性的英语课堂有效教学》《改革开放 40 年我国高职英语课程教学改革的回顾、反思与展望》《"活动观与质量观兼行"：英语课程深度教学的实现》，以及《改革与发展——互联网＋时代高职英语教学发展新动向》等成果之上，进一步研究职业英语教学方面的著作，旨在探讨信息化时代职业英语教学的改革路径，以期为相关领域的研究者和教育工作者提供有益的借鉴和启示。

本书共分八个章节。

第一章主要对信息化时代的产生与发展、概念与内涵，以及信息技术教育的概念与类型进行了阐述，旨在为读者提供全面的背景知识。

第二章聚焦于职业英语教学的相关概述，包括教学理论、教学原则、专业建设和课程设置等方面。在这一章节中深入探讨了职业英语教学领域的基本理念，为后续章节的讨论奠定了基础。

第三章着重分析信息化时代职业英语教学改革的现实情况，并通过对改革形势与要求的梳理，以及对信息技术在职业英语教学中的应用内涵、意义、目标和方法的探讨，为教学改革提供理论支撑。

第四章关注信息化时代职业英语教学的教学内容改革，涵盖职业类、文化类和思政类教学。本章旨在指导教育工作者根据新时代的要求，调整教学内容，以满足职业英语学习者的需求。

第五章主要讨论信息化时代职业英语教学的教学模式改革，包括慕课、微课和混合式教学等教学模式。本章旨在帮助读者了解这些创新教学模式的设计和应用，以提高职业英语教学的质量。

第六章着眼于信息化时代职业英语教学的学习模式改革，主要探讨自主学习、体验式学习和项目式学习等模式。在这一章节中分析了各种学习模式的特点和优势，以及如何将它们有效地融入职业英语教学中，从而激发学生的学习兴趣，提高学习效果。

第七章聚焦于信息化时代职业英语教学的教学评价改革，分析了英语教学评价及其改革的必要性，探讨了多元教学评价体系构建的原则和方法。本章旨在引导教育工作者摆脱传统评价体系的束缚，设计出更加符合信息化时代特点的多元教学评价体系。

第八章专门讨论信息化时代职业英语教师的素质培养与能力提升。在这一章节中分析了职业英语教师的基本素质要求、专业教学能力、信息化素质要求及培养方法、教师的信息化教学能力及提升方法，有助于教师提升自身素质，使其更好地适应信息化时代职业英语教学的需求。

总之，本书立足于信息化时代背景，系统地探讨了职业英语教学改革的路径，希望为职业英语教学领域的研究者和教育工作者提供有益的理论指导和实践参考，共同推动职业英语教学的改革与发展，为培养更多高素质应用型人才贡献力量。

目 录 CONTENTS

第一章 信息化时代
与信息技术教育

第一节 信息化时代的产生与发展

一、信息化时代产生与发展的背景

（一）科技创新背景

20世纪中后期，计算机技术、互联网技术和移动通信技术等的突破性发展，为信息传播和处理提供了前所未有的便利。

在这一时期，计算机技术的快速发展为大量数据的存储和处理提供了可能，使信息处理效率得到极大提高。计算机硬件的不断迭代升级使计算机的计算能力得到了飞速提升，计算机软件的多样化也为各行各业提供了强大的支持。

互联网技术的发展则为全球范围内的信息传播和共享提供了便捷的途径，特别是万维网（World Wild Web）的诞生，使互联网成为一个开放、自由的信息传播平台。在此基础上，各种网络应用如雨后春笋般不断涌现，改变了人们的生活方式和工作模式。

移动通信技术的突破性发展，特别是3G、4G、5G等新一代通信技术的出现，使移动互联网成为可能。移动互联网不仅能使人们随时随地获取信息，还催生了一系列新兴产业，如电子商务、移动支付等。这些新兴产业的发展为经济增长带来了新的动力，进一步推动了信息化时代的发展。

（二）全球经济一体化背景

随着全球经济一体化的加速推进，世界各国之间的经济联系日益紧密。全球化使资本、技术、人才等生产要素的跨国流动变得更加自由和便捷，为各国经济的发展带来了新的机遇和挑战。在这个过程中，信息技术成为各国提高竞争力的关键手段。

为了适应日益激烈的国际市场竞争，各国纷纷加强对信息技术的投入和研究，企图在全球市场中占据有利地位。这促使信息技术的应用逐渐渗透到各个产业领域，推动了产业结构的调整和优化。同时，跨国公司在全球范围内的布局也为信息技术的传播和应用创造了条件，进一步加速了信息化时代的形成。

（三）社会发展背景

一方面，随着现代社会的发展，人们对信息的需求与日俱增。信息技术的发展满足了人们在教育、医疗、娱乐等领域的需求，使人们的生活质量得到显著提升。在线教育、远程医疗等应用的出现打破了传统的地域和时间限制，让更多的人能够享受到优质的教育和医疗资源；社交媒体、在线视频、数字音乐等的应用为人们的日常娱乐也带来了丰富的选择。

另一方面，信息技术的普及改变了人们的交流方式和价值观念。传统的面对面交流逐渐被即时通信、社交网络等新型交流方式所替代，人们在网络空间中建立起了新的社交关系。网络空间成为人们表达自我、交流思想、分享生活的重要舞台，同时也催生了许多新兴的网络文化现象，如自媒体等。

（四）政策相关背景

在世界范围内，各国政府都意识到了信息技术在经济发展和社会进步中的重要作用。因此，许多国家纷纷制定相关政策和战略，以推动信息技术的研发、应用和普及。例如，各国政府通过投资科研项目、扶持高新技术企业、建设信息基础设施等措施，为本国信息技术的发展创造了有利环境；各国政府还制定了一系列法规和标准，以保障信息安全、维护网络秩序、保护用户隐私等，使信息技术得以健康、有序地发展。

在全球范围内的政策引导和法规支持下，信息技术的研发、应用和普及得到了快速推进，为信息化时代的形成和发展提供了有力保障。综上所述，科技创新、全球经济一体化、社会发展和政策相关背景共同推动了信息化时代的产生。

二、信息化时代的发展历程

（一）20世纪40年代计算机技术诞生

1946年，世界上第一台电子计算机ENIAC问世，标志着计算机技术的诞生。这不仅是信息化时代发展的基石，更为后续信息技术的发展奠定了基础。ENIAC的出现引领了计算机科学的研究方向，对计算机行业的发展产生了革命性的影响。同时，电子管、晶体管和集成电路等技术的发展和进步，不仅使计算机的运算速度得到了显著提高，还使计算机的体积逐渐缩小成为可能，为信息技术的普及和应用奠定了基础。

（二）20世纪60年代计算机网络技术开始发展

1969年，美国阿帕网（ARPANet）组建。作为互联网的前身，阿帕网的建立标志着计算机网络技术的发展开始进入快速发展阶段。阿帕网最初是为了实现美国国防部高级研究项目局（ARPA）下属机构之间的数据通信。随着阿帕网的不断发展，新的技术和协议不断涌现，如 TCP/IP（传输控制协议 / 互联网协议）的设计和应用，使计算机网络得以快速拓展，为后来的互联网发展奠定了基础。

（三）20 世纪 70 年代个人电脑诞生

1974 年，世界上第一台个人电脑 Altair 8800 问世。个人电脑的诞生使计算机技术开始走入普通家庭，为信息化时代的到来创造了条件。在此期间，计算机硬件的发展得到了空前的推动，各类个人电脑不断涌现，如 Apple Ⅱ、IBM PC 等。随着硬件性能的不断提升，软件开发也得到了空前的繁荣，各种应用软件，如办公软件、游戏软件等应运而生，推动了个人电脑在社会生活中的普及和应用。

（四）20 世纪 80 年代互联网技术得以发展

1989 年，蒂姆·伯纳斯－李（Tim Berners-Lee）提出了万维网的概念，使互联网技术得以迅速发展和普及。互联网技术的发展为信息化时代的形成提供了重要支撑。万维网的出现使互联网不再局限于科研和军事领域，而是开始向普通民众开放。随着网页浏览器的发展和普及，如 Mosaic 和 Netscape Navigator，越来越多的人开始使用互联网获取信息、交流思想。同时，电子邮件、论坛、聊天室等应用的出现，为人们提供了全新的交流方式，推动了全球范围内的信息传播和分享。

（五）20 世纪 90 年代信息化时代初现

随着互联网的广泛普及，信息技术在经济、政治、文化、教育等各个领域开始发挥重要作用，信息化时代逐渐展现出其初步特征。互联网逐渐成为人们获取信息、交流思想的重要途径，极大地促进了全球经济一体化和社会的发展。电子商务的兴起改变了传统的商业模式，消费者可以在线购物，这为企业带来了更大的市场空间。同时，政府部门也开始运用信息技术，如电子政务平台为公民提供各类服务，有效提高了行政效率。

三、信息化时代的发展现状

当今时代是信息化迅速发展的时代，信息化时代的发展深刻地影响着全球范围内的世界发展、社会发展和人们的生活。

在世界发展方面，电子商务、金融科技等新兴产业的迅速崛起，为全球经济增长注入了新的活力；跨境贸易和投资的便利化，使全球经济一体化进程加快，为各国带来了更广阔的市场和发展机遇。

在社会发展方面，信息技术的广泛应用已经深入各个领域。在教育领域，远程教育、在线课程等新型教育模式的出现，为人们提供了更加便捷和高效的学习途径，打破了地域和贫富差距对教育资源的限制；在医疗领域，远程医疗、人工智能辅助诊断等技术的应用，提高了医疗服务的水平和效率，使更多的人能够享受到优质的医疗资源；在政府治理方面，电子政务的推广实施，提高了政府部门的行政效率，简化了公民的办事过程。

在人们的生活方面，信息化时代带来了诸多便利。例如，移动支付、在线购物等应用使人们的消费更加便捷；社交网络、即时通信软件等工具改变了人们的交流方式，拉近了人与人之间的距离；智能家居、物联网等技术的发展为人们的生活带来了较大的便捷和舒适。

然而，信息化时代在发展过程中也存在一些问题。首先，信息安全和隐私保护成为亟待解决的问题。随着大数据和云计算技术的广泛应用，网络攻击和数据泄露事件时有发生，这给个人隐私和国家安全带来了隐患。其次，网络成瘾和过度依赖互联网也对人们的生活产生了一定的负面影响，特别是青少年群体，如果长时间沉浸于网络世界，会严重影响身心健康和正常的社会交往。最后，数字鸿沟现象依然存在，特别是在发展中国家和欠发达地区，数字技术的普及和应用水平仍然有待提高，这在一定程度上加剧了区域之间的发展不平衡。

为了应对这些问题，各国政府和有关组织首先需要采取相应措施，加强信息安全防护，保护个人隐私和国家安全。其次，需要通过教育和宣传，引导公众正确使用互联网，提高网络素养，避免网络成瘾和过度依赖互联网。最后，还需要关注和解决数字鸿沟问题。各国政府和国际组织需要共同努力，加大投入，推动互联网基础设施建设，提高网络覆盖率，尤其是对于发展中国家和欠发达地区，要加强数字技术培训和教育，提高当地居民的数字技能，使他们能够更好地融入信息化时代，分享数字经济带来的红利。

第二节　信息化时代的概念与内涵

一、信息化时代的概念

信息化时代，又称为数字时代，其代表着在当代社会，信息技术（IT）与通信技术（ICT）发挥关键作用，对各个领域产生深远影响的一个历史阶段。在这个阶段，信息技术与通信技术的快速发展和普及，不仅推动了社会生产力的提升，也改变了人们的生活方式和思维模式。

信息化时代的特点体现在数据信息的广泛获取、传播和应用方面。在这一时期，信息传递速度得到极大提升，使全球范围内的实时沟通成为可能；大数据技术和云计算的发展，进一步提高了信息处理和分析能力，为各行各业提供了更为精确和高效的决策支持。

在信息化时代中，知识经济逐渐成为发展的主导力量，人们对创新、创意和知识的需求与日俱增。因此，个人和企业在竞争中所需的核心竞争力也从传统的资源优势转向对知识和技能的掌握。信息化时代还促使全球经济一体化进程加速，国与国之间的经济、政治、文化交流变得更加紧密。总之，信息化时代是以信息技术与通信技术为核心的现代社会发展阶段，其所带来的变化已经深入各个领域，对人类社会产生了广泛而深刻的影响。

二、信息化时代的内涵特征

（一）信息资源丰富

在信息化时代，信息的产生和传播速度呈指数增长，来源渠道不断增多。互联网技术的发展使信息传递不再受地域限制，全球范围内的信息共享变得简单便捷。从新闻到学术研究，再到娱乐、生活服务，信息内容五花八门，形式各异。信息技术的创新，如多媒体技术、虚拟现实（VR）技术等，也为信息呈现提供了更加丰富的表现形式。这种信息资源的丰富性拓宽了人们的知识视野，为社会经济发展提供了源源不断的动力。

（二）信息传递高效

得益于互联网和移动通信技术的进步，信息的传递速度得到提升，范围得到拓展。无论是通过电子邮件、即时通信工具，还是通过社交媒体，人们都可以随时随地获取和分享信息，全球范围内的实时沟通和协作成为可能，为国际交流与合作创造了便利条件。这种高效的信息传递方式加速了知识的传播和创新，推动了社会的进步。

（三）信息处理智能化

随着大数据、云计算和人工智能技术的发展，信息处理变得更加智能和高效。例如：大数据技术能够从海量信息中挖掘有价值的数据，为企业和政府提供精确的决策依据；云计算技术是一种通过互联网提供计算、存储和服务的方式，这使用户无须拥有物理硬件设备就能灵活、高效地访问和利用计算资源；人工智能技术可以实现对复杂数据的深度分析和挖掘，帮助人们更好地理解和利用信息资源。这些先进技术的应用使信息处理逐渐从烦琐的人工操作转向自动化和智能化，提高了信息处理的准确性和效率。

（四）知识经济主导

在信息化时代，知识和创新成为推动经济增长的关键因素。人才、技术和知识逐渐成为企业竞争力的核心要素，传统的资源优势逐渐削弱。教育、科研和创新投入受到越来越多的重视，知识产权保护变得尤为重要。随着知识经济的发展，人们对知识产业的依赖不断加深，对高科技产业和服务业的需求日益增长。

（五）全球化加速

信息化时代推动了全球经济一体化进程的加速。互联网技术的广泛应用促使各国之间的经济、政治和文化交流日益紧密。国际贸易、投资和产业合作的壁垒逐渐降低，全球产业链和价值链得到优化重组。跨国公司在全球范围内拓展业务，新兴市场国家与发达国家之间的经济联系更加紧密。在这个过程中，国际竞争与合作的格局发生了变化，新的经济增长点和发展机遇不断涌现。

第三节　信息技术教育的概念

一、信息技术的概念与特征

（一）信息技术的相关概念

信息技术是主要用于管理和处理信息所采用的各种技术的总称。它涵盖计算机技术、通信技术和数据处理技术等领域。其核心目标是为用户提供高效、可靠的信息存储、检索和传输解决方案。作为现代社会的基石，信息技术促进了全球信息交流，加快了科技创新的步伐，提高了生产力水平和生产效率。

1. 计算机技术

计算机技术主要关注计算机系统及其应用，包括硬件、软件和网络等方面。

硬件方面，涉及计算机的处理器、内存、存储设备和输入输出设备等组成部件。随着集成电路和微处理器技术的不断发展，计算机的性能得到了极大提升，使其在各种领域中得以广泛应用。

软件方面，计算机技术关注操作系统、编程语言、应用程序等。开发人员使用各种编程语言（如 C++、Python、Java 等）创建各种软件，满足不同行业和领域的需求。同时，操作系统作为计算机硬件与软件之间的桥梁，提供了资源管理和用户界面等功能，使计算机易于操作。

网络方面，计算机技术研究网络设施、网络协议和网络安全。网络设施，如路由器、交换机和服务器等，支持各种计算机设备之间的连接和通信。网络协议，如 TCP/IP、HTTP（超文本传输协议）等，规定了数据在计算机网络中的传输方式。网络安全关注保护计算机系统和数据，以及防范网络攻击和数据泄露等风险。

2. 通信技术

首先，通信技术主要研究数据在不同设备、系统和地点之间的传输，包括有线通信（如光纤、电缆等）和无线通信（如 Wi-Fi、蓝牙、5G 等）技术。有线通信通常可以提供更快的传输速度和更稳定的网络性能，而无线通信则提供了更高的灵活性和便捷性。

其次，通信技术还涉及多种通信协议和标准，如 TCP/IP、SMTP（简单邮件传送协议）、FTP（文件传输协议）、GSM（全球移动通信系统）等。这些协议和标准规定了数据传输的格式、速度、安全性等方面的要求，确保了通信过程的顺畅和高效。

最后，通信技术还包括信号处理、编解码、调制解调等技术，旨在提高通信信号的质量和可靠性。

通信技术的快速发展促进了全球信息交流规模的壮大，使人们能够实时分享信息、沟通思想和协同工作。在物联网、智能家居、远程医疗等领域，通信技术的应用不断拓展，展现了无限潜力。

3. 数据处理技术

数据处理技术关注数据的收集、清洗和预处理、分析以及可视化。随着数据量的爆炸式增长，数据处理技术在各个领域的重要性日益凸显。数据处理分为以下几个关键阶段。

（1）数据收集：这一阶段涉及从多个来源收集原始数据，如传感器、日志文件、网络爬虫等。数据质量和完整性是此阶段的核心要素，因为高质量的数据输入有助于得到更准确的分析结果。

（2）数据清洗和预处理：数据清洗涉及识别和处理数据中的异常值、缺失值和不一致性，以提高数据质量；预处理包括数据规范化、特征选择等，以为后续的数据分析和建模做好准备。

（3）数据分析：数据分析旨在从原始数据中发现有价值的信息。其中，可能会使用描述性统计、探索性数据分析、推断性统计、预测建模等方法。机器学习和人工智能在此阶段发挥着重要作用，如分类、聚类、回归和深度学习等算法。

（4）数据可视化：数据可视化是指将分析结果呈现给用户的过程，以便于理解和解释。可视化工具和技术（如折线图、柱状图、热力图等）可以帮助用户直观地探索数据，发现潜在的趋势和模式。

数据处理技术的应用领域非常广泛，如金融、医疗、市场营销等。通过有效处理和分析数据，企业和个人能够发现有价值的信息，为决策提供支持，提高竞争力。随着大数据和云计算等技术的快速发展，数据处理技术将继续在未来的数字化世界中发挥重要作用。

（二）信息技术的特征

20 世纪 40 年代，世界上第一台计算机 ENIAC 诞生，标志着人类进入了现代信息技术时代。伴随着时代发展的需要，信息技术的内容和分类也在不断地发展和丰富，其中不仅包括计算机技术、通信技术，还包括网络技术、多媒体技术、人工智能技术等。

多媒体技术兴起于 20 世纪 80 年代末期，并于 20 世纪 90 年代开始迅速发展。多媒体技术更新了信息传播的方式，增加了信息交流的途径。它通过丰富的文字、音频、视频等资料以及专业的系统设计为开展人机互动提供了条件。多媒体技术还实现了计算机与多种家用电器，如录音机、录像机、电视机之间的信息管理与控制，使这些家电增添了语音化、自动化、智能化的功能特征，为人们的生活提供了便利的条件。

近年来，网络技术的发展使以计算机为核心的信息和通信技术相继应用到人们生产生活的各个领域。信息和通信技术的发展和成熟是当今社会发展的必然趋势，也是满足行业间融合发展、共同进步的必要选择。当然，现代通信技术的发展需要与计算机技术、网络技术进行有机结合。在信息化时代，信息技术必然会向着更加普遍化、综合化、智能化的方向发展，这主要是由信息技术的特征决定的，信息技术的特征主要体现在以下几个方面（见图 1-1）。

```
                                    ┌──────────────┐
                              ┌─────│ 信息技术是高  │
                              │     │ 科技的结晶    │
                              │     └──────────────┘
                              │     ┌──────────────┐
                              ├─────│ 信息技术具有  │
                              │     │ 短周期效应    │
                              │     └──────────────┘
        ┌──────────────┐      │     ┌──────────────┐
        │ 信息技术的特征 │──────┼─────│ 信息技术的发  │
        └──────────────┘      │     │ 展需要高投入  │
                              │     └──────────────┘
                              │     ┌──────────────┐
                              ├─────│ 信息技术的研  │
                              │     │ 发具有高风险  │
                              │     └──────────────┘
                              │     ┌──────────────┐
                              └─────│ 信息技术领域  │
                                    │ 竞争十分激烈  │
                                    └──────────────┘
```

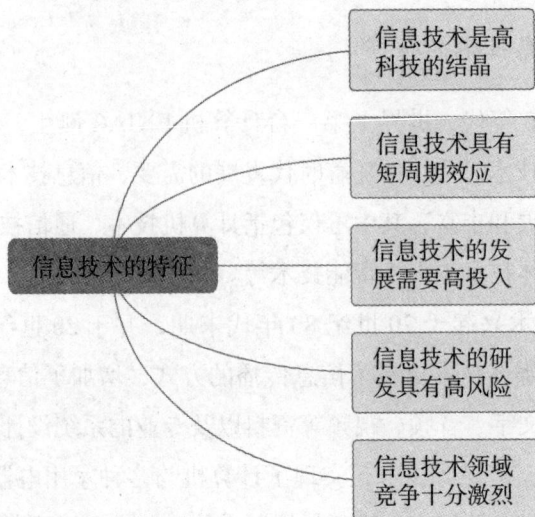

图 1-1　信息技术的特征

1. 信息技术是高科技的结晶

事实证明，信息技术的产生需要大量的科学知识和技术背景，只有将知识和技术结合起来，才能推动信息技术的进一步发展。大量掌握信息知识和信息技术的高精尖人才夜以继日地开展着对信息产品的研究与开发，他们之间存在着竞争与合作的关系。信息产品是信息技术含量较高的产品，是信息劳动的结晶，常见的信息产品有电子计算机、智能手机、数码相机等。在信息类人才坚持不懈的努力下，信息技术产品更新的速度越来越快，容量越来越大，新的信息产品不断被研发出来，并且周期越来越短。

在互联网快速发展的时代背景下，科技领域各个层面的发展也离不开信息技术的支持与应用，如新能源科技、航空航天科技、环保科技、人工智能科技等；其他类型的科学研究也与信息技术的发展息息相关，它们大多是通过信息技术完善现有的研究方法和研究手段，以促进自身的快速发展。随着互联网和通信技术的发展和普及，信息技术在人类生产生活中应用的范围远远超过了其他科技成果。

由此可见，信息技术是当今科技发展的结晶，信息技术的发展水平体现着人类认知和探索世界的水平，信息技术人才不仅代表着先进的生产力，还在一定程度上决定着社会生产工作的效率。除了科技领域的人才专注于信息技术的研发之外，其他相关领域的研究也在为信息技术的发展提供新的方法和途径。信息技术的研究不仅能促进科技领域的发展，还给人们的生产生活提供了便利。

2. 信息技术具有短周期效应

信息技术的短周期效应主要体现在：信息技术的发展水平越高、发展速度越快，信息产品更新换代的周期就越短。研究信息产品的发展历程可以发现，以前，信息产品的生命周期比较长，对于一件信息产品，人们可以使用十几年甚至几十年的时间，但当下由于信息技术的不断更新，信息产品的生命周期大大缩短，一件信息产品人们可能用几年甚至几个月就淘汰掉了。

信息产品更新换代速度快的原因主要体现在两个方面：一个是主观方面，另一个是客观方面。主观方面的原因又可以分为两点：一是在开发信息产品的初期阶段，信息技术人才可以通过互联网以及其他技术手段获取自己所需要的知识、技术，然后在发挥自身创造力和技术能力的同时提升产品开发的进度；二是在信息产品的批量生产阶段，信息技术提供了现代化的生产手段，如智能化管理系统、机器人分拣作业等技术，缩短了产品生产的时间。客观方面的原因在于信息产品市场竞争环境的要求。现代信息产品市场的环境决定了生产周期短的产品更具有竞争优势，更有机会收获新的客户群体。

3. 信息技术的发展需要高投入

信息技术的主要内容包括信息的采集、存储、加工、传递、维护等，在处理信息的过程中需要用到计算机技术、通信技术和微电子技术等专业技术。信息技术研究与开发的每一个环节都需要投入大量资金，从而支持整个项目的研发。信息技术的高投入通常涉及三个方面的费用：配置精密仪器、消耗尖端材料、复杂的开发活动。

根据相关数据统计，很多国家和地区都不吝惜在信息技术研发方面投入的人力、物力和财力，尤其是在费用方面，很多信息类机构或公司所投入的费用甚至占到了销售额的 5% ～ 15%，这是其他行业领域投入费用的两倍以上，美国的国际商业机器公司（IBM）更是将公司营业额的 18% 投入了信息技术的研发流程中。我国也十分重视信息技术的创新投入，在 2020 中国 IT 服务创新大会上，中国电子工业标准化技术协会信息技术服务分会执行会长周一兵表示，基于现在中外核心技术竞争激烈、我国部分信息产品产能受制约的情况，为了将来不受国外信息公司的制约，预计"十四五"时期我国在 IT 等信息技术应用创新方面的投入将至少超过 1 万亿元。

4. 信息技术的研发具有高风险

信息技术研发的高投入特征并不能保证研发一定成功，研发也有失败的可能性，因此，信息技术的研发具有高风险特征，这主要体现在以下三个方面。

首先，信息技术的研发具有不确定性。例如，构建信息技术公司的管理信息系统需要投入数百万元甚至几千万元的资金，同时需要根据信息流动的规律，结合每个部门的岗位需求与实际情况，设计和制作出适合本公司的信息管理软件系统。然而，企业本身具有的不稳定性特征往往会带来数据的更新和多变，这些不利因素可能导致信息管理系统不同程度的受损或崩溃。

其次，信息技术从设计、开发到研制成功的可能性较小。现有资料显示，信息技术领域中新产品研发成功的概率只有 3%；其他没有研制成功的产品项目所投入的资金就等于浪费了。

最后，信息产品受市场变化的影响，回报波动比较大。大规模集成电路制造企业的成立在促进巨额成本生产的同时还淘汰了很多旧产品的制造企业。从企业发展的角度分析，当今社会信息技术类企业要比其他类型的企业更难生存。因此，信息技术所具有的高风险性给企业带来了新的经营模式，即风险投资。

5. 信息技术领域竞争十分激烈

在互联网经济高速发展的今天，信息技术是劳动生产力水平的重要反映，信息技术不仅能体现企业的发展水平，还能反映出国家的综合国力，因而信息技术的发展水平是企业和国家关注的重点问题之一。与传统发展模式相比，信息技术发展模式的重点在于如何掌握和利用高水平的信息技术。

随着互联网技术、通信技术的发展，全球各地的信息流量迅速增加。这些信息流量给计算机和网络运营在存储、加工和传递信息方面造成了较大的压力。如何处理和使用这些信息也是信息技术研究的问题。总而言之，世界各国、各地区都将信息技术作为参与国际竞争的关键手段，各个国家和地区在人才、贸易、投资、管理、资源等方面的竞争都离不开信息技术的发展和支持。因此，信息技术的竞争在国际上形成了美国、日本、俄罗斯等发达国家以及发展中国家多元并举的格局。

二、什么是信息技术教育

（一）信息技术教育概念的相关论述

不同的学者从不同的研究角度出发给出了关于信息技术教育概念的相关论述。

1. 信息素质教育

信息素质教育是整个素质教育体系中的一个组成部分，是根据社会信息环境，培养和提高个人的信息意识、信息能力，完善信息心理素质，发展个人的信息潜能的一种教育活动。❶

2. 中小学信息科技学科教育

中小学信息科技学科教育是一门集信息科学知识和常用信息技术于一体的基础型课程。它依据学生的认知规律、心理特征及社会实际需要，以信息的获取、传输、处理、应用为主要教学内容，包括信息学基础、计算机和计算机语言、通信、网络、自动化技术、人工智能等。❷

3. 各类学校中开展的信息技术教育

信息技术教育在学校中的应用具有多重目的，旨在帮助学生适应不断变化的科技信息时代，以及提高学生的综合素质和能力。

首先，在学校教育中，信息技术教育丰富了学生的学习内容，拓宽了学生的知识视野，培养了学生的自主学习能力和团队协作精神，使学生摆脱了传统的教育模式，勇于在具有挑战性的环境中探索与实践。

其次，信息技术教育有助于提高学生在使用现代技术时的自信和能力，使他们逐渐熟悉计算机在日常生活和工作中的应用，从而更好地适应快速发展的科技时代，应对未来的挑战。

再次，信息技术教育关注特殊教育和残障学生的需求，能利用现代技术为他们提供相对独立的学习环境，实现教育公平。

最后，学校开展的信息技术教育鼓励对计算机充满兴趣的学生深入

---

❶ 宋成栋. 现代教育技术全书 [M]. 北京：中国华侨出版社，1998：1645.
❷ 彭绍东. 信息技术教育学 [M]. 长沙：湖南师范大学出版社，2002：7.

研究，引导他们利用 IT 技术解决实际问题，从而培养出具有创新思维和实践能力的人才。

（二）本书对信息技术教育概念的理解

1. 什么是信息技术教育

本书认为，信息技术教育有两个方面的含义：一是指学习与掌握信息技术的教育；二是指利用信息技术进行教育活动。前者从教育目标与教育内容方面来理解信息技术教育，后者则从教育的手段和方法方面来理解信息技术教育。由此，可对信息技术教育做如下定义：信息技术教育是指学习、利用信息技术，培养信息素质，促进学与教优化的理论与实践。

2. 信息技术教育的内涵分析

分析信息技术教育的内涵有助于人们理解信息技术教育的概念，信息技术教育的内涵主要包括以下三个方面的内容。

（1）理论与实践相结合。在理论研究方面，信息技术教育作为现代教育学的一个新兴分支，结合课程教学论特点，涉及概念体系、理论框架、原理、命题、模式及方法论等多个研究领域。这些理论为信息技术教育提供了坚实的理论基础，指导实际教学活动的开展。在实践应用方面，信息技术教育作为一种教学实践，关注信息技术在教育领域的综合运用。具体包括信息技术软硬件资源的建设、课程教材的设计与开发、教师专业发展与培训等方面。此外，信息技术教育还涉及教学活动中信息技术的应用、学习指导、评价与管理等环节，目的是加快推进教育现代化。

（2）培养信息素质。信息技术教育的本质在于利用信息技术培养学生的信息素质。信息素质包括信息意识、信息知识、信息能力和信息道德等方面。信息意识是指学生关注信息、积极获取信息的意识；信息知识涉及计算机操作、网络使用、数据处理等方面的专业知识；信息能力是指学生运用信息技术解决实际问题的能力；信息道德则是指遵守网络法规、尊重知识产权、保护个人隐私等道德行为。信息技术教育旨在全面提高学生的信息素质，使学生在信息化社会中能够有效地获取、处理、传播和利用信息。

（3）学习与应用互相促进。信息技术教育范畴包括学习信息技术以及利用信息技术促进学习两个方面：一方面，学生需要掌握计算机操作、编程语言、网络应用等方面的专业知识。这些知识为学生提供了信息技术的基本工具，使学生能够在日常生活和工作中熟练运用。另一方面，学生要学会利用信息技术提高学习效果，如通过在线课程、虚拟实验室等平台获取知识，使用协作软件进行团队合作，利用数据分析工具挖掘有价值的信息等。这种学习与应用互相促进的教育模式有助于培养学生的综合能力，使学生在信息化时代更具竞争力。

第四节　信息技术教育的类型

在信息化时代背景下，信息技术正在逐渐改变社会物质生产的方式以及人们沟通、交流的方式，信息技术在促进社会物质生产方式向现代化方向发展的同时，也在向其他行业领域进行渗透，教育就是其中一个领域。为了推进信息技术与教育教学的深度融合，提升高等学校信息化建设与应用水平，教育部于2021年3月发布了《高等学校数字校园建设规范（试行）》。

《高等学校数字校园建设规范（试行）》明确了高等学校数字校园建设的总体要求，提出要"围绕立德树人根本任务，结合业务需求，充分利用信息技术特别是智能技术，实现高等学校在信息化条件下育人方式的创新性探索、网络安全的体系化建设、信息资源的智能化联通、校园环境的数字化改造、用户信息素养的适应性发展以及核心业务的数字化转型"。

由此可见，信息技术教育的优势已经被国家认可，信息技术教育未来发展的目标已基本确定，框架也已初步形成。本节从信息技术的四个层面出发，对信息技术教育的主要类型，即信息技术在教育教学中的应用展开分析和探讨。

一、教育中的计算机技术

计算机技术在教育中的应用主要体现在三个方面，即计算机辅助学习、计算机辅助教学和计算机辅助教学管理。

（一）计算机辅助学习

计算机本身具有多重功能，可以帮助学习者开展学习。例如，学习者可以通过计算机查找资料、整理资料以及进行数据计算、分析和统计等。具体而言，学习者可以使用计算机开展以下学习活动。

（1）搜索、查找和获取与学习内容相关的信息资料，并进行存储。

（2）对获取到的信息进行整理、分类、加工和处理。

（3）利用计算机技术设计并绘制图形，制作幻灯片、音频、视频等，以对主题内容进行展示。

（4）计算机上可以下载和安装一些学习软件，如翻译软件、作图软件、排版软件等。

（二）计算机辅助教学

计算机具有辅助教学的功能，这主要是因为计算机具有计算准确、判断迅速、容量大和呈现信息生动形象的特点。因此，计算机可以辅助教师传授教学知识和教学技能，提高学习者的学习兴趣，激发学习者学习的主动性和积极性，以及帮助学习者开展练习，复习学过的知识、技能，提高学习者对知识的理解和应用能力。目前，信息技术领域的教育教学工作者已经研发出计算机辅助教学的多种课件类型，常见的有对话型、练习型、模拟型、辅导型和游戏型等。在当前的教育教学实践活动中，交互式多媒体和智能计算机辅助教学是计算机辅助教学发展的主要趋势。

（三）计算机辅助教学管理

教师在教学过程中使用计算机开展教学管理的行为活动可以从广义和狭义两个角度进行理解。

从广义角度理解，计算机的各项功能都可以服务于教学管理。例如，教师可以使用一些常见的办公软件，如 Word、Excel 制作文档、表格来记录和分析学生的学习情况和其他在校表现，或者利用计算机的通信功能和教学系统开展课外活动，收集反馈意见。

从狭义角度理解，计算机辅助教学管理表现在教师利用计算机管理技术或软件对学生的学习表现进行记录和监督，并对实际教学效果（如学生成绩）进行统计、分析和改进等。

在教学管理工作中应用计算机技术能有效提高教师的工作效率，帮助教师将更多的精力放在安排教学活动、关心学生学习成长以及开展学科教学研究上，进而提高整个教学队伍的素质能力，提升教学水平。

二、教育中的多媒体技术

（一）多媒体技术的含义

"多媒体技术"一词中的"媒体"指的是信息的表现形式或者传播模式。由于在大千世界中信息的表现形式不止一种，且形式差别较大，因此便产生了"多媒体"一词。从字面意思上理解，"多媒体"是指两个或两个以上的信息媒体组合而成的单一产品或信息呈现系统。这意味着，多媒体能将信息通过多种渠道传递和表现出来。近年来，有学者对多媒体技术应用于教学实践的理念和行为进行了系统的分析和讨论，并创建了多媒体教学的教学模式。

（二）多媒体技术在教育中的应用

多媒体技术从 20 世纪 80 年代后期和 90 年代初期开始被广泛应用于教育领域。最初，随着个人计算机的普及和光盘技术（如 CD-ROM）的发展，教育软件开始集成图形、文本、声音和视频，提供了比传统教材更丰富的学习资源。进入 21 世纪，随着互联网技术和宽带网络的发展，在线教育和虚拟课堂变得普遍，这使得多媒体技术的应用更加广泛和深入。1990 年左右，多媒体技术开始应用于职业英语教学。这一时期，教育机构开始利用多媒体资源如视频、音频和交互式软件来教授职业英语，目的是更好地模拟真实的商务环境，并提高学习的互动性和学生的实际应用能力。

1. 多媒体英语教学的优势

在职业英语教学过程中开展多媒体教学主要有以下三方面优势。

（1）能够展示多样化的教学内容。当今时代，虽然国内各大高职院校选用的英语教材各不相同，但这些教材都体现出几个显著的特点，即取材广泛、内容丰富、题材新颖，尤其会涉及很多说英语国家的社会文化背景知识，如政治、经济、宗教、风俗习惯等，甚至还会涉及一些科学知识和专业领域知识，如克隆知识、人工智能等。使用多媒体教学，可以将这些文化知识直观且形象地呈现出来，使学生对所学内容的背景知识有所了解，从而更好地理解教材的内容、学习的内容。此外，学生还能了解说英语国家的语言文化、风俗文化，了解中西方文化方面的差异，进而理解汉语和英语的异同，提高英语水平。

（2）能够改变程式化的教学模式。内容多样、设计合理的多媒体教学，可以为学生的英语学习创设良好的学习环境，用图像、文字、声音构建出一个立体的三维空间，方便学生参与教学活动。并且由于改变了程式化教学模式中"教师是教学的主体"这一理念，多媒体教学可以很好地激发学生的学习主动性和积极性，提高学生学习英语的兴趣。大量直观的、有声的、动态的课件内容，将英语语言符号与相应的使用方法同步传授给学生，有利于加深学生对所学知识的应用理解。

（3）能够体现以学生为中心的教学理念。英语教师可以根据学生在课堂上的反应和表现，调整多媒体教学课件播放的速度。由于教师了解了学生学习的速度，因而可以据此安排教学重点和教学进度。通过学生不断反馈的听课体验，教师还可以调整教学过程，重新选择教学方法，最大限度地挖掘自己的教学潜能，这些都是以学生为中心教学理念的体现。

2. 多媒体英语教学的原则

信息技术应用于职业英语教学为教师提供了新的教学模式和教学方法，有助于提高学习者学习英语的积极性与主动性，以及学习者的英语综合运用能力。因此，与传统教学模式相比，多媒体教学具有显著优势。但需要注意的是，任何教学活动的开展都需要正确的教学理念作为指导，否则就无法实现既定的教学目标，甚至可能会适得其反、事倍功半。因此，在多媒体环境下开展英语教学必须遵循一定的教学原则。

（1）兴趣性原则。物理学家爱因斯坦（Einstein）曾说过："兴趣是最好的老师。"❶ 兴趣可以使学生积极、主动地去学习、探索未知，最终获得较好的学习效果。多媒体环境下职业英语教师要激发学生学习英语的兴趣，可以从以下几个方面出发。

第一，充分了解学生的身心特点，尊重学生的主体性。在任何时候，学生都是教学活动的主体，是整个教学过程的核心承载者。职业英语教学要充分研究学生的生理和心理特征，遵循语言教学的规律，利用多媒体教学模式，帮助学生在学习中掌握英语的听、说、读、写等技能，采取多种

---

❶ 爱因斯坦.爱因斯坦文集：第3卷[M].徐良英，赵中立，张宜三，译.北京：商务印书馆，1979：144.

活动方式培养学生的英语语感，提高学生的英语交际能力。

第二，挖掘教材中的兴趣点，将其制作成多媒体课件。教材是英语教学的核心内容，是学生必须掌握的语言知识技能。教师要充分研究教材内容，挖掘其中能够引起学生兴趣的知识点，搜集、整理相关资料，把这些内容制作成多媒体课件向学生进行展示，争取让每一节英语课都是新颖的、充满挑战的，都能有让学生感兴趣的内容和活动。

第三，注意观察和发现学生感兴趣的话题，进而通过整理和归纳把这些话题作为设计多媒体教学互动的真实素材。例如，在教英文的计数方法和计数规则时，教师可以发挥多媒体教学在创设语言表达情境方面的优势，为学生模拟真实的语言交际情境，请学生整理和展示生活中有关数字的知识，如自己的手机号码、身高、年龄、衣服尺码、生活费等，这样枯燥的数字课就变成了学生分享生活、分享快乐的一节课，学生在欢声笑语中更提高了学习的效率和学习英语的兴趣。

（2）交际性原则。交际性原则也是多媒体英语教学需要遵循的重要原则之一，这是由语言教学的性质决定的。交际是在特定语境中说者与听者或者作者与读者之间的意义传递与转换，而语言是人们进行交际的重要工具，人们利用语言来传递信息、交流思想、分享情绪。交际能力的核心就是人们能够利用自身掌握的各种语言知识和交际知识在不同的场合背景下与不同的对象展开有效的、得体的交际。作为一种国际化的语言，学习英语的首要目的就是发挥英语的交际作用，因此英语教学的首要目标就是培养学生的交际能力。

基于以上分析，多媒体英语教学应在教学过程中贯彻落实交际性原则，最终达到学生能用学到的英语知识与人顺畅交流的教学目的。为此，教师应做到以下几点。

第一，充分了解英语课程的性质。在传统的教学观念中，英语课程是一门需要学生掌握很多英语词汇和语法规则的语言学习课程，学习该课程的主要目的是应对教育部规定的学科考试。但事实上，英语课程首先是一门技能培养类的课程，掌握了英语就是掌握了一种语言技能，要把英语作为一种有效的交际工具来教、来学、来使用。在多媒体教学活动开展的过程中，教师的教、学生的学以及英语的使用这三方面是一个相辅相成、不可分割的统一体，这个统一体的核心在于英语的使用。因此，教师要转变传统的教学观念，树立科学的教学观念，了解课程的性质，注意培养学生的交际能力。

第二，创设交际情境，在情境中教学。交际活动的进行需要特定的情境作为背景，构成情境的基本要素包括时间、地点、参与者、交际方式等。一般在特定的情境中，交际发生的时间、地点以及参与者本人的身份等都会影响参与者说话的内容、语气等谈话因素。因此，在开展多媒体英语教学的过程中，教师一定要将教学内容安排在一种现实的、有意义的情境之中。这样才能更好地发挥英语的交际作用，并且让学生有身临其境的感觉，从而提高学习英语的兴趣。教师要根据教学内容，充分利用学校提供的多媒体教学设备，创设出与日常生活息息相关的各种情境，开展具有交际性、真实性的英语交流训练活动，这样不仅能调动学生学习的积极性和主动性，还能做到学用结合。

第三，注意培养学生有效交际的能力。传统的英语教学只强调英语学习中语法结构的正确运用，而当前英语教学的主要目标是培养学生进行有效交际的能力。根据交际性原则，良好交际能力的体现就是参与者在交际活动中能在适当的场合、合适的时间、以恰当的表达方式表达出自己内心的想法。这一要求与第二点要求有着紧密的联系。教师只有不断地创设情境，组织学生学习多方面的交际知识，开展多方面的交际活动，如角色扮演、话剧表演、影视剧台词配音等，才能帮助学生轻松应对各种场景，从而掌握地道的英语表达方式。

第四，注意教学内容和教学活动的真实性。语言的产生和发展与人们的现实生活密切相关，因此教学内容的确定和教学活动的设计必须贴合现实生活。在多媒体英语教学中，教师不仅要把语言的传授和学生关心的热门话题结合起来，还要把一些题材广泛、内容丰富、贴近生活的信息材料融入多媒体教学内容中。教学内容的真实性则要求教材中的语言和教师的课堂语言是真实的，是实际交际过程中会使用到的语言，而不是专门为了教学活动编创的语言。

（3）输入输出原则。输入输出原则与英语学习中听说读写技能的培养密切相关。其中，输入是学生学习和掌握英语语言材料的过程，这一过程主要依赖听和读完成；输出是学生表达已掌握的英语语言材料的过程，这一过程主要通过说和写完成。显然，输出行为建立在输入行为的基础上，基于这一原理，人们可以认为，输入是第一性的，输出是第二性的。具体分析这一观点就是，一方面，人们在学习英语的过程中，能理解的部分要比能表达出来的部分要多；另一方面，语言输入的量越大，大脑积累的语言材料越多，语言输出的能力就越强。通俗来讲就是，人们听的、读的语言越多，表达能力就会越强。根据实践研究，有效的语言输入应具备以下三方面的特点。

第一，可理解性。可理解性是指学生输入的语言信息都应是能被学生理解的，如果学生不能理解，那么这些输入就好比对牛弹琴，是不容易被记忆和应用的。

第二，趣味性或恰当性。趣味性或恰当性是指学生输入的语言信息应该是让学生感兴趣的内容，因为只有让学生感兴趣的语言信息才能让学生乐于学习、尽快接受并记住相关信息内容。

第三，足够多的输入量。语言的习得需要大量的练习和应用，学生只依靠课上时间教师组织的练习活动是无法掌握新的语言知识的。实践证明，学生要掌握一个新的语言知识点，需要数小时的练习以及充分的讨论才能完成。

教师在英语教学的过程中要遵循输入输出原则可以从以下几个方面入手。

第一，扩大学生的英语接触面。教师要利用视觉、听觉等训练方法，为学生提供各种类型的输入途径，增强对学生英语语言的输入，扩大学生的英语接触面。例如，在教学过程中利用多媒体音像材料示范英语的发音、朗读技巧，或者播放一些贴近学生日常学习、生活的影像资料等。

第二，利用好学生的理解能力。教师应利用好学生的理解能力，以增加对其语言输入量。只要学生能理解的信息，就让他们听、读、接触。为减轻学生的输入压力，可以只要求理解，而不强制要求他们用说或写的方式将输入的信息表达出来。

第三，注意输入内容和输入形式的多样化。学生接触的英语不应只是教材上的文字题材，还要追求有声音、图像的材料，涉及的题材和体裁也不应一成不变，而应涉及生活中的方方面面，这样才能激发学生学习英语的兴趣。多媒体技术为学生的英语学习提供了全方位、多感官的信息输入，使学生在立体的语言学习环境中逐渐提高自身的英语语言水平和英语综合应用能力。

第四，注意输入与输出相结合。一门语言的习得仅仅依靠大量的输入是不行的，因为语言的主要功能是交际功能，语言最终是要在交际活动中输出的。学习英语也是同样的道理，学生要想真正地掌握英语，具备灵活运用英语的能力，不可能只依靠单方面的输入，还要通过口头和笔头的表达来检验输入和理解的成果。具体来说就是，要在增加可理解输入量的同时，不断开展有效的练习和实践应用活动。例如，多媒体英语教学能够利用多种多样的信息媒体，通过立体交叉的训练方式，在遵循输入与输出相结合的原则下，多方面培养学生的语言能力，实现英语教学效果的最优化。

3. 多媒体教学资源的开发与运用

（1）多媒体教学资源的概念。多媒体教学资源是现代教学资源的重要组成部分，广义上的多媒体教学资源以计算机技术为主导，包括多种媒体教学方式：一方面，教学主体，即学生，可以借助多媒体光盘和网络教学资源获得学习资源；另一方面，教师会在教学活动中发挥和融合包括幻灯片、电子白板、网络视频等在内的多种媒体的特点和优势，构建真正意义上的立体化教学资源体系。

具体分析，多媒体教学资源就是一个资源库，这个资源库的特点是使用现代教育技术获取资源。多媒体教学资源集文字、声音、图像、视频等于一体，体现了多媒体教学直观、形象、多样、新颖、有趣的特点。根据教学目的、教学要求和教学内容，多媒体教学资源为教师开展教学创设了声像同步的教学情境、接近真实的教学环境，营造了轻松愉快的教学氛围，使学生能较快地进入学习状态，提高学习的积极性和学习的效率，同时拓展了学生的思维，提高了学生的观察能力、想象能力和创造能力。

（2）多媒体教学资源在职业英语教学中的开发运用。多媒体教学资源在职业英语教学中的开发运用离不开学校和教师的共同努力。其中，职业英语教师在开发和运用多媒体教学资源辅助英语教学活动的过程中需要做到以下两点。

第一，加强开发多媒体教学资源的意识。职业英语教师应树立起全面的多媒体教学资源意识。多媒体教学资源是一个全方位、多层次的概念，不仅包括多媒体课件、配套光盘、音频，还包括语音训练室、英文歌曲、英文影视资源、英文新闻杂志、英文综艺节目等多媒体教学资源。

加强英语教师多媒体教学资源意识的有效途径之一就是提高他们的电脑操作技术和应用技术。职业英语教师多媒体教学资源开发利用的意识受其掌握的信息技术、电脑操作技术、专业技能的影响较大。所以，各大高职院校应制订相关培训计划，对职业英语教师展开统一培训。具体来讲，首先要对英语教师进行教学媒体数字化处理方面的培训，这是他们需要掌握的最基础的多媒体知识技能。在开展培训的过程中，要考虑不同年龄阶段、不同层次水平教师的差异，最好分批次培训；其次要对英语教师的媒体素材和课件开发技术以及课件制作软件的使用技术进行培训。一般通过以上两种培训就能有效提高英语教师检索、编辑、处理、融合各种多媒体教学资源的能力，提高他们开发和利用课件制作软件的能力，进而加强他们开发和使用多媒体教学资源的意识。

第二，提高开发多媒体教学资源的水平。在开发和使用多媒体教学资源的过程中会遇到资料丰富多样、难以割舍的问题，此时英语教师需要做的就是根据教学目标删繁就简，筛选出最合适、最有教学价值的材料，对于此次教学用不上的，但是质量较高的材料，则可以先保存起来，供今后的教学使用。英语多媒体教学资源的开发和利用最终是为英语教学工作的开展服务的，是为提高学生的英语水平服务的，因此职业英语多媒体教学资源的开发要注意以下四个方面的问题。

首先，增加资源开发的针对性。职业英语教师要根据教学目标和教学方案注意仔细筛选，选取最合适的材料，增加资源开发的针对性。教师搜集和整理的资料一般分为两类：第一类是较为常见的，即从外界直接获取的图片、歌曲、视频片段等，这类资料一般不需要进行加工，可以直接使用；第二类是由教师自行设计和开发的资源，如英文动画、视频或情景剧等，这部分资源需要根据教学内容设计脚本，进行拍摄和剪辑。

其次，增加资源开发的趣味性。高职学生的年龄大部分在 20 岁左右，对西方文化中的英文歌曲、动画、影视剧等比较感兴趣，英语教师可以根据学生的身心特点、兴趣爱好以及关注点开发和利用多媒体资源。在这一过程中，英语教师一定要注意资源开发的实用性和趣味性，因为枯燥的专业知识资源不但不能激发学生学习的主动性，甚至还可能会引发学生的反感情绪，使学生对英语学习敬而远之。只有增强资源的趣味性，才能调动学生学习英语的积极性和主动性，树立学生学习英语的信心，帮助学生通过多媒体资源掌握英语知识和技能。

再次，增加资源开发的多样性。在开发多媒体教学资源的过程中教师要注意资源呈现形式的多样性，应包括文本、动画、视频、音频、文献资料、课件素材等多种形式，以满足教学多样化的需求。例如，在开发、建立教学资源库时，可以设计情境导入、课前预习、语法练习、阅读练习、课后延伸等模块，还可以针对每一课配置相应的资料包，包括相关的图片、视频、音频、文字、教案设计、教法设计等教学资料。

最后，提高资源开发的实效性。多媒体教学资源的开发最终是为了提高课堂教学的质量，完成既定的教学目标，因此教师在完成教案设计、资料整理后，要将教案的内容以及开发、整理的资料运用到教学实践活动中。教师用设计好的教案进行试教，然后根据实际教学效果调整资源的选择和设计。通过反复的试教与修改，资源库的内容设置将逐渐优化，教学资源开发的实效性得以提高。当学生对某次多媒体授课的效果不满意时，教师要主动与学生沟通，询问学生的意见和建议，并根据学生的学习水平以及学习需求开发切合实际的多媒体教学资源，提高资源开发的实效性。

除了职业英语教师以外，学校在开发和运用多媒体教学资源辅助英语教学的过程中也要发挥作用，要为多媒体教学资源的开发提供保障。一方面是资金上的支持和保障，另一方面是要积极与英语教师进行沟通交流，听取英语教师的意见和建议。学校要做好财政预算，为多媒体教学资源的开发准备好充足的资金，同时重视英语教师的教学资源需求。

英语教师在多媒体教学资源的开发与利用过程中扮演着重要的角色，他们不仅是资源的开发者和利用者，还是资源开发的组织者与评价者，对多媒体资源的开发与利用承担责任，关注学生对多媒体资源的态度以及使用多媒体资源对学生的英语学习产生的影响。如果学校在开发运用多媒体教学资源的过程中不注意听取英语教师的专业意见，就不能及时了解教学实践中的困难与问题，这样不仅不利于多媒体教学资源的有效开发和利用，还会打击英语教师对开展日常工作的积极性。长此以往，可能会失去英语教师对这项工作的支持。

三、教育中的通信技术

通信技术的发展推动了教育技术在新时期的变革，进而改变了传统的教学模式和学习方式，为现代教学活动的开展提供了新的资源和条件。

（一）获取信息资源

通信与信息技术的飞速发展为教师获取教学资源、学生获取学习信息提供了便利的条件，主要体现在以下三个方面。

（1）远程通信技术能将全国各地的图书馆资源、在线教学资源、学习资源等连接在一起，教师和学生因此能查阅、浏览大量可用的资源信息。

（2）教师和学生能利用远程通信技术从资源管理中心找到自己需要的资料信息并进行下载。

（3）教师和学生可以从科学研究机构等对学校公开的信息资源处获取真实有效的研究数据和研究信息，以保证教学数据的科学性和教学资源的丰富性。

（二）合作型远距离学习系统

传统的远程学习模式是单向的，教师的讲授是课程的全部，缺少教师与学生之间、学生与学生之间的互动，因此导致学习效果欠佳。通信和网络技术的发展和应用则为学生提供了新的远程学习模式，即合作型远距离学习系统。这种学习系统有两种模式：一种是用户组模式，另一种是远程登录模式。用户组模式可以利用互联网传输电子邮件服务器支持的用户组功能实现远程学习；远程登录模式则是利用互联网提供的远程计算机服务功能实现远程学习。这两种学习模式都设置了远程提问、留言、讨论、互动的功能，改善了远程学习的环境和条件，有助于提高学习者的学习效率。

四、教育中的网络技术

（一）网络技术的含义

网络技术起源于 20 世纪 90 年代中期，网络技术将互联网上分散的信息资源经过筛选、分类，归纳在一起，融为一个有机的整体，基本实现了信息资源的全面共享和相互协作，使人们能够轻松找到自己需要的信息资源。

（二）网络技术在教育中的应用

1. 网络教学的含义

以网络英语教学为例，网络英语教学是计算机辅助语言教学的一种类型。早期的计算机辅助语言教学实际上是一种程序化的学习手段，计算机的作用在于为学习者提供了进行训练、游戏和测试的场所，学习者与计算机之间的互动是封闭的、单一化的，而网络技术在英语教学中的应用则为学习者提供了一个开放的、自由的学习环境。在这个环境中，学习者不仅可以查阅网络上的学习资料，观看网络上的教学视频，还可以通过留言、在线发言、讨论的方式提出问题，表达观点。除此之外，学习者还可以通过网络联系到与自己一样在学习英语的人，甚至可以找到以英语为母语的人进行沟通，实现人与人之间的互动。

2. 网络教学的优势

（1）教学资源丰富、教学形式多样。当今时代由于互联网技术的不断发展，人们生活的信息化水平不断提高，网络上的信息资源更是呈现出爆炸式增长的趋势。英语学习者不仅可以通过网络平台查阅和学习相关的资料，如语言知识、文化知识、学习方法等，还可以利用网络平台和下载的软件进行训练，提高自己的英语听说技能。网络技术结合计算机技术能够将文字、声音、图像或视频等多种媒体因素组合起来，创设出真实的语言学习情境，使课堂教学内容更加丰富，教学形式更加多样，进而使学生的英语语言水平得以提升。

（2）突破时间和空间的限制，有利于开展个性化学习。网络教学能突破时间和空间的限制，为学习者提供一个开放的、自主学习的语言学习空间。学习者可以根据自己的学习兴趣搜索相关的学习资源进行学习、练习，也可以针对自己的薄弱环节加强训练，对学习中的疑点、难点展开反复练习，或者求助教学名师，直到自己掌握这项知识技能。除此之外，学习者还可以根据测试软件提供的反馈信息及时发现自己在学习过程中存在的问题，调整学习内容和学习进度，改进学习方法，提高学习效果。

（3）博采众长，教学效果突出。当前我国的网络教学系统大多是由国内重点高职院校的英语教学专家和信息技术专家研制开发的，具有科学性和专业性。综观当前网络版的多媒体课件和英语教材，或是内容资料丰富，或是排版设计精美，优势互补，各有特色，体现了先进的教学理念和教学思想，有效提高了学习者学习英语的兴趣和实际的教学效果。

3. 网络教学的特点

（1）开放性。网络是一个具有全方位、多样化、开放性特征的资源库，其开放性主要体现在以下几个方面。

第一，由于处于信息化时代，信息更新换代的速度非常快，因此网络平台上的信息资料也在不断更新的状态中，学习者可以通过网络平台获取最前沿的学科动态和最新的学习资料。

第二，当今时代，由于网络的普及，人们上网十分方便，通过网络搜索资料、关注时事新闻已经成为人们日常生活中不可缺少的一部分。对于英语学习者来说，上网搜索、整理对自己有用的学习资料是一件比较容易的事情，这种便利的条件有利于培养学生的自主学习能力。

第三，网络上的资料种类繁多、形象生动、图文并茂，很容易就能吸引学习者的注意力，激发学习者的学习兴趣。

（2）创造性。网络教学的创造性特征主要体现在网络教学激发了学习者学习英语的积极性与创造性。例如，学习者在网络上搜集、选择、组合、转化学习资料时需要充分发挥自己的理解力、想象力和创造力。再如，学习者想要完成英语教师布置的学习任务也需要发挥创造力，即学习者根据教师规定的作业范围，结合自己的学习兴趣选择好学习资料后，需要用自己的语言对其进行介绍、描述、补充和加工，然后用自己设计的框架和思路制作出语言学习的作品，最后再通过 E-mail 或其他网络途径将自己的作品发送给教师。教师可以远程打开学生的作品并给予点评，还可以让学生以口语论述、朗读或表演的方式深化所学的知识内容。

（3）形象性。在多媒体环境下开展英语教学，能够为学生创设接近真实的语言交际环境，通过视觉和听觉的组合优势提升教学效果，而在网络环境下开展英语教学则会放大这种优势。这是因为网络世界本身就是一个真实的、由各种媒体因素综合发挥作用的多媒体世界，不需要再人为地去创造一个多媒体环境。学习者在这个世界中开展英语学习，还可以现学现用，随时检验学习成果，提高学习能力。

综上所述，将现代信息技术中的计算机技术、多媒体技术、通信技术和网络技术与职业英语教学结合起来，是适应知识经济社会发展与建设的重要举措，也是 21 世纪教育教学改革的必经之路。信息技术在教育中的应用，势必会深化学科教学改革，推动职业英语教学发展进入一个新的阶段。

第二章　职业英语教学的相关概述

第一节　职业英语教学的教学理论

　　要了解职业英语教学的教学理论，首先要明白什么是职业英语教学；要了解什么是职业英语教学，首先要分清职业英语与普通英语的区别。一般来说，人们将有别于普通英语（Ordinary English）的以及具有一定目的性、行业性及专业针对性的一类英语称作特殊用途英语（English for Special Purposes, ESP）。特殊用途英语按其应用领域可以分为三类：学术英语（English for Academic Purposes, EAP）、职业英语（English for Occupational Purposes, EOP）及科技英语（English for Science and Technology, EST）。其中，职业英语是职业人员就其行业所使用的一类英语。例如，国际电话接线员、国际机场管理者、国际贸易商人、旅游服务人员等，在工作中必须具备一定的英语技能。

　　职业英语教学是为某些职业或某些领域人才提供英语沟通技能服务的课程教学活动，适用于高等职业院校、普通高等专科学校和一般应用型本科高职，以及各校的涉外专业。因其具有较强的针对性、真实性和职业应用性，职业英语教学已发展成为我国英语教学的重要组成部分。由于职业英语从属于特殊用途英语，是特殊用途英语的重要组成部分，而当前有关职业英语教学部分的理论研究较少，因此本书参照特殊用途英语的教学理论分析职业英语教学的教学理论。

一、建构主义学习理论

建构主义理论兴起于 20 世纪 90 年代的美国。建构主义学科的成立以多个学科的不同学科理论为基础，所以建构主义的理论体系多且烦琐，不同的研究学者可能信奉不同的研究理论，但他们之间的共同点是相信知识不是学习者被动接受获得的，而是认知主体主动建构的结果。建构主义研究的目的是强调人类对认识这一活动的能动性和主观性，展现人类认识与社会、环境之间的关系：认识依赖于社会，环境又影响着社会、环境的变化。建构主义还认为知识的意义不是一成不变的，而是会随着学习环境的变化而变化。建构主义理论对教育学研究以及教育实践活动具有重要的指导意义，因此建构主义在发展过程中逐渐与实践相结合，形成了建构主义学习理论，继续为不同国家的教育改革提供思想上的指导。

（一）建构主义学习思想

建构主义的思想起源于 18 世纪的欧洲，代表学者是意大利哲学家、语言学家维柯（Vico）和德国哲学家康德（Kant）；现代建构主义学习理论的研究先驱则是瑞士的皮亚杰（Piaget）和苏联的维果茨基（Vygotsky），他们都是十分著名的儿童心理学家。

其中，维果茨基提出了文化历史发展理论，这一理论强调了社会文化历史背景在学习者认知过程中起到的重要作用。维果茨基指出，学习者个体学习成长的过程离不开特定的历史背景和社会文化，且在这一过程中，社会也发挥着不可或缺的作用。在此基础上，他还提出了新的理论概念：最近发展区。维果茨基将学生的发展水平分为两种：一种是现实的，另一种是潜在的。现实的发展水平是指学习者通过独立活动能够达到的水平；潜在的发展水平是指个体不能独立完成，需要通过外界帮助（如教学）才能达到的水平，也就是通过教学可能获得的潜力。最近发展区不属于以上任何一种发展水平，而是处于二者之间，即二者之间的差异。

（二）建构主义学习主张

1. 建构主义教学观

（1）教学目标。建构主义在设定教学目标时主要侧重以下几个方面的内容。

第一，在教学实践中，建构主义重视理解的认知过程和发挥作用的意义建构，并将它们视为教学的中心目标。建构主义指出，学习者就是一个认知者，学习者在感知和理解过程中的主要行为活动就是发挥建构的作用。因此，开展教学活动的基本目标就是认可和支持这种建构行为。

第二，专业化知识的传授也应是教学目标之一。虽然建构主义认识理论中并不存在对客观真理的介绍，但这并不能证明建构主义否认客观真理的存在，建构主义没有在教学目标中删除客观真理部分的内容要求，而是提倡在教学内容的选择上要包括学科专业知识内容。但有激进的建构主义理论支持者表示，学科专业知识并不等同于客观真理，学科专业知识源自某一科学家的观点论述，其不一定是完全正确、没有矛盾的真理。

第三，把培养学习者的社会化和文化适应当作重要的教学目标。儿童和青少年都是社会文化共同体的一部分，他们在成长和发展的过程中离不开社会的帮助和社会文化的影响。

（2）教学活动。建构主义理论认为，教学活动的设计与实施一定要体现出相应的特点，具体内容如下。

第一，教学环境多样化。教师在开展教学活动的过程中一定要保证教学环境的多样化，因为多样化的教学环境可以提供多样化的知识情境和社会联系，有利于学习者将新学到的知识与之前的经验积累结合起来，快速理解和掌握新知识。因此，教学活动设计需要创设真实存在的情境和问题，教师引导学习者在接近真实的情境中理解和建构新知识。

第二，教学活动的精心安排和教学场景的真实设计应使学习者能沉浸式地在这种学习环境中进行自我建构，并完成对知识的建构、理解与接受。具体分析，教学活动的成功组织主要体现在：学生在教学活动中主动利用教师安排的活动空间进行学习，并抓住学习的时机认真学习；学生在参与活动时有自由的活动空间和思考空间。

第三，在教学活动的设计和实施过程中，教师要尽量给学生提供能充分发挥其主观能动性的环境，教师要多站在学生的角度思考问题，根据学生的认知基础、思想理念展开建构，而不是完全按照自己的意愿和想象组织教学活动。

第四，教学活动的设计要多组织学生之间的对话，引导他们通过对话讨论发现问题、解决问题，而不是直接将问题的答案呈现给学生；在实施教学的过程中，教师要鼓励学生对真理展开思考、提出疑问，鼓励学生论述学习过程中遇到的问题和矛盾。

（3）教学过程。教师教学的过程也是学生学习的过程，在这一过程中，学生通过教师的帮助逐渐自主建构知识体系。值得一提的是，这一过程的进行还要学生以已有的知识经验为基础，以严谨的态度和浓厚的兴趣参与教学过程。教师也要以学生的知识水平和学习态度为基础，建构出帮助学生获取新知识、新经验的教学环境。

（4）教师及其专业发展。首先，学校不要以某种主义和教学法固化教师，而应通过调研了解教师现阶段的工作环境、教育理念和思想特征，并根据调研结果和工作要求安排教师参与培训活动。其次，教师可以组织开展反思式教学。也就是说，教师在开展教学活动的过程中可以记录自己教学的方法和教学的过程，然后通过回顾发现教学过程中可能存在的问题，并与其他教师进行探讨，反思自己的不足之处。

2. 建构主义学习观

（1）学习的实质。学习的实质可以从学习和学生两个角度分析。

第一，学习是认知结构改变的过程。对学习者认知结构进行改变的方式有两种：一种是同化，另一种是顺应。学习者认知结构改变的过程就是同化与顺应相互交替的过程，即同化—顺应—同化—顺应……与此相对应的学习者认知水平的发展也呈现出平衡与不平衡相互交替的特征，即平衡—不平衡—平衡—不平衡……

因此，建构主义理论认为学习的过程不是简单的知识经验积累的过程，而是新知识与旧知识相互影响、发生冲突与革新的过程，学习者的认知结构在这一过程中因此发生改变。

第二，学生是主体建构的自组织循环系统。建构主义理论认为，就整体而言，学习是一个没有起点和终点，不断循环发生的过程，且这一过程呈现出封闭性的特征。根据这一判定，建构主义者提出，思维和学习是通过已有的结构规定的，而不是由外部学习环境决定的。具体分析，学习的循环过程如图 2-1 所示。

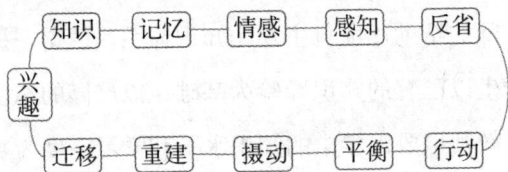

```
        ┌──知识──记忆──情感──感知──反省──┐
   兴趣 ─┤                                │
        └──迁移──重建──摄动──平衡──行动──┘
```

图 2-1　建构主义学习循环过程

第三，学习是个体建构自己知识体系的过程。建构主义理论认为，教师开展教学、传授知识的过程不是简单地让学生复制知识的过程，而是让学生根据自己的理解对知识进行建构的过程，因此学生的学习过程应是一个积极建构的过程。学习不只是对知识信息的简单输入，记忆也不只是对知识信息的存储。学生作为建构过程的主体，主导着学习行为。学习是一种对现实世界进行认知、理解和建构的行为，其中理解就是学生通过学习赋予事物意义的过程，也就是说，学生要根据教师的讲解并结合自己已有的经验认知对需要建构的新的知识对象进行解释。

（2）影响学习的四种因素：已有经验、真实情境、协作与对话、情感因素。

第一，已有经验的影响。学生已具备的知识经验会对其学习、理解、掌握新知识产生一定的影响。一般学生在学习新知识之前，脑海中会对新知识有一个大概的印象或概念，如学生在学习英语之前大致知道英语是一种拼音文字，并且通过英语电影、电视剧等渠道对说英语国家的文化有了一定的了解。

第二，真实情境的影响。建构主义理论提出，在学习的过程中，情境是影响意义建构的重要因素，意义建构能否成功与情境创设的好坏有着密切关系。这主要是因为，学习这一行为需要在特定的情境中才能完成，新知识也需要在特定的情境中才能展现其意义。这一理念对教学的启示是，教师在开展教学活动的过程中，要为学生创设适合学习的情境，要为学生布置情境任务，引导他们在情境中完成任务、理解知识、建构知识、掌握知识并运用知识。

第三，协作与对话的影响。建构主义者将合作学习教学模式与学生的协商、对话能力培养结合起来，利用合作学习的平台使学生在交流、对话中掌握知识、获取技能。

第四，情感因素的影响。建构主义者认为，情感因素对认知和学习的影响主要体现在以下五个方面。

一是情感因素会影响学习者选择认知和学习的对象，并呈现出较强的指向性和侧重性。例如，如果学习者对语言和文化学习有情感偏向，那么他就会以比较积极和主动的态度去学习英语和说英语国家的文化。

二是情感因素对学习者的意志也有明显的影响作用，这种影响作用既有积极的也有消极的。积极的影响作用会使学习者在学习过程中保持坚定的意志，即使遇到困难也不轻易放弃；而消极的影响作用则会导致学习者学习的意志不坚定,甚至会影响学习者认知新事物的能力。

三是人的情绪处于起伏和波动状态时会影响人的认知和判断。具体来说,人在情绪稳定时,容易对事物做出正确的理解和判断;而人在受到刺激之后,认知能力和判断能力将大打折扣。

四是在开展教学评价的过程中,应考虑教学环境和教学条件的影响作用,不应只关注教师的教学设计,还要考虑学生发挥的作用。开展教学评价的目的就是发现教学过程中影响实现教学目标的因素,然后有针对性地加以调整。

五是错误和失败在学习过程中也有一定的意义和作用。建构主义理论认为,学生在开展有效学习的过程中出现错误是非常正常的现象,面对错误,学生要及时反省,更正自己对原有概念的理解。学生只有明白了错误的答案为何错误才能避免下次再犯同样的错误,才能理解正确答案为什么正确以及怎样做才是正确的。也就是说,理解需要错误学习。因此,学习者不要害怕犯错。如果出现错误,教师可以组织学生一起讨论,发现问题的根源并对其进行改正。

3. 建构主义知识观

如图 2-2 所示,建构主义知识观主要包括以下四种观点。

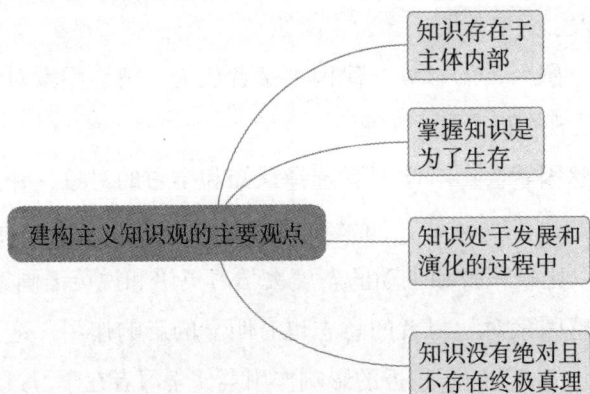

图 2-2 建构主义知识观的主要观点

（1）知识存在于主体内部。建构主义学习观认为，知识以实体的形式存在于学习主体的内部而非外部。虽然知识凭借语言文字符号的发明有了外在的表现形式，但这并不能证明不同的学习者对相同知识的理解是一样的。学习者原本的学习水平、学习经验、理解能力、应用能力以及接受的教育等都会影响其对知识的理解。

（2）掌握知识是为了生存。人类掌握知识最根本的目的不是探寻和分析世界上存在的真理，而是解决人类最基本的生存问题。当今世界存在很多影响人类生存和发展的问题，这些问题有些源自客观的生存环境，有些源自人类本身的生产生活方式和人类与外界相处的方式。建构主义理论倡导人们学习的知识大部分是与人类生存息息相关的学科知识，如历史、地理、政治、物理、数学、化学等基础学科知识以及分类更细化的其他学科知识。这些学科知识对于引导人们认识人类生存发展的规律和方法具有重要作用。

（3）知识处于发展和演化的过程中。建构主义学习观认为，知识并不是用来描述某一问题现象的最终结果的，也不是用来解决某一问题的标准答案。知识只是人们对现实世界的一种假设或解释，而且在这一解释的过程中还要借助语言符号系统的辅助作用。随着时代的发展和社会的进步，知识也在不断地发展和变化，知识的容量和分类也在不断丰富。

（4）知识没有绝对的且不存在终极真理。知识的存在只是对人类经验的总结和未来发展的畅想，并不能说明世界的真理。知识也不能解释世间的任何现象和活动，不能提供问题和困难的解决方法。因为知识本身是没有意识的，人类要运用自身的主观意识建构属于自己的知识体系。即个体在遇到问题或困难时要具体问题具体分析，利用已掌握的知识，结合问题本身的特点想出解决的办法，而不是直接将知识转移到问题中。

（三）建构主义学习理论对职业英语教学的影响

1. 利用错误和失败的启发作用开展英语教学

建构主义认为，学习者在学习过程中的错误和失败是智力发展的重要组成部分。对于职业英语教学而言，教师应鼓励学生勇于尝试、不怕失败，学生应通过实践中的不断摸索提高自己的英语能力。教师可以为学生布置充满挑战的学习任务，引导学生从错误中反思、总结经验，并在此基础上进行调整和改进。这有助于培养学生的自主学习能力、批判性思维和问题解决能力。

2. 利用掌握知识是为了生存理论激发学习英语的动力

建构主义强调知识的实际应用价值，认为学习者掌握知识是为了更好地适应和生存于现实环境。在这一理论的指导下，教师要帮助学生增强英语学习的责任感，激发学生学习英语的动力，使学生认清学习英语的主要目的是提升自己的专业素质能力，进而增强自己的职业竞争力，为今后走出校门后的职业生活打好基础。

3. 利用知识是发展的、不断变化的理论鼓励学生持续学习和创新

建构主义认为，知识不是固定不变的，而是会在学习者的互动和实践中不断发展和演化。因此，职业英语教学应关注知识的动态性，鼓励学生持续学习和创新。教师可以引导学生关注职业英语领域的最新动态，了解行业发展趋势，并鼓励学生探索新的知识和技能。教师还可以利用网络技术和社交媒体，为学生提供更广阔的学习资源和交流平台，促进他们与不同背景的学习者和专家进行互动，共同构建和发展知识。

二、需求分析理论

（一）外语需求分析的定义

要对外语需求分析的概念进行界定，首先要了解外语需求分析的三项要点内容。

1. 需求分析不是一次性的活动

外语需求分析并不仅仅局限于课程设计阶段的一次性活动，而是在整个教学过程中，随着学习进展情况定期反复进行，为教学提供持续反馈的过程。这是因为在课程开始之前，教师、学生和管理者对需求的认识可能仅限于他们的想象，并未与实际情况相结合。在这个阶段，教师的判断可能受限于过往的教学经验，学生对课程的认识可能过于理想化。随着课程的推进，各方能够从更现实、更切合实际的角度审视需求问题，因此需求分析应与课程同步进行。

在需求分析过程中，各方需要对各种需求按照有效程度从高到低进行排序。由于学习者需求各异，教学情境不断变化，因此对需求的有效性进行甄别是至关重要的。有效需求应满足两个标准：一是能够客观、正确地反映各方对学习者目标的要求；二是该要求在现有条件下能够实现。简言之，有效需求应具备正确的目标和可行的过程。

在挑选有效需求时，各方还需根据需求的重要性和可执行性进行排序，以便在课程设计中优先满足重要且急需实现的需求。这种方法有助于为学习者提供更为有效和有针对性的教学，使学习者在有限的时间内取得较好的学习效果。总之，外语需求分析是一个随着课程进行而持续进行的过程，旨在根据学习者不断变化的需求，调整和优化教学方法和内容，以提高外语教学的效果。

2. 需求分析需要收集的信息

在进行外语需求分析时，各方需要收集与事相关的信息和与人相关的信息。这两类信息共同决定了需求分析的有效性和可行性，有助于教师设计出更符合学习者需求的课程。

首先，与事相关的信息主要包括学习者的语言需求、专业知识需求、目标情境背景知识需求以及教学情境分析等方面。语言需求涉及学习者希望在外语学习中达到的具体技能水平，如听、说、读、写等；专业知识需求是指学习者所期望掌握的与其专业或行业相关的知识；目标情境背景知识需求则关注学习者在特定情境下所需具备的背景知识；教学情境分析则涉及课堂环境、教学资源和方法等方面。

其次，与人相关的信息包括学习者的学习风格与策略、教师的师资力量以及管理者的态度等方面。学习风格与策略是指学习者在学习过程中所采用的方式和方法，不同的学习者可能有不同的学习风格；师资力量则关注教师的专业素养、教学经验和能力等方面；管理者的态度则体现在对教学资源的支持、对教学改革的推动以及对学习者需求的关注程度等方面。

3. 需求分析信息收集的渠道

为了收集需求分析所需的信息，人们可以采用多种方式，如调查、问卷、访谈和测试等，旨在获取与需求目标相关的主观和客观信息。

在运用这些信息收集手段时，人们应时刻关注信度和效度指标。信度是指调查结果的一致性和稳定性，即在相同条件下重复进行调查，结果是否具有一致性；效度则是指调查结果的真实性和准确性，即调查结果能否真实反映被调查对象的实际情况。只有保证调查数据具有较高的信度和效度，才能得出具有分析价值的结论，从而为外语需求分析提供有力支持。

综上所述，人们可以把外语需求分析定义为一个针对既定的外语学习目标，在课程设计的不同阶段，从各种信息源中，利用观察法、问卷法、访谈法等各种调查手段，对外语学习者在目标环境中的主、客观信息进行分析的过程。外语需求分析的目的在于指导外语教学活动的开展。

（二）外语教学中需求的内涵

1. 需求与语言学习的需求

需求是指在特定环境和条件下，人们对某一种事物或服务的欲望和期望。需求体现了人们在实际生活中面临的问题和困境，以及为了解决这些问题所寻求的解决方案。需求的内涵主要包括以下几个方面。

（1）动态性：需求不是固定不变的，随着人们生活水平的提高和环境的变化，需求也会发生变化。在需求分析过程中，应充分考虑需求的动态性，以便及时调整和满足人们不断变化的需求。

（2）多样性：不同的人在不同情境下会有不同的需求。因此，需求分析应关注需求的多样性，以满足不同人群和不同情境下的特定需求。

（3）层次性：需求具有层次性，可以分为基本需求、进阶需求和高级需求等。在需求分析过程中，应关注需求的层次性，从而为不同层次的需求提供相应的解决方案。

语言学习的需求则是指在特定情境下，人们为了达到预期的语言沟通能力而期望获得的外语知识和技能，包括语言技能的提高、跨文化交际能力的培养、专业知识的学习等。

2. 需求在外语教学领域的内涵

在外语教学领域中，需求的内涵主要体现在以下几个方面。

（1）目标导向的需求：在这个层面上，需求主要关注学生当前的学习要求以及未来的工作要求。换句话说，需求着眼于学生在完成外语课程后能够运用所学语言进行的实际操作。这种需求关注的是教学目标与实际应用之间的关系，以期为学生提供切实可行的语言技能。

（2）社会环境和机制导向的需求：从这个角度来看，需求反映了外语使用者所处的社会环境和社会机制认为的外语学习内容。这种需求强调学习者在外语学习中应掌握的知识和技能，以适应社会的期待和要求。

（3）学习过程导向的需求：这种需求关注外语学习者在习得语言过程中所需进行的工作。学习过程导向的需求涵盖了外语学习中的转变和学习手段，强调如何更有效地进行语言习得。

（3）个人期望与渴求导向的需求：这个层面的需求关注外语学习者本人的意愿，即他们希望从外语课堂中获得什么。而在外语教学过程中，这种基于个人期望与渴求的需求往往未受到足够重视。因此，在需求分析中，教师应关注学习者的个人期望和渴望，以提供更符合他们需求的教学内容。

（4）欠缺与不足导向的需求：从这个角度来看，需求可以理解为学习者在学习和使用外语过程中所不知道或者不会做的事情。这种需求关注学生在外语学习中的不足之处，以便针对性地提供帮助和指导。

（三）需求分析理论在职业英语教学中的重要性

1. 需求分析对职业英语的课程设计具有重要意义

需求分析在职业英语教学中具有重要的地位，因为它为课程设计提供了必要的指导。通过对学生的学习需求、背景知识以及职业发展目标等方面的分析，教师可以更好地了解学生的实际需求，从而设计出符合学生需求的课程。职业英语课程应关注学生的实际应用能力，帮助学生在职场中更有效地运用英语进行沟通。

需求分析还有助于课程设计者权衡教学资源和时间，合理分配课程内容。通过对不同学生群体的需求进行分析，教师可以识别出急需解决的问题，从而优先安排相关内容。此外，需求分析还能为课程设计提供灵活性，使其能够在学生需求发生变化时进行相应的调整，以便更好地满足学生的需求。

2. 需求分析有助于教师改进教学方法

需求分析对教师改进教学方法具有积极的指导作用。教师在了解学生的需求后，可以根据学生的学习风格、能力水平和兴趣等因素调整教学方法，以激发学生的学习兴趣和积极性。例如，如果分析发现学生在口语交际方面有较大需求，教师可以增加课堂上的口语练习和角色扮演活动，以提高学生的口语能力。

需求分析还可以帮助教师了解学生在学习过程中遇到的困难，从而采取相应的教学策略来解决这些问题。例如，如果发现学生在阅读理解方面存在困难，教师可以设计更多的阅读训练，帮助学生提高阅读速度和理解能力。

3. 需求分析有助于提高学生学习英语的积极性

需求分析对于提高学生学习英语的积极性具有重要作用。当课程内容和教学方法能够充分满足学生的需求时，学生更容易投入学习，产生积极的学习态度。需求分析有助于教师了解学生的期望和动机，从而使教学更加个性化和有针对性。

需求分析还有助于培养学生的自主学习能力。当学生意识到自己的需求得到了关注和满足时，他们会更加积极地参与学习，主动寻求解决问题的方法。这有助于培养学生的自主学习能力和问题解决能力，为学生的职业发展奠定坚实基础。

三、人本主义教育观

（一）人本主义教育观的主要观点

1. 教育目标

人本主义心理学的教育目标注重人性的完善与个体潜能的发掘，目的是培养出具有积极心态、愉悦情感以及适应时代发展需求的完整的人。依照美国社会心理学家、人本主义心理学创始人马斯洛（Maslow）的观念，人本主义教育的精髓在于追求自我实现，这意味着实现个体在人类发展层次上的最高水平，助力个体达到最优状态。自我实现的过程可以分为两个阶段：第一阶段关注实现人类共性潜能，包括友爱、合作、求知、审美、创造等各种普遍特质；第二阶段则关注实现个体独特的潜能。

2. 教学理念

人本主义教学理念强调以学生为中心，尊重学生的个性和差异。因此，教师应关注学生的需求，为学生提供自主学习和发展的空间。在教学过程中，教师应关注学生的主观经验，尊重学生的观点和感受，鼓励学生参与课堂讨论和合作学习。此外，人本主义教学理念还强调以学生的兴趣和需求为导向，激发学生的学习动力。

3. 学习本质

人本主义理论认为学习的本质在于个体的自我实现和发展。学习不仅仅是知识的传授和积累，更重要的是培养学生的自主性、创造性和批判性思维。人本主义强调学习过程中个体的主动性和积极参与，认为学习应该是学生自发的、寻求发现的过程。因此，在学习过程中，学生应充分发挥主观能动性，参与问题的提出、分析和解决，从而实现自我价值。

4. 学习类别

人本主义理论强调学习的多样性和个性化，认为学习不应局限于某一特定领域或形式。学习类别包括认知学习、情感学习和社会交往学习等。人本主义鼓励学生在不同领域探索和发展，挖掘自己的潜能，培养多种能力。通过多元化的学习类别，学生能够更好地了解自己，实现自我发展。

（二）人本主义教育观对职业英语教学的影响

1. 深化以学生为中心的教学理念

在教育技术逐渐信息化的过程中，人们应充分认识到教师与学生的角色转变。一方面，要摒弃以教师为中心的传统观念，将教育重心转向关注学生的需求和主体性地位；另一方面，要避免过度依赖技术，以免忽视了学生的个性和发展。

现代信息技术在教育中的应用，旨在成为教师和学生的学习工具和交流手段，而教师则扮演着引导者和促进者的角色。在这个过程中，教师应善于运用各种先进的教学手段，关注学生的需求和兴趣，将以学生为中心的教学理念贯穿整个教学过程，给予学生更多的关爱和鼓励。同时，教师要为学生提供多样化的选择机会，激发学生的积极性，促使学生实现自我价值。

2. 重视情感因素在教学中的作用

教育信息化发展的初期阶段，也可以称为数字化教育时代。在此阶段，教学关系从同步演变为异步，教学环境从现实转向虚拟，教师与学生在时间和空间上实现了彻底的分离。这种教学模式在一定程度上导致了教育中情感因素的缺失，特别是对于年龄较小的学生来说，这个问题尤为明显。

换言之，教育信息化确实改变了传统的教学方式，基于资源的学习和远程教育等新型教学模式虽然有助于提高学生的自主学习能力，加强师生之间的双向互动以及学生间的多方互动，但由于难以有效控制，这种分离可能会影响师生之间的紧密合作。师生分离还可能导致学生无法直接感受教师的人格魅力，从而影响教育质量。

为弥补情感缺失，人本主义理论为新时代职业英语教学提供了有益的指导。人本主义理论认为，在教学过程中，教师应关注学生的需求、兴趣和情感因素，打破时间和空间的障碍，通过各种手段激发学生的积极性，提高学生的参与度。此外，教师还应借助现代信息技术手段，创设有利于师生沟通和互动的虚拟空间，从而实现在远程教育环境下的情感交流，削弱因为师生分离所带来的不利影响。

（1）通过情感驱动认知。人本主义下的教学过程是一个认知与情感相互影响、相互促进的辩证统一的过程。学生对知识的掌握是借助于情感媒介这个动力因素实现的。在现代信息技术的辅助下，关于情感因素的教学素材种类更多、内容更丰富，教师的选择更多，这有利于教师在课堂上呈现出更多让学生感兴趣的教学内容；在课堂之外，学生也可以在线搜索感兴趣的学习资料开展自主学习。通过情感的激发，学生在愉悦的氛围中更容易掌握知识，达到认知目标。

（2）注重学生人格的发展。在信息化时代的职业英语教学中，无论是在线上还是在线下，交流都是学习英语的关键环节。因此，教师应倡导真实、接受和理解的人际关系，为学生营造一个心理自由和安全的学习环境。只有在这样的环境中，学生才能够自由表达，展示个性，进而释放潜能，全面培养自身的素养，提高自身的语言能力。

（3）强调师生之间的相互尊重、合作和信任。在职业英语教学中，教师应关注每一位学生的需求和感受，平等对待每一位学生，为他们提供支持和鼓励。在这种氛围中，学生能够感受到人格自主和他人对自己的尊重，增强成就感和生命价值体验。

3. 兼顾学习过程和学习结果

人本主义主张不应将学习过程仅视为学生掌握特定知识的途径，而应让学生全力投入学习中，并在此过程中掌握一定的学习策略，从而推动学生全面人格的发展。学生只有在积极参与并自我负责的学习过程中，学习效率才能得到提升。因此，职业英语教学应同时关注学习成果和学生的学习过程，这样才能真正实现优秀的教学效果。例如，在制订教学计划和目标时，教师不仅要关注学生在课程结束时所取得的知识和技能，还要关注学生在整个学习过程中的参与、合作和探索。例如，教师可以设计任务型教学活动，让学生在完成任务的过程中自主地发现、探讨和解决问题，从而提高英语职业技能。

4. 通过多维评价促进教学

人本主义教育观认为传统的单一评价方式主要关注学生的知识掌握程度，很难全面了解学生的学习状况，还使教学偏离了使学生学会学习这一真正目标。因此，人本主义倡导开展学生个性化的自主评价，从不同角度和维度出发对学生进行评估。只有充分发挥个性化自主评价的作用，教师才能帮助学生成长为素质全面、主动承担责任的独立个体。因此，教师应改变传统教学评价只看重分数和教师评语的方式，转向以学生自主评价为主、教师评价为辅的综合评价方式，充分发挥学生的主观能动性。例如，在职业英语教学中，教师可以通过让学生撰写学习反思、进行知识点的总结归纳等方式，提高学生自我认知和自主学习的能力，完善职业英语教学的评价体系。

四、联通主义

（一）联通主义的基本观点

联通主义是一种教育学理论，起源于 21 世纪初，并在 2005 年由乔治·西蒙斯（George Siemens）和史蒂芬·道恩斯（Stephen Downes）提出。联通主义作为一种新兴的学习理论，旨在解释当代快速发展的信息和通信技术环境下，学习者是如何在复杂、不断变化的知识网络中建立联系和获取知识的。它强调学习过程中关系、网络和信息的重要性。联通主义的基本观点主要包括以下几方面内容。

第一，学习是一个基于网络的过程。联通主义认为，学习发生在一个由知识节点和连接组成的网络中。这些节点可以是人、设备或资源，而连接则表示节点之间的关系和交流。学习者通过建立和优化这些连接来获取和处理知识。

第二，知识分布在网络中。联通主义强调知识不再是单一来源或权威的，而是分布在整个网络中。这意味着学习者需要在广泛的来源和资源中寻找、评估和整合信息，以形成更全面的认识。

第三，学习是个人化和社会化的。联通主义认为，学习既是个体在与网络中的其他节点互动的过程中进行的，也是与其他学习者协同合作和共享知识的过程。这种观点打破了传统教育理论中将学习视为独立个体的认知过程的局限。

第四，信息过滤与判断。面对海量的信息，学习者需要学会筛选和评估信息的质量、准确性和可靠性。这需要学习者发展批判性思维，培养信息素养，以便在复杂的信息环境中做出明智的决策。

（二）联通主义的学习观

在联通主义视角下，学习活动表现出与传统学习观截然不同的特点。

当今的学习活动在现代技术支持下呈现出持续性、发展性、开放性、动态性、多维性和交互性等特征。

首先，学习活动呈现出持续性和发展性的特征。在知识爆炸的时代，学习者需要不断地更新知识和技能，以适应不断变化的环境。这意味着学习不再是一个有始有终的过程，而是会伴随着个体的一生并涉及多个领域。

其次，学习活动具有开放性和动态性。在信息化社会中，学习方式和途径变得多样化，学习者可以通过各种方式和渠道获取知识。同时，学习的范围、途径和规模可以根据学习者的需求而发生变化，使学习更加灵活和自主。

最后，学习活动表现出多维性和交互性。联通主义强调连接的重要性，人与人之间、不同信息源之间的连接为学习者提供了丰富的知识资源。这种连接使学习活动具有高度的交互性，促进了学习者在不同领域、思想和概念之间建立联系。

基于以上分析，本书从西蒙斯提出的网络学习和联通主义的八个原则来进一步阐述信息化时代学习活动的特点。

第一，学习和知识存在于多样化的观点中。这强调了学习者需要在不同的信息来源中发现和整合知识，以形成更为全面的认识。

第二，学习是连接专业节点或信息来源的过程。这意味着学习者需要在知识网络中建立和优化连接，以便更有效地获取和处理信息。

第三，学习可能驻留在非人类的器皿中。这表明学习活动不仅仅局限于个体，还包括与技术工具、网络资源等非人类实体的互动。

第四，具备知道更多知识的能力比现已知道的知识更重要。这强调了适应变化的能力比固定的知识储备更为关键，要求学习者具备不断学习和更新知识的能力。

第五，为促进持续学习，需要培养和维护连接。这表明维护和发展与其他学习者、信息来源之间的联系对持续学习至关重要。

第六，发现不同领域、思想和概念之间的联系的能力是一项核心技能。这意味着学习者需要具备跨学科思维和整合能力，以便在不同的知识领域之间发现有价值的联系。

第七，现时性（正确的、崭新的知识）是所有联通主义学习活动的意图。这强调了在快速变化的信息环境中，学习者需要关注知识的时效性，及时获取最新信息。

第八，决策本身就是一个学习的过程。在不断变化的现实中，学习者需要根据信息环境的变化来选择学习内容和获取信息。虽然某一问题现在有一个正确的答案，但随着信息环境的变化，今天的正确答案可能在明天不再适用。

在联通主义视角下，教师角色的定位有所不同。相较于传统的教育模式，联通主义将教师从知识的传授者转变为学习的引导者和网络的组织者。教师的主要任务是提供初始的学习环境和情境，将学习者聚集在一起，并帮助学习者建构自己的学习环境，使学习者能够连接到成功的网络。在这个过程中，教师需要关注个体学习者的需求，为学习者提供支持与引导，帮助学习者在网络中发现、评估和整合信息，助力学习者发展批判性思维，培养信息素养。

联通主义与建构主义在一定程度上具有相通之处。两者都认为学习是一个主动、积极的过程，学习者需要参与知识的建构。同时，两者都强调学习必须是真实的，并与现实生活相联系。联通主义为学习者提供了具体的技术和机会，学习者可以积极参与知识的建构和呈现，还可以通过连接各种网络来识别和解释不同的知识模式，将学习与现实问题结合起来。

此外，学习者在社交网络中可以与来自不同领域的专家进行个人化的沟通，实现知识的共享与协同创新。这种真实的、具体的学习环境有助于提高学习者的学习兴趣和动力，培养他们在面对复杂、不断变化的现实问题时具备更强的适应能力和创新精神。

（三）联通主义学习观对职业英语教学的启发

1. 职业英语教学应培养学生建立联系的能力

在联通主义学习观下，学习是一个连接不同信息来源的过程。对于职业英语教学而言，教师需要培养学生在英语学习中建立与各种职业场景、知识背景和文化背景之间的联系。这不仅要求学生具备扎实的英语基本功，还需要学生掌握跨文化交际能力、团队合作能力和批判性思维等。对此，教师可以设计真实的职业情境和任务，引导学生通过语言实践发现和解决问题，从而提高学生在职业领域的实际应用能力。

2. 职业英语教学应引导学生管理学习资源

在信息化时代，学生可以通过互联网获取大量的英语学习资源。然而，面对海量信息，学生往往难以区分优质资源和不适用的资源。因此，职业英语教学需要引导学生学会筛选和管理学习资源，培养学生的信息素养。对此，教师可以向学生推荐高质量的学习资源，如权威的词典、教材、在线课程等，并教授筛选和评估资源的方法，帮助学生建立自己的学习资源库。

3. 职业英语教学应为学生构建信息共享平台

联通主义学习观对职业英语教学的启示之一是强调资源的共享性和生成性。在这个背景下，教师和学习者需要合作构建一个开放共享的学习环境，教师还应鼓励创新和知识的产生。这一学习环境既可以是线上的社交媒体、讨论区，也可以是线下的学习小组、研讨会等。教师可以利用这些平台组织学生进行项目合作、案例分析等活动，促进学生在实践中互相学习、共同进步，并鼓励学生在实践过程中发挥自己的创造力，通过实践应用所学知识解决实际问题。此外，教师还可以设计具有挑战性的项目或任务，使学生在完成任务的过程中积累经验、创造新知识，从而增强学生在职业领域的竞争力。

第二节　职业英语教学的教学原则

职业英语教学需要坚持的教学原则主要包括以下几个方面的内容（见图 2-3）。

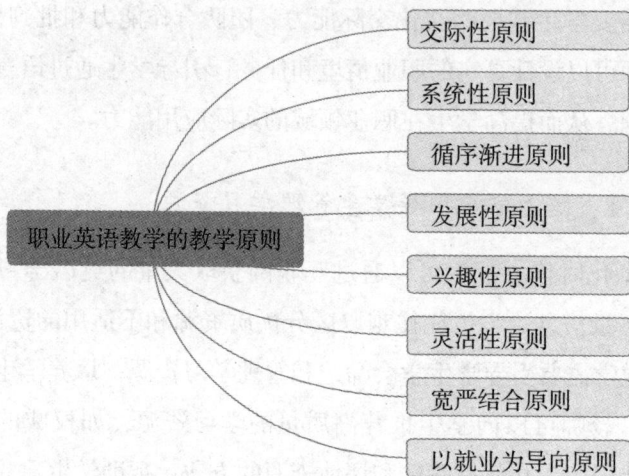

图 2-3　职业英语教学的教学原则

一、交际性原则

交际存在于人们的日常生活和工作中，没有交际社会便不能正常运转。那么交际到底是什么呢？研究表明，交际是在特定语境中说者与听者或者作者与读者之间的意义传递与转换，而语言是人们进行交际的重要工具，人们利用语言来传递信息、交流思想、分享情绪。如前文所述，英语作为一种国际化的语言，更是人们应该学习和掌握的对象。也就是说，学习英语的首要目的就是发挥英语的交际作用，因此英语教学的首要教学原则就是培养学生的交际能力。交际能力的核心就是人们能够利用自身掌握的各种语言知识和交际知识在不同的场合背景下与不同的对象展开有效的、得体的交际。

基于以上分析，职业英语教学应在教学过程中贯彻落实交际性原则，最终实现学生能用学到的英语知识与人顺畅交流的教学目的。

二、系统性原则

要认识英语教学及其与交际的关系，还必须看到英语教学的系统性。恩格斯认为："我们所面对着的整个自然界形成一个体系，即各种物体相互联系的总体……这些物体是互相联系的，这就是说，它们是相互作用着的，并且正是这种相互作用构成了运动。"[1] 现在人们已经认识到无论是物质世界还是思维领域都具有系统性，大到人类社会，小到一个工厂、一个车间、一台机器都可视为系统。研究事物系统性的科学就是系统论。在职业英语教学中，系统性原则是一种重要的教学原则，其核心在于帮助学生全面、系统地掌握英语知识和技能，从而提高英语水平。在职业英语教学过程中，系统性原则的应用具有至关重要的作用。

首先，系统性原则要求教师在课程设计和内容安排上进行合理规划，使学生对所学内容有比较系统、完整的概念。英语教学涉及语言知识、技能、文化等多个方面，教师需要将这些内容有机地联系起来，使学生在学习过程中能够形成完整的知识体系，提高学习效果。

其次，系统性原则强调建立各部分知识之间和新旧知识之间的联系。在职业英语教学中，教师应引导学生梳理知识点之间的内在联系，让学生在学习时能够充分利用已有知识，加深对新知识的理解和记忆。教师还应关注学生的知识体系构建，鼓励学生运用所学知识解决实际问题，使英语学习更具实践性和应用价值。

---

[1] 中共中央马克思恩格斯列宁斯大林著作编译局.马克思恩格斯全集：第20卷 [M].北京：人民出版社，1971：409.

再次，系统性原则强调学生对所学内容的清晰、层次化消化。教师应关注学生的学习进度和难易程度，采用循序渐进的教学策略确保学生扎实掌握知识。例如，教师可以通过分级教学，将学生按照英语水平进行分组，针对不同英语水平的学生制订相应的教学计划和目标，有针对性地开展教学活动，提高教学效果。

最后，科学的练习体系在职业英语教学中也具有重要意义。教师应结合教学内容和学生实际情况，设计丰富多样的练习形式，如听力、阅读、写作、口语等，使学生通过实践巩固所学知识和提高技能。教师还应关注学生的长期学习和发展，鼓励学生持续、自主地学习，培养学生良好的学习习惯和方法。

三、循序渐进原则

职业英语教学中的循序渐进原则是一种有效的教学策略，旨在按照学科的逻辑结构和学生的身心发展水平进行有次序、有步骤的教学，从而使学生能够有效地掌握系统的知识，促进学生身心的健康发展。这一原则是科学知识发展的客观要求，也是教学制约学生身心发展规律的反映。

在职业英语教学中，循序渐进原则强调教学工作的开展要遵循一定的次序。

首先，教师需要根据课程设置和教学大纲，按照从简单到复杂、从基础到拓展的顺序安排教学内容。这有利于学生逐步建立起英语知识体系，巩固基础，为后续学习打下坚实的基础。

其次，循序渐进原则关注学生的身心发展，因此教师在教学过程中应充分了解学生的学习需求、兴趣和潜能，针对学生的个体差异采取个性化教学策略。这样有助于激发学生的学习兴趣和积极性，提高学生的学习效果。

最后，循序渐进原则还要求教师在教学过程中关注学生的学习困难，及时调整教学策略，有针对性地解决问题。对此，教师可以通过合理的教学设计和实施，帮助学生在英语学习过程中逐步克服困难，提高学习效果。

通过以上操作，循序渐进原则能够帮助学生将已有知识、生活经验及好奇心联系起来，有助于学生认清事物发生及发展的过程，明晰所学内容的条理，逐步掌握解决问题的方法，培养解决问题的能力。

四、发展性原则

教学是传授知识的过程，也是促进学生身心发展的过程。发展性原则强调在职业英语教学过程中，传授语言知识与发展学生智力是相互促进、相辅相成的，只有同时做好这两方面的教学工作，才能创造有利于学生全面发展的教学环境。要实现英语教学的发展性，教师需要做到以下三点。

首先，教师需要关注每个学生的成长，保证所有学生在教学过程中都能得到充分发展。为此，教师应该关心和了解学生的个性差异，因材施教，满足不同层次学生的学习需求，帮助他们树立自信，发挥潜能。

其次，教师应充分挖掘课堂存在的智力和非智力资源，并合理、有机地实施教学。包括采用多样化的教学方法，如小组讨论、情景模拟、角色扮演等，调动学生的积极性、主动性和创造性，使课堂教学活动更加生动有趣。教师还应关注学生的情感、态度和价值观等非智力因素，注重培养学生的团队协作、沟通表达、批判性思维等综合素质，以提高学生的综合能力和竞争力。

最后，教师应为学生创设一些具有挑战性的教学情境，激发学生的探索和实践精神。通过设置问题导向、任务型或项目型的教学活动，引导学生自主学习，培养他们解决问题的能力。教师还要关注对学生的意志品质和心理素质的培养，以使学生在面对挑战时始终保持积极向上的心态，增强自我调节和适应能力。

五、兴趣性原则

兴趣可以使学生积极、主动地去学习、探索未知，最终获得较好的学习效果。本书认为，学习兴趣在帮助学生学习方面具有四大优势功能。

（一）定向功能

学习兴趣作为一种影响学生学习过程的非智力因素，往往决定着学生选择和努力的方向，可以为学生一生的事业奠定基础。

（二）动力功能

学习兴趣可以直接转化为学习的动力，当学生对英语学习感兴趣之后，就会充满学习英语的动力，甚至不用外界督促就能自主开展学习。

（三）支持功能

外语学习是一个长期的、复杂的过程，学生在这个过程中需要掌握大量的语言基础知识和应用知识，这不是一件容易的事情，会伴随着许多挫折和失败，学习兴趣具有引导学生战胜挫折、挑战自我的功效，对学习起着支持作用。

（四）偏倾功能

人们通常会从自己的兴趣点出发观察、认知事物。这一现象体现在英语学习上就是每个学生的兴趣不同，其关注的学习英语的功能或侧重点就会有所差异。例如，有的学生记忆力好，喜欢背单词、记单词；有的学生发音比较好，喜欢朗读英语美文以及进行英语口语对话。教师可以据此加以利用，引导学生全面学习英语。高职教师要激发和培养学生学习英语的兴趣，可以从以下几个方面出发。

第一，创设英语学习环境。这种环境包括多种形式，如英语角、英语学习社区或者英语电影放映会等。英语角是一个集结英语爱好者的社交场所，学生可以在这里自由交流，用英语进行互动，分享语言学习的乐趣；建立英语学习社区也是一个有益的举措，通过在线平台或社交媒体，学生可以参与各种英语学习活动，分享学习资源和经验，进一步提升英语学习的兴趣和积极性；举办英语电影放映会是一种有趣的学习方式，通过观看英语电影，学生可以提高听力技能，同时享受电影带来的娱乐和文化体验。

第二，将英语与学生所学专业结合起来。通过设计实际应用项目，如专业领域的英语报告、论文写作或英语演讲比赛，学生能够将所学英语知识直接应用到实际工作中，有助于学生认识到英语的实际应用价值，激发学习兴趣。例如，在学习国际贸易知识的过程中，学生可以进行英语商务谈判模拟，进而提高自己在国际商务环境中的交流和谈判技能。

第三，增进教师与学生之间的沟通与交流。在日常的教学活动中，教师要平等地对待每一位学生，对学生充满爱心、耐心，用自己对英语教学工作的责任感和积极态度去影响、感染学生，进而赢得学生的敬爱和喜欢。事实上，如果学生十分喜欢某一位教师，就会喜欢参与其组织的教学活动，并努力在这门课上取得好成绩。

六、灵活性原则

语言是社会文化生活和人们日常生活的重要组成部分，是一个充满活力、不断发展的开放性系统。学生代表着年轻的生命和锐意进取的精神，是未来的希望，也是美好生活的创造者。语言本身的性质以及学生的身心特点要求英语教学遵循灵活性原则。具体而言，英语教学需要在教学方法的设计上、教学语言的使用上以及学生的自主学习模式上赋予充分的灵活性。

（一）教学方法的灵活性

在研究英语教学的历史上，曾出现过很多各有特点的教学方法和教学流派，其中具有代表性的教学方法有语法翻译教学法、视听教学法、交际教学法等，每一种教学方法都有其自身的优势和缺点。作为职业英语教师，不应拘泥于一种教学方法，而应该学习和比较多种教学方法，并根据具体的教学内容、教学条件和学生特点，设计丰富多彩的教学活动，体现英语教学的多样性和创新性，使英语课堂变得充实、有意义，进而激发学生学习英语的兴趣和热情，挖掘学生学习英语的潜能。

（二）教学语言的灵活性

学习一门语言的关键在于使用这门语言，尤其是在交际活动中使用。职业英语教师要通过灵活地组织教学活动和使用教学语言来带动和影响学生使用英语。教师要尽可能地为学生创造使用英语的交际环境，尽可能地使用英语讲解教学内容、组织教学活动、鼓励学生在课上使用英语提问题和讨论问题，让学生感到所学语言是富有生命力的，是真实存在的。英语教学的过程不是教师在上面讲，学生在下边听讲和做笔记的单向过程，而应是学生积极参与教学活动，积极响应教师，用英语和教师互动的双向过程，在这一过程中，学生的英语表达能力、思维能力和交际能力都得到了锻炼和提升。除此之外，教师还可以通过布置的作业使学生灵活地使用英语，作业的布置应以提高学生的英语应用能力为目标，如可以让学生录制英语文章的朗读作业，让学生上网查找国外的时事新闻并加以陈述和评议等。

（三）自主学习的灵活性

英语教学方法和教学语言的灵活性可以带动学生学习英语的灵活性。教师要引导和帮助学生改变以往机械式的学习方法，探索符合二语习得规律和学生身心特点的自主学习模式，使学生掌握自我学习英语的方法，加强以自我实现为导向的自我激励、自我监督方法策略的实施，最终实现基本功练习与自由练习相结合，单项练习与综合练习相结合的练习目标。通过练习实践使学生具有扎实的英语语言功底，能初步用英语陈述事实、表情达意，进行简单的交流，提升自身综合运用语言的能力。

七、宽严结合原则

所谓宽严结合，是指教师在处理学习英语过程中出现的语言错误的一种方法，即处理准确与流利之间关系的方法。学习英语是一个漫长的内化过程，学生从一开始只会使用母语发展到后期能成功掌握一个新的语言系统，中间会经历很多阶段。在各个阶段中，学生所使用的语言都是一种过渡性语言，既不是源语的翻译，也不是未来需要掌握的目的语。这种过渡性语言难免会存在一些错误，如词汇错误、语法错误和语言错误等。

对于学生的这些错误，教师应避免两种极端的做法。一种是把学生犯的每一个语言错误都看得十分严重。这是因为教师认为学生在学习语言的初期一定要掌握最正确的语言知识，如果对学生的语言错误放任不管，一旦养成习惯就很难改正。这种想法本质上是没有问题的，但错就错在教师在讲授英语知识的实践过程中抓住学生的错误不放，反复强调某一同学具体犯了什么错误，伤害了学生的自尊心和积极性，导致学生不愿意学习英语了。另一种做法是对学生犯的语言错误视而不见，完全不予以纠正。这是因为教师认为语言的学习最重要的是熟能生巧，只要多听多练就能掌握正确的语感和语言的用法。这种方法借鉴的是母语学习者学习母语的方法，但现实是教师不能向学生提供如母语学习者学习语言所需要的那种环境，因而这种方法不利于培养语言的准确度。

在学习英语的过程中，出现语言错误是很正常的事情。每一位语言学习者都会经历不断出错、纠错、改正的过程，没有这个过程的洗礼就不能真正掌握这门语言，就不能达到流利表达的语言水平。因此，教师要不断鼓励学生勇于表达自己、展示自己的语言水平，同时，教师也要耐心倾听，给予学生足够的尊重。教师要坚持用自己专业、准确的表达影响、引导学生，同时在发现学生的表达存在语言问题时，要在肯定的前提下进行必要的纠正，确保学生下次不会犯同样的错误。

总而言之，在职业英语教学的过程中，教师应坚持宽严结合的原则。当以培养学生的交际能力为教学目的时，对学生的语言错误采取宽容的态度；当以传授英语语法知识为目的时，则采取严格的态度。这样既能保证学生具有扎实稳定的语言基础，又有利于培养学生的英语表达能力。

另外，教师还可以结合学习者的语言水平采取不同的策略：对于初学者而言，不过分纠正语言中的语法错误、词汇错误等语言错误，而是更多地鼓励他们用英语互相交流，树立学习英语的信心，培养学习英语的兴趣；对于中等以上的学习者，如高职学生，可以在不打击英语学习积极性的前提下适当地纠正语言表达上的问题。也就是说，年级越高，水平越高，越要注意准确性。

八、以就业为导向原则

由于职业英语教学的教学目标是培养某一行业或领域的英语人才，使学生在毕业后能找到更心仪的工作，因此教学活动的开展要遵循以就业为导向的教学原则。

（一）职业需求分析

职业英语教学应以行业和职业需求为出发点，分析目标行业的英语应用场景和技能要求。教师可以通过调查研究、访谈专家或参与实践活动等方式了解行业内英语的具体需求，为教学内容和方法的设计提供依据。

（二）功能性强调

职业英语教学应注重英语的实际应用功能，培养学生在不同职业场景中有效运用英语的能力。教学过程中，教师应关注职业语言的特点，强调行业术语和实用表达，帮助学生掌握与职业相关的英语知识和技能。

（三）任务型教学

以就业为导向的职业英语教学应采用任务型教学方法，将真实的职业场景融入教学过程，让学生在完成具有挑战性的任务中提高英语应用能力。教师可以设计与职业相关的听说读写任务，引导学生在语境中进行实践和探究。

（四）跨学科整合

职业英语教学应强调跨学科知识的整合，将英语学科与其他职业领域的知识结合起来，提高学生的综合素质。教师可以与其他学科的教师共同开展课程设计和教学实践，促进学生在英语应用中形成跨学科的思维和解决问题的能力。

第三节　职业英语教学的专业建设

一、职业院校的专业建设概述

职业院校的专业建设是指职业教育院校在满足社会需求、产业发展和国家政策的基础上，设计和组织专业课程，培养学生具备一定专业技能和素质的过程。职业院校的专业建设涉及专业设置、教学资源、师资队伍、人才培养、实践基地等多方面内容。下面简要介绍几个比较关键的部分。

（一）课程体系建设

职业院校的课程体系建设是专业建设的基石。课程体系应根据行业发展趋势、技术变革、企业需求和国家政策来制定。课程体系应包括专业基础课程、专业技能课程和实践课程。专业基础课程是学生理解专业知识和技能的基础，可以帮助学生建立专业知识体系。专业技能课程是为了培养学生的实际操作能力，使他们能够熟练运用所学知识解决实际问题。实践课程是将理论知识与实际操作相结合，让学生在实际操作中提高综合素质和技能水平的课程。

课程体系建设还应注重课程内容的更新和改革，根据行业发展和技术创新及时调整和优化课程内容，使课程体系更具前瞻性和实用性。同时，应注重课程的开放性和灵活性，为学生提供个性化的学习路径，使学生能够根据自己的兴趣和发展方向选择合适的课程。

（二）师资队伍建设

师资队伍建设是职业院校专业建设的核心。教师应具备丰富的行业经验、专业知识和教育教学能力。职业院校应通过选拔、培训、进修等途径，提高教师的专业素质和教育教学能力。

在选拔教师时，职业院校应注重教师的实践经验和理论素养，优先选择具有丰富行业经验和较高教育水平的教师。在教师培训方面，职业院校应定期举办各类培训班，使教师掌握最新的行业动态和教育教学方法。职业院校还应为教师提供进修机会，不断提升他们的专业能力。

（三）教学资源建设

教学资源建设是保障职业院校专业建设质量的重要条件。教学资源包括教材、实验设备、实训基地等。职业院校应针对专业特点，选用适合的教材，注重教材内容的实用性和时效性。实验设备应与行业发展同步，让学生能够接触最新的技术和设备，提高实践操作能力。实训基地是学生实际操作和实践的场所，职业院校应与企业和行业组织密切合作，共建实训基地，为学生提供实习和实践的机会。

教学资源建设还应注重数字化和信息化，利用网络技术和数字媒体，为学生提供丰富的在线学习资源和交流平台。这样既可以节省教学资源，又能满足学生个性化和自主学习的需求。

（四）质量评估体系建设

质量评估体系是保障职业院校专业建设持续改进的重要手段。职业院校应建立一套完善的质量评估体系，包括内部自评和外部评估两个层面。

其中，内部自评是职业院校对专业建设进行自我监督和反思的过程，应定期进行，关注课程设置、教学资源、师资队伍、实践基地等多方面内容，并根据自评结果对专业建设进行调整和优化。外部评估是职业院校接受社会和行业对专业建设的监督和评价。职业院校应邀请企业代表、专家学者等第三方进行评估，以客观、公正的标准衡量专业建设的质量。外部评估可以帮助职业院校了解自身在行业中的地位和发展趋势，及时发现问题，制定改进措施。

要创建一套完善的质量评估体系，职业院校还应关注学生的满意度和需求，通过问卷调查、座谈会等方式收集学生对专业建设的意见和建议。此外，职业院校还应关注毕业生的就业情况和发展状况，并将其作为评估专业建设质量的重要指标。

二、职业英语教学的专业定位及专业建设

在职业英语教学中，根据不同领域和行业的差别，英语专业可分为商务英语专业、旅游英语专业、法律英语专业、涉外秘书英语专业、英语教育专业等，本书将以商务英语专业和旅游英语专业为例阐述专业建设问题。

（一）商务英语专业定位及专业建设

1. 商务英语专业定位

商务英语专业是一门跨学科、应用性较强的综合性专业，涉及的内容十分广泛。"商务"是一个广泛的概念，涵盖了企业、组织和个人在经济活动中的所有行为，主要关注贸易、投资、生产、销售、服务等方面的活动。在商务领域中，各方为了实现利益最大化，通过市场竞争、合作、交流等方式参与经济活动，从而创造财富和价值。

由于商务活动涉及的专业领域十分广泛，商务英语专业不可能面面俱到。因此为适应社会和市场需求，商务英语专业应根据学校的特点和发展战略，结合区域经济发展需求，设置具体的专业方向，如国际贸易、国际金融、国际营销、电子商务等，旨在培养学生在特定领域的专业知识和技能，为他们在未来职业生涯中提供更好的发展机会。下面从六个角度对商务英语的专业定位进行详细论述。

（1）专业培养目标。商务英语专业的培养目标是培养具备扎实的英语语言基础、较强的商务知识和实践能力、良好的沟通与组织协调能力、较高的跨文化素养及创新能力的应用型人才。这些人才应能在外贸企业、跨国公司、政府部门、金融机构等领域从事商务沟通、市场营销、项目管理、人力资源等工作。

（2）专业核心能力。商务英语专业的核心能力主要包括以下几项：英语听、说、读、写、译等语言技能；商务沟通和谈判技巧；跨文化交际能力；市场分析与营销策划能力；团队协作和组织管理能力；创新思维和解决问题的能力。

（3）专业核心课程。商务英语专业的核心课程主要包括以下几类：英语语言类课程（如高级英语、英语听力、英语口语、英语写作、英美文学等）；商务英语类课程（如商务英语阅读、商务英语写作、商务英语口语等）；经济贸易类课程（如国际贸易、国际营销、国际商务管理等）；跨文化交际类课程（如跨文化交际学、国际商务礼仪等）。

（4）主要实践环节。商务英语专业的实践环节主要包括课堂讨论、小组合作项目、案例分析、商务模拟游戏、商务谈判模拟、实习、实践课程等，旨在培养学生的实际操作能力、创新能力和团队合作精神。

（5）可设置的专业方向。商务英语专业可设置的专业方向主要包括商贸英语、经贸英语和外贸英语。

（6）就业方向。商务英语专业的毕业生可在外贸企业、跨国公司、涉外企事业单位从事市场营销、客户服务、业务拓展等方面的工作。

2. 商务英语专业建设

（1）创新教学理念。商务英语专业建设首先需要创新教学理念，确立以学生为中心的教育观念，教师在教学过程中要关注学生的个性化发展，鼓励学生探索潜能，提高学生的创新意识和跨文化交际能力。其次，教师应着重培养学生的团队协作能力和领导力，为学生在全球化商务环境中的发展奠定良好基础。

（2）优化课程设置。优化商务英语专业课程设置是加强商务英语专业建设的重要举措，商务英语专业的课程设置既要注重对学生基础英语能力的培养，也要强化学生对商务知识和实践技能的学习。课程设置中应涵盖英语语言、经济贸易、跨文化交际等专业领域，以确保学生全面掌握专业知识。同时，为了促进理论知识与实际应用的结合，还应开设案例分析、实践操作等课程，使学生在实际操作中提高商务英语应用能力。

（3）选择优秀教材。商务英语专业教材的选择应注重实用性、时效性和针对性，能够体现商务英语的跨学科特点，涵盖商务英语的基本知识和技能。教学工作管理者要关注国际前沿动态，选用与国际标准接轨的教材，以拓展学生的国际视野。

（4）探索有效的教学方法。在商务英语专业建设中，探索有效的教学方法至关重要。实践证明，采用任务型教学、项目式教学、情景模拟等多种教学手段能够激发学生的学习兴趣，提高学生的学习积极性。除此之外，教师还应采用多媒体教学手段并利用好网络教学平台，拓宽教学渠道，为学生提供更丰富的学习资源。当然，教师与学生之间的互动交流也是不可或缺的。

（5）加强师资队伍建设。优秀的师资队伍是商务英语专业建设的重要支撑，加强师资队伍建设可从以下几个方面着手。首先，引进和培养具有丰富教学和实践经验的优秀教师，确保其具备高水平的专业素质和教学能力；其次，鼓励教师进行学术研究，并提高教师的学术地位和影响力，为学生的学术成长奠定良好的基础；再次，院校应重视教师的职业发展，加大对教师培训和学术交流的投入，提升教师的教育教学水平；最后，院校应建立完善的激励机制，鼓励教师在教学、科研和社会服务等方面取得突出成绩。

（二）旅游英语专业定位及专业建设

1. 旅游英语专业定位

（1）专业培养目标。旅游英语专业旨在培育具有优秀英语基础技能、丰富旅游业务知识以及卓越组织协调能力的高级技术应用型专业人才。也就是说，这些人才不仅具有扎实的英语语言能力，能在多种场景下流利地与外国游客交流，还具备出色的组织协调能力，能够高效地进行旅游活动策划、实施与管理，确保游客的满意度和安全。

（2）专业核心能力。主要包括英语听、说、读、写、译等综合运用能力；旅游业务知识和专业技能掌握，如旅游策划、导游服务、酒店管理等；跨文化沟通能力，即能在不同文化背景下进行有效沟通与协作的能力；随机应变能力，即能快速适应各种突发情况并做出相应举措的能力。

（3）专业核心课程。主要包括英语语言基础类课程（如基础英语综合、英语泛读、英语视听说、英语口语等）；旅游英语专业类课程（如旅游英语、酒店英语、航空英语等）；旅游业务知识类课程（如旅游资源与规划、旅游市场营销、酒店管理、景区管理等）；旅游政策与法规等特色课程。

（4）主要实践环节。主要包括实地考察，如旅游景点考察、酒店实习等，目的是增强学生对旅游业务的实际了解；模拟实践，如模拟导游、接待游客等，目的是锻炼学生的实际操作能力；课程设计、毕业论文等，这要求学生能够综合运用所学知识解决实际问题。

（5）可设置的专业方向。旅游英语专业可以根据社会需求和学校特色设置不同的专业方向，如旅游策划与管理、酒店管理、航空服务、景区管理等，有助于培养更加专业化和细分化的旅游英语人才，满足不同行业和岗位的需求。

（6）就业方向。旅游英语专业的毕业生主要就业方向包括以下几方面：在旅行社、酒店、度假村、景区、航空公司等从事导游、领队、前台接待、客户服务、市场营销、行政管理等工作；在政府旅游部门、国际组织等从事相关政策研究工作。旅游英语专业毕业生还可以继续深造，攻读旅游管理、语言学、跨文化交际等相关领域的硕士或博士研究生学位，为其事业的发展打下更加坚实的基础。

2. 旅游英语专业建设

（1）加强实践教学，落实培养目标。为了加强旅游英语专业建设，为国家和社会培养更多旅游英语专业的人才，职业院校应把实践教学作为重要的教学环节展开深入探讨。

首先，教育部门和职业院校要加强对实践教学的重视程度，将实践教学纳入教学评估体系，并为实践教学提供充足的资源和支持。

其次，职业院校应明确将实践能力作为旅游英语专业的核心培养目标之一，并在教学计划中为实践教学设置专门的时间和环节。为了实现实践教学的目标，职业院校可以采取多种教学方法，如将实践教学与课堂教学相结合的教学方法，让学生在学习理论知识的同时，通过模拟实际工作情景进行角色扮演和任务驱动的学习。教师还可以组织学生参与各类校内外英语活动，如英语角、英语沙龙、英语演讲比赛等，以激发学生学习英语的兴趣。

再次，职业院校可以邀请有丰富实践经验的教师和行业专家为学生授课，分享他们的实践经验，指导学生进行实践活动。在实践教学过程中，教师要时刻关注学生的需求和困惑，并给予及时的指导和反馈，帮助学生克服困难，提高实践能力。

最后，职业院校还需要与涉外旅游企业建立紧密的合作关系，为学生提供实习和实践的机会，使学生能够在实际工作环境中提高英语应用能力和职业意识。

（2）培养学生的服务意识。旅游英语专业的毕业生在涉外旅游服务领域起着至关重要的作用，他们不仅是外国游客了解中国文化和民族特色的桥梁，还要负责为游客提供高品质的服务。因此，在旅游英语专业人才培养的过程中，职业院校除了应注重对学生专业知识和技能方面的培训之外，还需要注重对学生情商和非智力因素的培养。

情商，即情绪智力，是指个体识别、理解、调节自己和他人情绪的能力。在涉外导游和旅游服务工作中，具备较高情商的毕业生往往能够更好地与外国游客沟通，有效处理各种突发情况，为游客带来愉快的旅行体验。为提高学生的情商，学校可以开设心理学、人际沟通、团队协作等相关课程，通过理论学习和实践训练，帮助学生提升自我认知、情绪管理和人际关系处理的能力。

非智力因素，如诚信、热情、乐于助人、吃苦耐劳等品质，在旅游服务工作中同样至关重要。为培养这些品质，学校应加强对学生的德育教育，将诚信、热情等价值观融入校园文化建设的过程中，营造良好的道德氛围。此外，开展志愿者服务、社会实践等活动项目，也能引导学生将这些品质融入实际生活中,培养学生关爱他人的能力。

(3)培养学生的创新能力。旅游服务行业是一个充满活力和挑战的领域。学生需要服务的客户来自世界各地,拥有不同的文化背景和交际文化,这些客户的服务需求和方式也在不断变化,因此旅游业需要具备创新能力的人才。在旅游英语专业教学中,教师要相信每个学生都具备创新潜力,但只有在合适的条件和环境中,这些潜力才能得到发挥。

在旅游英语专业的日常教学过程中,教师应采用多样化的方法激发学生的创新意识,培养学生的创新能力。一方面,教师可以通过组织英语演讲比赛、英语辩论赛、主题讨论、个人主题报告、讲故事、项目策划等活动来培养学生的创新思维和随机应变能力。另一方面,案例教学也是培养学生创新意识的有效途径。教师对成功或失败的涉外旅游服务案例的分析,能够让学生了解创新的重要性,感受创新的乐趣,并激发他们的创新热情。学生在学习过程中将体验到创新带来的成就感,从而更加积极地投入创新实践中。

(4)建设"双师型"教师队伍。由于旅游专业具有较强的实际应用特点,因此教师既要具备扎实的英语语言技能,又要掌握与行业相关的专业知识和实践技能,这被称为"旅游+英语"的多元教学能力(或称为"双师素质")。

"双师型"教师能在知识传授、技能培训和实际工作需求之间达到恰当的平衡,敏锐地感知行业的发展动向,使教学更具针对性,帮助毕业生更快地适应工作岗位。为此,打造"双师型"教师队伍以提高教师的多元教学能力尤为重要。首先,职业院校应强化对教师的培训工作,针对旅游英语专业教师制订顶岗实习计划,以帮助其熟悉实际操作流程。其次,职业院校可邀请涉外旅游企业为教师提供针对性的短期培训,使教师及时了解涉外旅游市场的新动向。最后,职业院校可以邀请行业专家到校兼任教学职位,承担实践课程的教学任务,为学生提供现场工作技能培训。

(5)结合地方特色,开发校本教材。地方旅游资源的特色对职业院校旅游英语专业的建设具有显著的价值：利用这些特色开发校本教材体现了职业教育为地方经济服务的宗旨；这些校本教材不仅能激发学生的学习热情和探索欲望，还能为学生实习和实训工作创造条件。

职业院校在开发校本教材时应注意以下几点：首先，校本教材的开发应紧密结合地方旅游资源的特点，挖掘其独特魅力，传达地域文化内涵。这样的教材能让学生在学习过程中更好地理解和关联实际，从而提高学习效果和实践能力。其次，校本教材还应具备灵活性和实时更新的特点。因此，在教学过程中，教师和教学工作管理者需要时刻关注旅游业的最新动态，以确保教材始终能够反映行业发展趋势和需求，这也从侧面反映了旅游英语专业教材在使用过程中需要不断进行调整、补充和完善。最后，职业院校在编写具有地方特色的实用教材时可以参考、借鉴国内外优秀的同类教材。这种教材不仅能开阔学生的国际视野，还能培养学生的职业素养，为学生将来从事旅游行业工作打下坚实基础。

第四节　职业英语教学的课程设置

一、职业英语教学的课程定位

（一）课程性质

英语作为高等职业教育中的公共基础课程，不仅有助于提升学生的整体素质，还能强化他们的综合职业能力。针对职业院校学生的英语水平现状，寻求英语教学改革的方法和策略，提高学生的英语能力，助力学生更好地迈入职场是职业英语教学改革的核心目标。在以就业为导向、以服务为宗旨的大背景下，如何推动课程改革，为学生提供更有针对性的支持，已成为亟待解决的关键问题。

职业英语课程旨在为学生提供全面的英语技能培训，以满足社会对高素质技术应用型人才的需求。英语课程不仅传授语言知识，还强调学生在人际交流和对外技术交流方面的英语运用能力，为他们未来在各行各业中发挥关键作用打下了坚实基础。

在开展职业英语教学的过程中，教师应关注培养学生的逻辑思维能力和主动学习意识，以使学生在面对不断变化的职业环境时具备自我调整和不断成长的能力。职业英语课程还强调对学生合作精神的培养，这一点能使学生在跨文化和跨专业的团队中发挥积极作用，推动旅游项目和个人事业的成功。

一般来说，学生在完成职业英语课程后，应掌握一系列实用的英语技能，如较强的英语阅读能力（能够理解和翻译技术性资料）、较好的英语写作能力（能撰写各类应用文）、突出的英语听说能力（能较好地表达自己的观点并理解外国游客的表达）等。这些技能将为学生在未来的学习和职业生涯中提供宝贵支持，使他们能够更好地适应不同行业的需求，为企业和社会创造价值。

（二）课程作用

1. 培养学生的语言能力

职业英语课程在培养学生语言能力方面具有重要作用。一方面，职业英语课程旨在提高学生的英语听、说、读、写等基本技能，使他们能够在实际生活和工作场景中自如地运用英语；另一方面，职业英语课程强调对学生跨文化交际能力的培养，希望学生具备全球视野，为学生职业生涯的国际化需求打下基础。

2. 服务学生的专业学习

职业英语课程在服务学生的专业学习方面具有显著作用。首先，职业英语课程通过引入与专业相关的英语教学资源，使学生在提高英语能力的同时，掌握所学专业的英文专业术语和相关知识。其次，职业英语课程关注学生在实际操作中运用英语技能解决问题的能力，目的是提升学生在专业领域的英语应用水平。最后，职业英语课程注重培养学生的英语学术能力，能够为学生在专业课程中完成学术研究提供支持。

3. 促进学生的终身发展

职业英语课程在促进学生的终身发展方面具有重要意义。首先，通过英语学习，学生可以提高自身的人文素养，了解不同国家的文化和风俗习惯。其次，职业英语课程强调培养学生的思考能力和解决实际问题的能力，为适应未来社会的发展奠定素质基础和能力基础。最后，职业英语课程致力于培养学生的核心能力，如自主学习、交流表达、自我提高、与人合作的能力等，进而促进学生的全面发展和终身发展。

二、职业英语课程设置的理念

作为培养和造就各类专业人才的重要基础课程，职业英语课程需要完成以就业为导向、培养学生面向实际工作岗位基本技能的根本任务。因此，职业英语课程设置应该树立以人为本、以能力为本的理念；注重实践技能培养，为专业学习服务，面向专业需求；推行项目化与任务型的教学模式；促进学生在教师指导下主动学习，使学生成为知识的主动建构者，而不是被动的接收者，使学生具有终身学习的能力。

（一）以人为本，因材施教

职业英语课程设置要遵循"以人为本，因材施教"的理念，这要求教学活动的开展必须关注每一位学生的需求和特点，从而为学生提供个性化的教学支持。这种理念强调在进行教学目标、教学过程和评价体系等设置时要将学生置于核心位置。因此，教师可以通过挖掘学生的潜能、关注学生的兴趣和特长，为学生提供定制化的学习路径，从而激发学生的学习热情和积极性。

例如，对于英语基础较好的学生，教师可以提供更高层次的学习挑战和拓展训练；对于英语基础较弱的学生，教师则需要给予更多的耐心和引导。在这个过程中，教师应关注学生的发展，见证学生的成长，鼓励他们积极参与教学活动，不断提高语言能力。

（二）实用为主，够用为度

职业英语教学的课程设置应遵循"实用为主，够用为度"的理念，这一理念强调英语实际应用能力在学生职业发展中的关键作用。在教学过程中，教师要在听、说、读、写、译等技能培养中寻求平衡，确保学生具备全面的英语应用能力。

以实用为主的课程设置首先应注重培养学生在实际工作场景中运用基础英语的能力，如对学生口语交际能力的训练，这能帮助学生克服开口说英语的心理障碍，提高在实际工作中的沟通效率。其次，课程设置还需关注学生的专业英语能力，使学生能够运用专业英语解决实际工作问题。

以够用为度的课程设置应关注学生英语能力的实际需求，为他们提供恰当的教学支持。这意味着课程内容和教学方法的选择需紧密结合学生的实际需求，应以培养具备高素质、高技能的应用型人才为目标。这种课程设置理念能够有针对性地增强学生的英语应用能力，为学生在职业生涯中取得进一步的发展奠定基础。

（三）推行项目化与任务型的教学模式

职业英语课程设置应推行项目化与任务型的教学模式，以提高学生的英语实际应用能力。项目化教学强调以职业能力培养为主线，以工作过程教学为导向，通过将具体工作项目引入课堂的方法锻炼学生的实践能力。任务型教学是指通过设计一系列与实际工作相关的任务，让学生在教师的指导下，通过感知、体验、实践和合作的方式参与课堂活动的教学模式。

项目化与任务型教学模式有助于调动教师和学生的积极性，突出学生在教学过程中的主体地位，发挥教师的引导作用。通过项目化与任务型的学习，学生能够在实际操作中运用所学英语知识，提高英语实际应用能力，还能培养团队协作、问题解决和批判性思维等综合能力。

（四）培养自主学习与终身学习能力

教师以及其他教学工作者在设置职业英语课程的过程中要坚持培养学生自主学习能力与终身学习能力的理念。这要求教师在课堂讲授与教学实践中关注学生主体性的发展，帮助学生掌握适合自己的英语学习方法，使学生养成自主学习的习惯，引导学生充分利用有限的课余时间进行英语学习，不断完善自己的英语能力。

终身学习能力是一种持续学习的理念，这一理念能帮助学生在毕业后仍不断提高自己的专业技能和综合素质。教师要帮助学生认识到学习是一个持续的过程，并培养他们的终身学习意识。首先，教师可以通过分享成功人士的故事和经验，激励学生珍惜学习机会，树立终身学习的信念。其次，教师要关注英语知识的实际应用，将理论与实践相结合，让学生在实际运用中体验到英语知识的价值。

三、职业英语课程设置的方法

（一）课程目标方面

职业英语课程目标的设置应遵循全面培养学生的原则，而非只关注语言知识的传授。首先，在课程目标的设置过程中，教师不仅要关注对学生英语能力的培养，还要想办法提高学生的逻辑思维能力和分析问题的能力。其次，教师应关注对学生社会交往能力的培养，将沟通技巧和团队协作能力的提升当作课程开展需要达到的目标。最后，职业英语教学课程的目标还应涵盖培养学生正确的人生态度和价值观以及提高他们的综合人文素养等内容。只有这样，职业英语课程才能对学生的未来职业生涯和个人发展发挥重要的作用。

（二）课程内容方面

1. 基础内容

在设计职业英语课程时，要确保课程基础知识内容，如词汇、语法、听力、口语等的设置充分满足《高职高专教育英语课程教学基本要求（试行）》的规定。因此，教师需要提前了解学生的英语水平和个体差异，以便在教学中筛选实际教学内容，并据此实施分层次和差异化教学策略。针对英语基础较差的学生，教师应增加语法、语音等基础知识内容，以便为学生打下坚实的英语基础；对于英语基础较好的学生，教师要让他们掌握符合自身水平的知识内容，不要让他们感到在课堂上学不到有用的东西。

2. 重难点内容

在职业英语课程的重难点内容设置上，教师应着重关注与学生职业发展、现代社会和科技发展紧密相关的英语知识。通过深入了解学生所在专业和行业的特点和需求，教师可以精选行业相关的词汇、短语和语境设计教学内容，提高课程内容针对性。此外，教师还可以通过模拟真实场景，教授学生如何运用英语进行有效沟通、解决实际问题，帮助学生将英语知识转化为实际应用技能。

为了实现这一目标，教师应组织丰富多样的教学活动，如角色扮演、小组讨论、案例分析等，以增强课堂互动性，提高学生的学习兴趣。教师还应关注课程内容的实践性，通过邀请行业专家举办讲座、组织学生实地考察等方式，使学生深入了解行业动态和前沿技术，提高职业英语的实际应用水平。

（三）课程模式方面

职业英语课程模式的设置应摒弃过度追求应试成绩的单一结构的教学模式，转而关注满足学生多样化需求的教学模式。首先，课程模式应以基础性语言能力培养为核心，确保学生掌握基本的英语技能。其次，学校应提供多样化和具有选择性的课程，以满足学生在就业选择、升学深造和个人兴趣方面的需求。学生选择课程后，教师要通过引入实践项目、开展案例分析和进行跨学科学习等多种教学方式激发学生的学习兴趣，培养学生的创新能力和应对复杂问题的能力。最后，教师可以通过线上线下相结合的方式，让学生在不同的学习场景中互动交流，实现知识与技能的内化和应用。

（四）在课程实施方面

在职业英语课程实施方面，教师应改变传统的、以接受性学习和机械性训练为主的教学模式，以培养学生具备较强的英语应用能力为目标。为此，教师在教学过程中应注意以下几个方面。

首先，应引导学生形成主动参与、乐于探究、勤于动手的学习方式。教师可以采用启发式教学法，鼓励学生提出问题、积极参与讨论和思考，从而激发学生的求知欲和创新能力。教师还应尽量减少单一的讲授环节，注重通过小组合作、实践操作等多种形式，培养学生的实践能力。

其次，应着重培养学生用英语搜集和处理信息的能力。教师可设计任务型教学活动，让学生利用互联网等信息平台，用英语查找、整理和分析相关资料，以提高在现实工作场景中搜集工作资料、应用英语的能力。

再次，应强调提高学生获取新知识、分析和解决问题的能力。教师可以安排案例分析、项目实施等教学任务，引导学生运用英语知识分析问题，提出解决方案，从而更好地理解和运用所学英语知识。

最后，应注重培养学生的交流与合作能力。教师可以在课堂上创造充分的交流机会，鼓励学生用英语表达观点、展示成果，以提高口语和表达能力。此外，教师还可以组织学生通过团队协作形式，培养团队合作意识和协同工作能力。

（五）课程评价方面

在职业英语课程评价的设置方面，教师应摒弃过分关注学业成绩的传统做法，转而根据科学性、鼓励性和发展性的原则设置评价方法，以促进学生的全面发展。为了实现这一目标，课程评价设置应注意以下几个方面。

首先，确保评价体系的科学性。评价体系应综合考虑学生在词汇、语法、听力、口语、阅读、写作和翻译等方面的表现，而不应局限于某一方面的成绩。此外，评价方法应多样化，如可以采用笔试、口试、作业、演讲等多种形式，全面了解学生的英语水平和实际应用能力。

其次，强调评价的鼓励性。在评价过程中，教师应关注学生的进步和潜力，而非仅关注成绩的高低。为此，在评价中，教师可以设定多层次的评价标准，以便为不同水平的学生提供合适的目标和挑战。同时，教师应给予学生充分的肯定和鼓励，以帮助他们建立自信，激发学习兴趣。

再次，注重评价的发展性。教学评价应作为学生学习过程中的反馈机制，指导他们及时调整学习策略，促进能力提升。因此，教师在评价过程中，应针对学生的不足之处给予具体建议和指导，以帮助他们明确自身的发展方向，从而实现持续进步。

最后，发挥课程评价在促进学生全面发展方面的功能。教师应将评价结果作为课程改进的依据，根据学生的特点和需求调整教学内容和方法，进一步提高教学质量。此外，评价过程还可以作为教师与学生沟通的桥梁，加强双方的互动和合作，从而提高学生的学习效果。

第三章　信息化时代职业英语教学改革的现实思考

第一节　职业英语教学的改革形势与改革要求

一、职业英语教学的改革形势

经过四十多年的发展，我国的职业英语教学取得了显著的成绩。职业英语教学在教与学两个层面上的改革都取得了明显的进步，在教学理论、教学内容、教学方式、教学效果、教学实践上都有较大的改变。随着社会的发展，社会各界对高职生英语水平提出了更高层次的要求。尽管目前我国职业英语教学历经三个重要的历史时期，已进入了新的历史转型期，但仍有必要从整体上论述一下开展职业英语教学改革的必要性和可行性。

（一）职业英语教学改革的必要性

1. 职业英语教学的重要作用

职业英语教学在当今社会中扮演着重要的角色。其核心目标在于将学生的英语应用能力与职业技能相融合，为学生提供一个实际的、与工作岗位密切相关的学习环境。这种教学模式有助于提高学生的专业素质和竞争力，使学生更好地适应国际化的职场要求。具体分析，职业英语教学对学生的英语学习和职业发展具有以下三个方面的积极作用。

（1）职业英语教学有助于培养学生在特定行业和领域的专业语言能力。通过学习职业英语，学生能更深入地了解行业专业术语、行业文化以及相关的交际规范。这种针对性的语言培训将有助于学生在职场中更加自信地与他人沟通，提高工作效率。

（2）职业英语教学有助于提升学生的跨文化交际能力。在全球化的背景下，越来越多的企业和组织需要具备跨文化交际能力的员工。职业英语教学将使学生更加适应不同文化背景下的工作环境，从而增强其在国际化职场中的竞争优势。

（3）职业英语教学有助于激发学生的学习兴趣和积极性。相较于传统的英语教学，职业英语教学更注重实用性和针对性，能使学生在学习过程中体验到所学知识与实际工作的紧密联系，从而提高学生学习的积极性和成就感。

2. 职业英语教学的现状分析

（1）教学目标不明确。部分学校或教育机构对课程的教学目标把握不清晰，导致课程设置与学生实际需求的脱节。有些课程过分强调语法和词汇的学习，而忽视了职业技能与语言应用能力的培养。在这种情况下，学生可能在完成课程后仍无法满足职场对英语应用能力的要求。

（2）教学理念不完善。一些教师仍沿用传统的英语教学理念，过分强调知识传授，而忽略了培养学生的实际应用能力和自主学习能力。在这种情况下，虽然学生在课堂上取得了一定的成绩，但在实际工作环境中却难以灵活运用所学知识。

（3）教学模式单一。部分教育机构仍采用传统的教学模式，如讲授法、练习法等，缺乏创新和多样性。这种单一的教学模式往往无法激发学生的学习兴趣,导致学生在学习过程中产生倦怠感,影响教学效果。

(4)师资力量欠缺。部分学校或教育机构的师资力量有限,一些教师在专业知识、教育理念和教学方法方面存在不足,难以满足职业英语教学的需求。此外,教师队伍中缺乏具有实际工作经验的专业人士,导致教学内容与职业实践脱节。

(二)职业英语教学的可行性

1. 教育政策的支持

在国家教育政策方针的引导下,人们日益认识到职业英语教育的重要性。政府出台了一系列政策文件,以支持和推动职业英语教育的改革与发展。例如,教育部颁布的《高等职业教育专科英语课程标准(2021年版)》明确了职业英语教育的发展方向和目标,鼓励学校开展职业英语课程改革。政府还设立了专项资金用于职业英语师资培训和教材开发,以提高教学质量。政府鼓励学校与企业合作,开展英语技能培训,提高职工的英语水平,以适应国际市场的需求。政策支持的力度将进一步鼓励学校和教师积极参与职业英语教学改革,提高课程的实际应用性,以满足不断增长的职业英语需求。

2. 社会发展的趋势

随着全球化和信息化的不断深化,英语作为国际交流的主要语言,重要性日益凸显。各行各业都需要员工具备英语技能,以适应国际化竞争和跨国合作的需求。因此,职业英语教育变得愈发重要,其可行性在社会需求的支持下不断增强。

二、职业英语教学的改革要求

在当今时代背景下,教育工作者必须认识到高职高专院校不同于普通高等院校。高等教育以培养生产、技术、服务、管理等方面的应用型人才为目标，而高职高专培养的人才属于技术应用型人才，其工作领域更贴近实践，有别于学术型、工程型人才，这就决定了职业英语教学改革应以市场为导向，以应用为主旨，在分析岗位能力的基础上，准确合理地转变教学理念、明确教学目标、采用边学边用的教学模式、加强教师队伍建设、建立职业需求导向的教学体系。

（一）转变教育观念

职业英语教学改革要求教师转变传统的教育观念，树立高职高专特色的人才观、质量观和教学观。教师要适应经济和社会需求的变化，提高对高等职业教育以就业为导向的认识，坚持以提高人才培养质量为目标，培养技术应用型人才。

（二）明确教学目标

明确教学目标是职业英语教学改革的关键要求之一。为实现这一要求，职业院校要深入了解各行业对英语技能的具体需求以及学生的实际工作环境。教学目标应立足于学生未来职业发展的实际需求，强调培养学生在特定行业和职业背景下的语言交际能力和综合应用能力。

（三）采用边学边用的教学模式

职业英语教学改革要求教师采用边学边用的教学模式，使学生在学习英语基础知识的同时，能够将所学知识应用到实际工作中。对此，教师可以通过案例分析、角色扮演、模拟实践等教学手段，让学生在实际应用中锻炼英语能力，提高实践运用能力。

（四）加强教师队伍建设

职业英语教学改革要求加强教师队伍建设，提高教师的教育理念、教学能力和专业素养。教育部门和学校应加大对教师培训和专业发展的投入，鼓励教师参加能够增长工作经验的实践，以便更好地指导学生的学习。

（五）建立职业需求导向的教学体系

职业英语教学改革要求打破传统的以传授知识、应付考试为目的的教学模式，建立以职业需求为导向、以能力培养为中心的新的教学体系。这意味着教师应关注学生的实际需求和工作岗位能力，将英语教学与职业技能培训紧密结合起来，以提高学生的英语实践运用能力。

第二节　信息技术应用于职业英语教学的内涵

一、信息技术应用于教育教学的政策支持

早在 2010 年国务院印发的《国家中长期教育改革和发展规划纲要（2010—2020 年）》就曾指出："信息技术对教育发展具有革命性影响，必须予以高度重视。把教育信息化纳入国家信息化发展整体战略，超前部署教育信息网络。"为了进一步落实教育信息化的总体部署，教育部于 2012 年印发了《教育信息化十年发展规划（2011—2020 年）》，并强调："教育信息化充分发挥现代信息技术优势，注重信息技术与教育的全面深度融合，在促进教育公平和实现优质教育资源广泛共享、提高教育质量和建设学习型社会、推动教育理念变革和培养具有国际竞争力的创新人才等方面具有独特的重要作用，是实现我国教育现代化宏伟目标不可或缺的动力与支撑。"2019 年，教育部等十一部门联合印发了《关于促进在线教育健康发展的指导意见》，明确表示："到 2020 年，在线教育的基础设施建设水平大幅提升，互联网、大数据、人工智能等现代信息技术在教育领域的应用更加广泛，资源和服务更加丰富，在线教育模式更加完善。到 2022 年，

现代信息技术与教育实现深度融合，在线教育质量不断提升，资源和服务标准体系全面建立，发展环境明显改善，治理体系更加健全，网络化、数字化、个性化、终身化的教育体系初步构建，学习型社会建设取得重要进展。"

2021 年 7 月，《教育部等六部门关于推进教育新型基础设施建设构建高质量教育支撑体系的指导意见》（以下简称《意见》）发布，《意见》提出：到 2025 年，基本形成结构优化、集约高效、安全可靠的教育新型基础设施体系，并通过迭代升级、更新完善和持续建设，实现长期、全面的发展。建设教育专网和"互联网＋教育"大平台，为教育高质量发展提供数字底座。汇聚生成优质资源，推动供给侧结构性改革。建设物理空间和网络空间相融合的新校园，拓展教育新空间。开发教育创新应用，支撑教育流程再造。提升全方位、全天候的安全防护能力，保障广大师生切身利益。

2022 年，党的二十大对推进教育数字化做出专门的战略部署，明确提出："推进教育数字化，建设全民终身学习的学习型社会、学习型大国。"

2024 年 5 月，中央网信办、教育部、工业和信息化部、人力资源社会保障部联合印发《2024 年提升全民数字素养与技能工作要点》（以下简称《工作要点》）。《工作要点》部署了 6 方面重点任务，包括培育高水平复合型数字人才、加快弥合数字鸿沟、支撑做强做优做大数字经济、拓展智慧便捷的数字生活场景、打造积极健康有序的网络空间、强化支撑保障和协调联动。

在国家教育信息化方针政策的指导和支持下，教育学界积极开展了教育信息化的发展与建设，在现代信息技术人才的帮助下，各大职业院校研发推出了慕课、微课、翻转课堂、移动式学习等新型教学模式，以及自主学习、体验式学习等创新学习模式。

基于以上分析，在信息化时代背景下，职业英语教育工作者应在开展英语教学活动的过程中充分发挥现代信息技术的作用，为学生提供立体、形象的学习资源，创设交互式、情景式的动态学习环境，不断优化教学环境、创新教学模式、提升教学水平。在信息化时代背景下，职业英语教师应将自己的角色定位于学生学习资源的开发者和整理者、学生学习能力的培养者和提升者、学生学习过程的参与者和帮助者、教学方法的研究者和革新者、教学活动的设计者和组织者、信息技术的学习者和应用者。基于以上角色定位，英语教师应致力于深入研究教材指定教学内容，并通过学习和利用现代信息技术，为学生提供丰富的、各种媒体交叉作用的学习资源，调动学生参与教学活动的积极性与主动性，鼓励学生在跨文化交际过程中用英语表达自己的思想观点，不断激发学生学习英语的兴趣以及提升个人能力的欲望，让学生真正成长为学习的主人和自我发展的主人。

二、信息技术应用于职业英语教学的内涵分析

信息化时代信息技术应用于职业英语教学的内涵不只是将信息技术当作一种技术性的教学辅助手段，而是把信息技术作为一种促进学生发展自主学习能力、优化教学资源和教学环境、提升教学水平和教学质量的工具。这就要求英语教师主动学习先进的教学理念以及现代信息技术、设备的功能和使用方法，把现代信息技术和设备作为学生自主学习的认知工具和测验工具、教学资源的搜索工具和整合工具、情境教学的设计工具和创造工具，并将这些工具运用到英语教学的实践活动中，使信息技术化为优质课堂的隐形助推力，成为课程内容的有机组成部分。

信息技术应用于职业英语教学还意味着职业英语教育工作者要将现代信息技术与各种优质教学资源有机结合起来，从根本上改变传统的教学模式，优化英语教学环境，努力培养学生搜集和整理英语语言知识和文化信息的能力；分析英语词汇构成和句型构成等语法结构的能力；英语跨文化交际的能力；同伴之间相互协作的能力以及自主创新的能力，充分发挥学生学习英语的能动性和自觉性。

信息技术应用于职业英语教学不仅能培养学生学习英语的能力和兴

趣，还可以迎合学生学习英语的心理变化，并根据时代发展和社会建设的要求增加学生学习的机会，拓展学生学习的空间。例如，学生可以通过手机、平板电脑、学习机等工具上的网络学习平台预习课堂教学的内容，搜集相关语言文化背景知识，还可以开展自主学习活动，甚至利用学习平台开展英语听、说、读、写、译技能的训练，进一步提升英语语言的综合运用能力，养成自主学习的好习惯。

总而言之，在职业英语教学中应用现代信息技术不仅能引领英语教师树立先进的教育理念，还能优化教学内容和教学方法，改革教学手段和教学过程，最终实现教学效果的最大化。对于学生来说，学生从学习的被动接受者转变为了学习过程的主动参与者，对英语语言知识和技能的掌握更加深刻，英语实践应用能力逐渐提升，思想道德品质也得到了较大的提高。

第三节　信息技术应用于职业英语教学的意义

本节先从宏观角度论述职业英语教学的重要意义，然后再结合本书的研究背景探讨信息化时代信息技术应用于职业英语教学的重要意义。

一、职业英语教学的重要意义

由于英语是当今世界上国际通用语言之一，也是世界上使用最广泛的语言，因此大多数国家的高等学府、职业院校都开设了英语专业课程，仅在我国就有超过一百所职业院校设有英语专业或职业英语相关专业课程，如英语教育、商务英语、旅游英语、英语翻译等。我国众多职业院校开展职业英语教学的重要意义不仅在于紧跟时代发展的潮流，更在于促进国家的发展以及国际交流与合作。

改革开放以来，我国发生了日新月异的变化，在政治、经济、文化、教育等领域都取得了很高的成就，但在计算机技术、信息技术等方面仍有一定的不足。我国要想在较短时间内掌握各种技术，快速获得发展和进步，不可能闭门造车，必定要学习发达国家的先进技术，而学习先进技术的前提就是要掌握国际通用语言——英语以及各种职业英语的专业知识。

我国在学习他国先进技术、经验，发展自身的同时，需要与其他国家和地区的人展开经济、技术等方面的沟通与合作。如果不懂职业英语，就无法打开通往国际舞台的大门，无法与合作方沟通交流与合作。对于职业院校的学生来说，英语教育也会给他们带来多方面的好处。

其一，如果职业院校的学生在学校接受了良好的英语教育并且培养了出色的英语运用能力，那么毕业后的工作机会就会更多，就业面也会更广，如旅游英语专业的学生不仅能从事国内旅游业务，做外国人的国内导游，还能从事国际旅游业务，带领中国游客出国旅游。

其二，如果职业院校的学生在学校内打下了较好的英语语言知识基础，掌握了基本的英语语言技能，那么在面对企业内更专业、更复杂的英语培训时就不会感到特别困难，就能更快地学习更多、更复杂的专业英语知识。

其三，某些与国外职业院校建立了友好交流关系的院校会有一些出国参加学习交流活动的名额，只有具有专业英语优势的学生才有可能争取到这些名额，如商务英语专业的学生到国外的商学院去学习和交流，需要先掌握较好的商务英语基础知识。

其四，科学研究表明，语言学习优秀的人往往右脑发育更好，反应更加灵敏，因此很容易给人留下深刻的印象，参加工作时会更有优势。在学习职业英语课程时，学生不仅要学习英语知识，还要学习本专业的知识，大脑思维更加活跃，反映更加灵敏，这有利于学生的职业发展。

其五，如果学生想出国深造，通过职业英语教学，学生可以在国内就掌握较高水平的英语能力，从而避免出国后再进行昂贵的专业英语培训。这样，学生可以将更多的时间、金钱和精力投入专业学术研究和个人发展中。同时，由于职业英语教学提高了学生的英语沟通能力和跨文化交际技巧，因此他们在国际化的教育环境中具备更强的竞争力，这有助于学生在国外获得更多的教育机会和实习职位。

二、信息技术应用于职业英语教学的重要意义

信息技术应用于职业英语教学可以打破时间和空间对职业英语教学活动和英语学习活动的限制，使教学活动和学习活动体现出开放性、灵活性、即时性的鲜明特征，这意味着每一位掌握了现代信息技术和设备使用方法的教学者或学习者都可以在任何时间、任何地点开展教学或学习。具体而言，信息技术应用于职业英语教学的意义主要体现在以下几个方面（见图 3-1）。

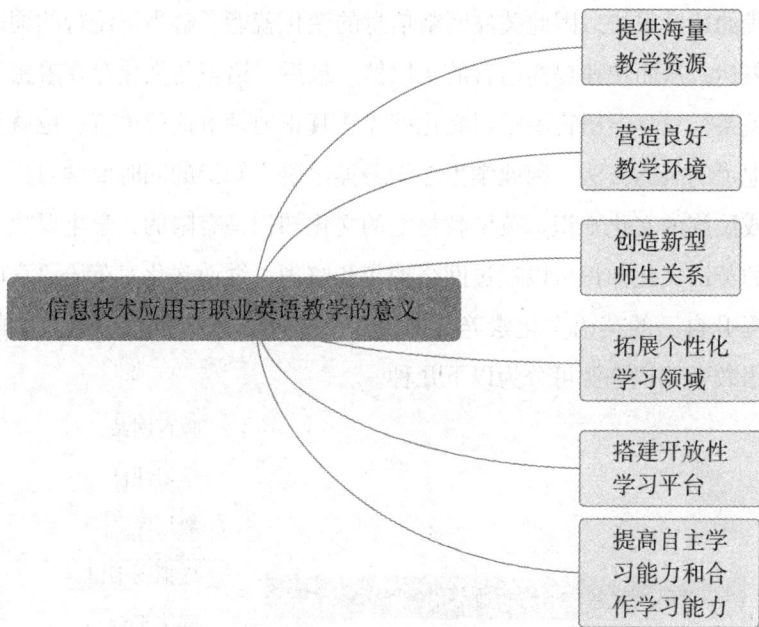

图 3-1 信息技术应用于职业英语教学的意义

（一）提供海量的教学资源

在国内外的职业英语教学实践活动中，语法翻译法曾经占据教学法

的主导地位。受这种教学方法的影响，英语文章、专业英语资料成为教师用于教学知识讲解的主要教学材料，在这种情况下，学生虽然掌握了系统的词汇和语法知识，但由于过分注重语法规则，忽视了英语语音和语调的教学，背离了语言学习用于表达和交流的初衷，不利于学生掌握难度较高的专业英语知识。而且，由于教师在教学过程中的主导性太强，造成了学生的主体性被忽视，也不利于培养学生学习英语的积极性和主动性。

在职业英语教学中充分利用现代信息技术，首先能获得大量的英语语言材料，使学生接触较多说英语国家或民族的日常生活用语以及更专业的英语知识，这些生动、形象的语言与传统教材上使用的规范语言有较为明显的差异，有利于学生掌握更地道的英语表达。其次，由于网络信息更新换代的速度很快，因此关注网络信息的变化就能了解当下流行的词语和语法表达，从而快速提高语言的实用性。最后，语言与文化存在着密不可分的关系，只学习语言不学习文化就无法真正地理解这门语言，也就无法掌握地道的表达方法，因此学生在学习英语语言知识的同时要学习说英语国家或民族的文化知识。英语教材上的文化知识是有限的，学生要想了解更多的英语文化知识可以通过网络搜集和整理，继而深化对英语语言的认知，提升自己的英语文化素养。如图 3-2 所示，基于现代信息技术的职业英语教学知识来源可分为以下几种。

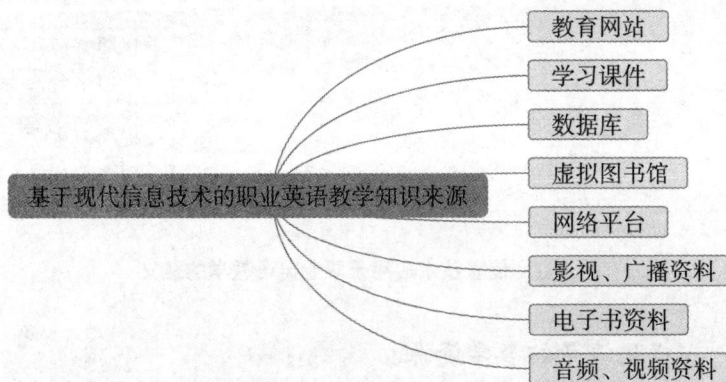

图 3-2　基于现代信息技术的职业英语教学知识来源

总而言之，信息技术应用于职业英语教学为其提供了远超出教材范围的大量资源，教师据此可以整合教学内容，学生据此可以进行有意义的英语知识系统的构建。

（二）营造良好的教学环境

良好的教学环境对于开展职业英语教学活动、提高职业英语教学质量来说具有十分重要的意义。对于英语学习者来说，良好的语言教学环境包括标准的语音语调、准确的语言表达、丰富的语言文化知识、必要的对话与练习机会以及教师的帮助与指导。信息技术应用于职业英语教学有利于营造良好的教学环境主要表现在以下四个方面。

第一，信息技术应用于职业英语教学有利于调动学生的视觉、听觉等多种感官，促使他们积极地参与英语学习，并逐渐培养专业英语语感和英语思维方式。下面以培养英语思维方式为例进行论述。众所周知，英语和汉语具有不同的语言思维方式，良好的英语思维与英语语感有助于促进学生的专业英语学习，而要想培养英语语言思维和英语语感，就需要对学生输入大量的听力材料，开展大量有效的英语听力训练，这就需要现代信息技术的帮助。通过使用现代信息技术及其设备进行英语听力训练，学生能快速掌握英语的表达方式，培养思维习惯。

第二，信息技术应用于职业英语教学有利于学生接触大量真实、自然的英语学习资料，进而帮助学生积累英语语言知识，了解语言背后的文化知识，掌握跨文化交际的知识和技巧，提高对英语的综合运用能力。

第三，信息技术应用于职业英语教学丰富了英语教师的教学方式，使课堂教学从过去单一、传统的教学模式中脱离出来，变得更加生动、形象、符合学生的预期，从而激发了学生学习英语的兴趣和自信心，有利于培养和发展学生的想象力和创新思维。

第四，情境教学法指出，语言的学习与练习如果能在接近真实的语境中开展则更容易达到令人满意的效果，信息技术应用于职业英语教学可以创建与真实的职业场景十分接近的语言情境，为学生在复杂多变的职业情境中充分发挥主观能动性、灵活应对各种交际语言提供了练习的条件。

总而言之，语言的产生和发展离不开特定的文化背景，人们的日常交际和社会发展离不开语言的使用，因此职业英语的学习也应放在一定的社会文化情景中开展。根据现实职业情景提供的场景，学生可以激活原有的认知经验，将新知识与之前的认知经验联系起来，从而理解新知识，并将新知识纳入原来的认知体系。因此，在职业英语教学活动中，教师要设计出能引导学生激活旧的认知经验，并积极参与新交际对话的真实情境。要设计出这样的真实情境，教师需要确定学生所需知识信息的具体种类和数量，以建构交际情境模型，提出方法假设，还需要为学生提供必需的信息资源，以开展情境布置。这些信息资源应是学生乐于接受的，并能帮助学生认识和解决问题的，如文本、图片、音频、视频、动画等通过现代信息技术手段能获取的各种相关资源。

（三）创造新型的师生关系

在不同的教学模式下，师生之间的关系呈现出不同的特点。在传统教学模式下，教师依据教材上的知识内容开展教学，学生学习的内容、方法、程序大都由教师提前设计好，学生的参与感较弱，与教师之间的交流较少，且很少有机会向教师表达自己对教学活动设计的看法，因此师生之间的关系较为单一。科技的发展使计算机逐渐参与到职业英语教学活动中来，并发展成为职业英语教学的重要辅助手段。计算机辅助职业英语教学模式下的师生关系如图 3-3 所示。

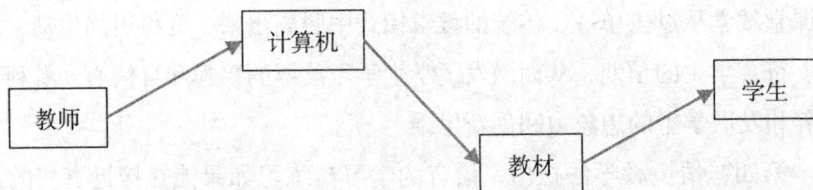

图 3-3　计算机辅助职业英语教学模式下的师生关系

由图 3-3 可以看出，计算机的辅助并没有给传统的师生关系带来实质性的变化，计算机的应用只是给教学增添了一种讲解知识技能的手段，使教学效果得到了一定程度的提升。但是，信息技术应用于职业英语教学，即信息技术与教学内容、教学方法的结合却促使师生关系产生了根本性的变化，如图 3-4 所示。

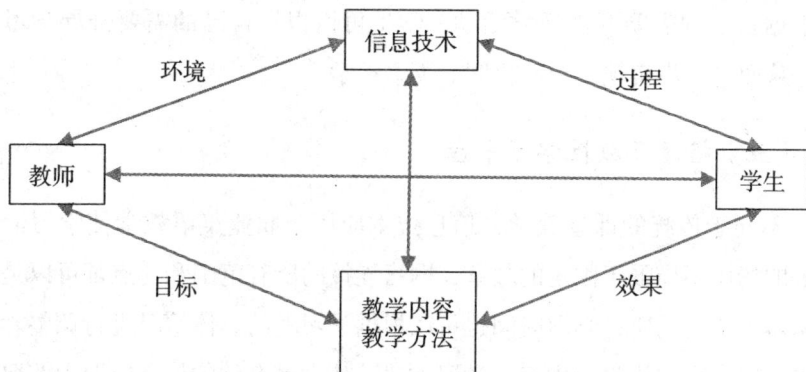

图 3-4　信息技术应用于职业英语教学模式下的师生关系

在信息技术应用于职业英语教学模式下，教师、学生、信息技术以及教学内容与教学方法是四项基本要素，它们之间存在着相互依存、相互影响、相互关联、多向发展的动态联系，教师不再是课堂教学的主宰者。利用现代信息技术，学生可以和教师一起设计教学内容、选择教学方法，可以通过网络开展学习、回答教师的问题、向教师提问，还可以借鉴其他学生的观点和看法，进而构建自己的知识体系。由此产生了一种新型的、更加科学的师生关系。

（四）拓展个性化学习领域

英语教育在我国属于学科教学，我国学科教学的模式基本是课堂教学模式，职业英语教学也不例外。传统的课堂教学模式有一个明显的问题，即容易忽视学生个体之间的差异。不同的学生具有不同的学习基础、学习能力、学习习惯、学习方法，但教师的教学目标、教学内容、教学方法等往往是统一的、不会轻易改变的。显然，这不利于教师因材施教、挖掘每个学生的特长。

信息技术应用于职业英语教学可以有效解决这个问题，个性化教学是现代信息技术背景下英语教育的显著特征。互联网的开放性、网络信息的多样化为个性化职业英语教学提供了广阔的空间和丰富的资源。教师可以根据自己的需要开展教学活动，学生可以根据自己的需要开展学习活动，从而进一步实现了个性化职业英语教学。

（五）搭建开放性学习平台

不同于传统的课堂教学，信息技术应用于职业英语教学使学习活动开展的场所不局限于固定的教室，网络连接的所有范围和地点都可以是人们学习英语的场所；学习时间也可以根据学习者的具体情况进行调整。学习者可以自由选择学习内容、学习方法，从大量有效的信息资源中获取所需要的学习信息，并按照各自的学习情况制订学习计划，安排学习进程。这种开放性的学习平台使学生一直处于教学中心，有利于激发学生的创造力和想象思维，实现素质教育倡导的理念。

（六）提高自主学习能力和合作学习能力

早在20世纪80年代，西方国家的研究学者就提出了自主学习和合作学习的相关理论，如美国圣地亚哥大学教育技术系教授伯尼·道奇（Bernie Dodge）提出的网络探究学习模式；爱尔兰学者莱斯利·迪金森（Leslie Dickinson）倡导的自主学习方法；美国明尼苏达大学"合作学习中心"的约翰逊兄弟（Johnson Brothers）对合作学习五要素的定义等。其中，自主学习理论的代表性观点是学生在教学过程中不应该是被迫学习、被迫接受知识的角色，而应该是主动的、积极的、渴望学到知识的发现家和探索家。教师应在尊重学生的实际需求和个人情感的基础上，培养学生独立自主地分析和解决问题的能力，进而实现教学的最终目的，帮助学生掌握一定的知识和技能。

当然，自主学习并不意味着让学生一人完成所有的教学任务，而是让学生通过与其他人的互动与合作来完成，这是合作学习最主要的特征。在传统的教学模式中，课堂教学是最主要的教学模式，在课堂上，教师具有绝对的权威，不断地向学生传授学科知识，学生大多数时间在被动地理解知识、记忆知识，也就是说，课堂上的大部分时间是教师在动脑、锻炼英语语言能力，而不是学生在练习、应用所学到的知识技能，这在一定程度上削弱了学生学习的主动性。信息化时代网络学习平台的普及较好地解决了这一问题。在信息化时代，学生可以借助电脑和网络开展自主学习，可以不受时间和空间等条件的限制，自己选择学习内容，自己安排学习进度，与线上教师或同学进行练习，进而提高语言应用能力。

第四节　信息技术应用于职业英语教学的目标

越来越多的教育教学研究显示，当前学习活动的开展已经不只是为了使学生取得优秀的学习成绩，而是为了满足学生生存与发展的需要；教师是学生开展学习活动的引导者、督促者。信息技术应用于职业英语教学就是为了满足学生学习的需要以及人类社会未来发展的需要，因此英语教师应把握信息技术应用于职业英语教学的机会，利用二者融合应用提供的教学资源和创造的教学环境开展教学活动，实现职业英语教学与信息技术融合应用的目标（见图3-5）。

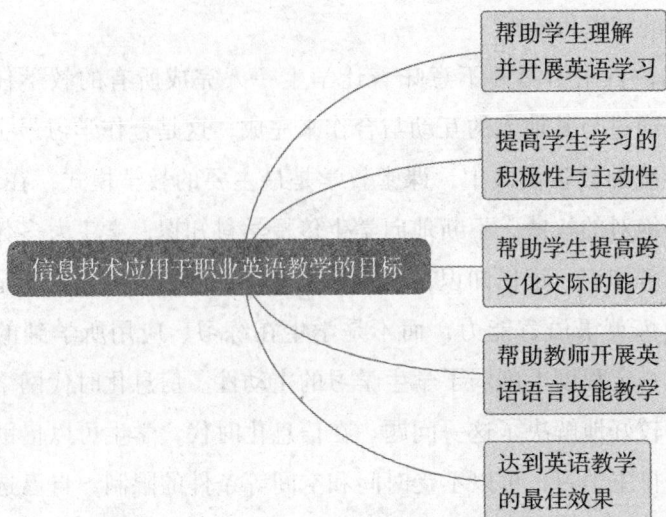

图 3-5　信息技术应用于职业英语教学的目标

一、帮助学生理解并开展英语学习

信息技术应用于职业英语教学的首要目标是引导学生理解英语学习，弄清楚学习英语的原因、目的、作用，以及对其未来发展有什么帮助。从这个意义上来讲，教师引导学生理解英语的过程不是使学生掌握生活技能，诸如做家务、维修家电、驾驶汽车之类；而是使学生开动脑筋，学习语言知识。因而这一过程不仅是一个行为过程，更是一个心理过程。

在这一过程中，学生是中心，是教学活动的主体，教师是引导者、使能者。学生在这一活动过程中不是要掌握某种需要动手操作的技能，而是要学习新的知识，发展自己的思维能力。教师在这一活动中的主要任务是为学生安排需要掌握的新知识。一般情况下，学习一种语言是指学习这门语言以及与这门语言相关的知识。也就是说，学生在教师的引导下，既要学会有关英语的知识，也要学会如何使用英语提高自己的职业竞争力。在信息化时代，网络技术的发展使学生可以通过上网了解外界社会的发展情况。当今时代，经济全球化和文化多元化的趋势愈演愈烈，国家的对外交流和社会的发展建设都需要更多具备较高英语素质和英语应用能力的人才。掌握英语这一语言不仅能帮助学生更好地参与社会主义建设，还能帮助学生更好地训练自己的思维能力，使学生的思想更加灵活。

根据以上分析，英语教师可以选择两种不同的教学模式来促进学生的英语学习。第一种教学模式下的职业英语教学以让学生掌握英语相关的语言知识为教学目标，学生在这种模式下只需要理解和记忆知识内容，而不需要进行实践应用，其重点在于大脑的思维活动。在第二种模式中，学生既要学习语言的理论知识，掌握实际的语言技能，把学到的理论知识应用到未来的工作中，还要学会如何在英语文化语境中从事相关的交际活动，学会一定的交际技能。这两种教学模式的运用都离不开现代信息技术的辅助，无论是知识的讲解还是技能的训练，都需要用到多媒体技术、网络技术等信息技术。

二、提高学生学习的积极性与主动性

信息技术应用于职业英语教学的目标之一是帮助学生提高学习英语的积极性与主动性。这主要是因为现代信息技术与设备给学生提供了学习英语的便利条件。例如，学生可以根据自己的学习需求和学习计划选择合适的上课时间和地点，采用适合自己学习风格的方法和策略，在互联网环境下进行自主学习。当他们遇到学习中的重点或难点时，可以随时放慢学习速度，反复观看在线视频讲解或进行有针对性的练习，直至掌握；当学生感到学习内容比较简单时，可以直接参加在线水平测试，测试合格后可以加快学习进度，减少练习量。

在这一过程中，学生掌握了学习的主动权，能够根据自己的学习特点开展学习，能及时改正学习中的失误或不足之处，养成正确的语言习惯，进而提高学习的积极性与主动性。学生还可以参考多种教材类型或搜集、下载网上的学习信息和资料进行个性化的学习。如果遇到自己解决不了的问题，还可以通过在线聊天软件或电子邮件向同学或教师求助。除此之外，网络技术的普及与应用还为英语学习者提供了一种交互式的学习环境，在这种环境下，图片与文字、静态与动态、声音与影像相互结合，使知识的展示与练习变得生动有趣，能够有效激发学生的学习兴趣，使学生充分发挥想象力与创造力，调动学习的积极性。

三、帮助学生提高跨文化交际的能力

传统职业英语教学的目标和任务集中在培养学生的语言知识和技能方面，但长期的实践证明，尽管学校和教师在培养学生英语语言知识和相关技能方面付出了大量的时间和精力，但实际的教学效果并没有预期中那么好。也就是说，目前职业英语教学还受限于语言知识掌握和语言技巧训练的硬性规定，学生学到的更多是语言表面的知识，给人一种学了英语没有什么用途的感受。

基于以上分析，本书认为信息技术应用于职业英语教学必须注重对学生跨文化交际能力的培养。跨文化交际能力不仅包括词汇、语法、发音等语言知识方面的技能，还包括语境分析、文化沟通和交际技巧等诸多能力。学校和教师要想培养学生的英语交际能力，不仅要教授基本的语言知识，开展基本的言语技能训练，还必须借助现代信息技术教授跨文化语言知识和语用知识，为学生创设接近真实的跨文化交际环境。

汉语和英语在民族语言和文化上存在巨大差异，职业英语教学的过程中难免会出现由文化差异造成的理解障碍和困难。为了减少这种障碍对教学的影响，必须加入英语语言文化的教学，如社会文化教学、风俗文化教学、礼仪文化教学等。教师应认识到教授英语的过程实际上是向学生介绍西方文化，帮助学生树立正确文化观的过程。从这个角度分析，职业英语教学对学生提出了两点要求：其一，学生要通过英语和汉语文化的对比了解这两种文化的异同，并能够灵活地将这两种语言进行等值或尽量等值意义上的转换；其二，学生要认真接收和理解来自不同民族的语言文化和信息，树立正确的文化观。

从整个职业英语教学的角度而言，语言知识技能教学是前提和基础，而跨文化交际能力的教学则是深化和提高，是教学的最终任务。

四、帮助教师开展英语语言技能教学

听、说、读、写、译技能是学生在学习英语过程中需要掌握的五项基本技能，也是主要技能。信息技术应用于职业英语教学的目标之一就是帮助学生掌握这五项语言技能，这也是职业英语教学的主要教学目标。下面以听力技能与口语技能为例分析这两种语言技能教学的重要性。

（一）听力技能教学的重要性

1. 听力是人们开展交际的重要能力

教育心理学研究表明，在人们的日常交际手段中，听占所有语言行为活动的 45%，所占比重最大；说占 30%，位居第二；读占 16%，位居第三；写占 9%，占比最低。因此，可以说听力是人们开展交际活动需要掌握的重要能力。在学生的五项英语应用能力中，听、说、读、写、译，听力占首位，也强调了听力的重要性。与此同时，随着全球一体化进程的加快，我国参与国际交流的范围不断扩大，程度逐渐加深，无论是政治、经济、军事、外交等官方领域，还是文化、教育、娱乐等民间领域，都需要与世界其他国家和地区进行沟通、交流与合作，因此国家和社会的发展要求新时代的英语人才具备较高的听力水平和沟通技巧。基于以上分析，各大职业院校加强英语听力教学势在必行、刻不容缓。

2. 听力教学能帮助学生巩固英语语言知识

听力教学能帮助学生巩固之前学到的英语语言知识，并引导学生构建自己的英语知识体系。这主要是因为，英语听力中的听并不是没有目的、随意地听，而是一个信息处理的过程，其中包括对语言信息的接收、整合和理解。听者对接收的信息按照自己的思维进行归类、整理和解析，最终得出正确答案。由此可见，通过听力教学，学生既可以训练听力技能，又可以通过接收和理解信息学到语言使用的规则，从而促进英语知识体系的构建。

3. 听力教学有助于提高学生语言运用的能力

听是一种语言信息的输入活动，听力教学是培养语言信息输入能力的重要途径，通过开展英语听力学习活动，学生能够掌握辨别、组合和理解语言声音符号信息的能力，进而正确地接收和理解交际活动中另一方的话语含义。这种语言信息输入能力的培养为学生综合语言运用能力的培养奠定了基础，听力是提高语言表达能力的基础，只有拥有足够的、可理解的语言输入才能进行有效的语言输出。综上所述，听力教学能帮助学生提高英语语言的综合应用能力，只有听力教学的质量提高了，口语、写作、跨文化交际等教学活动才能顺利进行。

4. 听力教学能帮助学生发展英语语言思维

众所周知，英语和汉语具有不同的语言思维方式，良好的英语思维与英语语感有助于促进学生的英语学习，而要想培养英语语言思维和英语语感，就需要给学生输入大量的听力材料，使学生进行大量有效的英语听力训练。通过参加英语听力训练，学生能快速掌握英语的表达方式，形成英语思维习惯。英语思维的形成与应用反过来又能促进英语听力的培养和提升，进而提高英语的口语、阅读、写作和翻译能力。

（二）口语技能教学的重要性

1. 口语教学符合语言与语言教学的发展规律

英语是一种有声的语言，有自己独特的发音、书写形式和内涵意义。

在正常的交际过程中，人们通过听力和阅读来获取信息，通过口语和写作来表达信息、传递信息。听力、口语、阅读、写作这四种能力在交际过程中相辅相成，互相促进，是正常交际活动乃至跨文化交际活动中不可缺少的交际工具。

在外语教学的发展历程中，形成于18世纪末期至19世纪中期的语法翻译法是历史最悠久的外语教学法，但由于该教学法过分注重语法规则的掌握和使用，忽视了语音和口语的教学，阻碍了学生口语能力的发展和提升，所以受到了人们的批判。根据语言教学重视实践化的发展规律，口语教学与口语训练应贯穿整个外语教学的过程，这样才能促进学生英语综合应用能力的提升。现代流行的外语教学法，如听说法、交际法、自觉实践法等，均强调口语训练在外语教学中的重要性。

2. 口语教学有助于学生积累英语词汇

英语词汇的理解和记忆一直是众多英语学习者需要克服的难题。实践证明，单个词的拼写和含义不利于学习者的大量记忆，而语句、段落是有情节的，将单个词放在句子和段落里多读几遍，更容易理解单词的含义，也更容易记忆。英语口语教学能帮助学生开展口语训练，学生在口语训练中会接触很多陌生的单词和语法，对于积累词汇、熟练运用词汇以及短语十分有益。实践证明，英语表达能力强的学生通常擅长通过口语训练积累词汇，并借此提高口语表达能力。

3. 口语教学有助于学生培养英语语感

要学习英语就必须培养英语语感，语感是构成学习者英语素质的核心因素，英语水平高的人一接触英语话语就能立即领会说话人想要表达的意思，同时能立即根据交谈的实际情况用英语给出回应，这主要是英语语感在起作用。语感能帮助人们不必有意识地去考虑词形变化、句子构成成分等语法因素就能正确地组织语言表达自己的想法。

任何一种外语的语感都不是天生的，而是依靠后天的培养和学习获得的。虽然学习和练习英语语法规则、记忆英语词汇、培养英语思维方式有助于英语语感的形成，但只依靠英语知识和英语思维是无法形成语感的，只有实践才能检验这些词汇知识、语法知识的正确用法。英语口语教学有助于学生培养语感，在口语实践活动中，学生的视觉、听觉等各种感官通过不断接触新的语言材料，积累新的词汇知识，进而对英语的语音、语调、语义及语气产生较为深刻的认识，这样日积月累，逐渐培养起英语的语感。

4. 口语教学有助于学生提高口语表达能力

在学生学习英语的过程中，最开始只是语音、语调的学习和模仿，以及英语教师在纠正口型和舌位方面的帮助，经过学生和教师的共同努力，学生才能克服发音不标准的困难。要想进一步培养和提高学生的口语表达能力，相应的口语教学和训练必不可少。其一，口语教学和口语训练有助于学生克服不擅长用英语表达的心理障碍，教师在课堂上培养学生大声朗读的习惯，学生在课下才敢开口说英语。其二，朗读英语对话、文章等英语资料以及反复练习英语口语能使学生形成一定的英语语感，使学生初步形成英语思维方式。

5. 口语教学有助于学生提升其他语言能力

在职业英语教学工作的开展过程中，口语教学不仅能培养学生的口语能力，还是促进学生其他英语语言能力发展的重要手段。

首先，听力和口语表达是相互依存、相互影响的，学生通过口语表达可以更深刻地理解话语的语气、语调、重音、节奏等所包含的话语信息，并掌握重读、弱读、连读、不完全爆破等发音要领，这必然会增强学生的辨音能力，进而提高学生的听力技能。

其次，在当前的教育环境下，书面语仍是职业英语教学的重点教学内容，这决定了学生在教学过程中接触的大部分语句是结构完整、语法规范的句式表达，定语、状语、表语从句较多，长难句较多。这些书面语和日常生活中用来交际的口语有很大的区别。然而，随着近年来语言学和语言教学科学研究成果的发展和传播，人们对口语和书面语的关系有了新的认知，人们开始认为口语和书面语应该被看作语言形式的统一体。传统上被视为口语或书面语的结构，在两种语体中常常交叠出现。而且，当前口语表达的内容也更加复杂。在很多正式场合，如学术交流、商贸会谈、求职面试、外交谈判等场合，人们常会使用大量的、类似书面语的词语和句子结构，因此有不少学者支持在职业英语教学中加入高度规范、精确的口语使用教学。因此，口语教学需要和书面语教学结合起来，这样才能更好地促进学生书面语能力的提升。

最后，口语教学和口语训练能促进学生英语写作能力的提升。人们在日常的交际活动中通常会使用自己掌握得比较熟练的词汇、短语以及其他语法结构，这些语法结构是他们用英语进行思考、表达的重要组成因素；在用英语进行写作时，这些使用频繁的语法结构也会优先出现在写作者的思路中，因此，在口语训练中掌握规范的话语有助于提升学习者的写作能力。

综上所述，英语语言技能教学是职业英语教学中不可缺少的组成部分，是提升学生英语综合运用能力的有效途径。因此，在信息化时代背景下，信息技术应用于职业英语教学必须以帮助教师开展语言技能教学为目标，为学生听力技能和口语技能的训练提供教学资料，创设教学环境，最终完成教学任务。

五、达到职业英语教学的最佳效果

信息技术应用于职业英语教学的最终目标是达到职业英语教学的最佳效果。现代信息技术和设备在职业英语教学中的运用为这一教学目标的实现创造了条件。在职业英语教学工作开展的过程中，电子计算机作为一种信息技术设备，可以在很大程度上提升教师的工作效率，如教师的教案编写、教学资料的查询、教学课件的制作、学生成绩的录入和分析等工作都可以在计算机上完成，从而加快了教师工作的速度。

在开展英语课堂教学活动的过程中，英语教师可以通过工作站、服务器等设备对教学内容进行讲解、介绍，还可以在线监督和管理学生的学习情况，并通过服务器设备的记录功能将全班学生的操练过程记录下来，然后通过观看回放了解每一位学生的真实语言水平，最后对测试结果进行分析和统计。在批改作业或试卷问题上，客观性的题目，如选择题的判断可以利用计算机软件来处理，主观题可以由学生通过电脑作答、保存，然后由教师利用文字处理软件进行批改和整理。这样不仅能从根本上解决学生数量多、教师数量少的矛盾，还可以节约教师处理这些工作的时间，让教师将更多的时间和精力放在研究课堂教学和培养学生素质方面。例如，组织教学内容、研究教学方法、设计教学活动等。

电子试题库的建立则为学生自行选择时间进行学习成果测试创造了可能，电子试题库中的试题是根据学生不同阶段的学习任务设置的，一旦学生完成了某一阶段的学习任务，取得了一定程度的进步，就可以参加试题测试；如果通过了测试，那么他们就可以自动进入下一阶段的学习。只有这样，才有可能实现真正意义上的学分制管理，才能将学生从固定的教学环境、教学资源、教学方法中解脱出来。在这种环境下，教师可以根据学生的学习需求进行教学活动的改进，学生也可以选择自己最擅长的方式尽快完成学习任务。除此之外，教师之间还可以利用现代信息技术分享教学资源、教学心得体会，如某位教师将自己制作的多媒体教学课件上传到网络平台，其他教师看到后可以通过在线浏览或下载保存的方式进行学习，这样既能帮助普通教师学习其他优秀教师的优点，也能促使水平高的教师脱颖而出。

第五节　信息技术应用于职业英语教学的方法

信息技术应用于职业英语教学已由在教学示范课、教学优质课上的表演形式发展成为课堂教学的常用形式，这无疑给英语课堂教学改革注入了新鲜的血液。那么，究竟如何实现职业英语教学与信息技术的融合应用呢？下面本书将结合实例探讨信息技术应用于职业英语教学的方法。

一、将信息技术作为职业英语教学的工具

本书认为，将信息技术作为职业英语教学的工具是实现信息技术应用于职业英语教学的有效方法。具体分析如下。

（一）将信息技术作为演示工具

将信息技术作为演示工具是信息技术应用于职业英语教学的初级阶段和最低层次。英语教师可以从现有的多媒体素材库或者教学辅助软件中获取教学需要的相关内容进行展示和讲解，也可以利用自己找到的教学内容资源制作成新的多媒体课件帮助自己在教学过程中创设教学情境，使学生置身于生动、形象、轻松、愉快的语言学习环境。多媒体教学动静结合、色彩丰富的表现形式具有粉笔、黑板等传统教学工具不具备的优势特点，能全方位地刺激学生的感官，突破传统教学模式的局限，发挥良好的演示作用。

（二）将信息技术作为资源工具

将信息技术作为一种资源工具是信息技术应用于职业英语教学的中级阶段和较高层次，目的是突破教材作为教学内容主要来源的限制，搜集和整理各种相关资源来填充、丰富课堂教学的教学内容，扩大高职生

对相关语言文化知识的接触面，为其对英语的进一步学习和应用打下基础。现代信息技术中网络技术的应用和普及为教学活动的开展提供了种类齐全、形式多样的信息资源，使用网络技术可以搜集以下三种类型的资源。

1. 课件资源

英语教师能否认真地研究教材，并依据学科特点和学生的实际情况开发出适合课堂教学的计算机辅助教学课件是信息技术应用于职业英语教学的关键。对于英语教师来说，计算机辅助教学课件的设计应该以培养学生的英语综合应用能力为目标，突出能力培养的重点和难点，创设语言应用的各种交际情境。教师可以根据自己的思路利用原始的素材资源制作课件，也可以下载和学习网络上已有的课件资源。

2. 拓展资源

英语教师在互联网上可以找到大量与教学内容相关的教学资源。当前职业英语教学使用的英语教材中大部分单元话题与人们的日常生活息息相关，这些均可以在互联网上找到同类型的话题资源，如英美文学知识、英美时事新闻等。通过百度、谷歌、维基百科、中国知网等在线学习平台，输入与话题相关的关键词就可以查到大量信息。教师可以通过辨别和筛选找到想要的资源内容，将其下载到本地或者将网页链接粘贴到课件中，为开展教学活动做准备。

3. 文化资源

当前职业院校英语教学的定位是培养和提高学生的英语综合应用能力，英语综合应用能力不仅包括基础的英语听、说、读、写、译五个方面的能力，还包括在特定交际情境下用英语开展跨文化交际的能力，这主要是来自不同民族文化的个体在开展跨文化交际的过程中，经常会因为双方文化的差异而影响交际的效果，因为文化碰撞而引发的误会更是难以避免。根据对实际跨文化交际行为的研究和分析可知，在不同民族文化的交流过程中，因为文化而导致的交际障碍要比因为语音、语法失误导致的交际障碍严重得多。

因此，如果想要在与其他国家或民族的沟通与交流过程中尽量避免出现文化信息的误解或文化冲突，减少沟通与交流过程中的摩擦，就需要保证参与交际的人员具备一定的跨文化交际素养与跨文化交际能力，对交际对方的文化传统和文化禁忌有比较深刻的认知和理解，只有这样，才能实现跨文化交际的目的。因此，在职业英语教学的过程中有效融入有关说英语国家或民族的文化知识内容的教学是十分必要的，信息技术应用于职业英语教学为此提供了良好的条件。

现代信息技术使这些生动形象、丰富多彩的文化背景材料能够进入课堂，成为学生学好英语的必要组成部分。例如，教师可以利用多媒体教学设备和互联网技术，结合精心挑选的图片、视频、音频等资料对某一英语文化现象及事物进行解释和说明，让学生在良好的视觉和听觉体验中了解和掌握其中的文化内涵，体验中西方文化的差异，为参与真实的跨文化交际活动奠定基础。

4. 专业课资源

在信息化时代，教师和学生都可以利用信息技术收集和整理职业英语专业课学习资源，如通过搜索引擎（如谷歌、百度等）输入关键词，可以快速找到众多的职业英语学习资源，包括在线课程、教学视频、教材、练习题等；同时，许多在线教育平台会提供商务英语等职业英语专业课程，这些课程通常由专业讲师授课，内容丰富，形式多样，适合自学。

此外，如果学生在社交媒体（如 Facebook、Twitter、Linked-In 等）和相关学习论坛上关注和加入职业英语学习相关的群组和讨论组，就可以获取实时更新的学习资源和与其他学习者互动的机会。还有很多职业英语教师和专家会在自己的博客或个人网站上分享教学经验、教学资源和学习技巧。只要学生关注这些网站，就可以获取第一手的职业英语学习资料和建议。

（三）将信息技术作为交流工具

把信息技术作为交流工具主要用来完成教师与学生、学生与学生、学生与以英语为母语语言者之间的情感与信息的交流。语言最重要的功能就是实现人与人之间的交流，因此，在职业英语教学的过程中，教师要培养学生用英语开展对话与交流的能力。在这一过程中，师生互动、生生互动是培养此项能力的重要影响因素。在具备网络信息技术与设备的条件下，教师可以根据教学的需要开设一些专题或聊天室，并赋予学生自由开辟专题和发言的权利，使他们在课下有机会对课堂上未解决的问题，以及感兴趣的话题展开充分的讨论与交流。学生还可以通过注册国际聊天软件的账号与英语人士直接交流，这无疑将会大大提升学生的英语语感，提高他们的跨文化交际水平。

（四）将信息技术作为个别辅导工具

现代信息技术的发展催生了大量的计算机练习软件以及计算机辅助测验软件，这些软件的主要作用就是帮助学生巩固学过的知识，掌握学习进程，决定下一步学习的方向，实现个别辅导式教学。在个别辅导式教学中，计算机软件实现了教师职能的部分代替，如出题、判卷等；此外，计算机软件还能通过精准的数据分析注意到学生的不同差异，进而引导学生开展有针对性的练习。因此，教师可以筛选一些诸如知识练习、技能培训之类的计算机软件引导学生进行人机互动，开展自主训练、自主学习。这种做法有利于提高学生学习的积极性与主动性，减轻教师的工作负担，提高教学质量。

二、将信息技术应用于英语技能教学

英语的专业特点决定了信息技术必须与英语的听说读写技能教学进行融合，具体的融合方式如下所示。

（一）将信息技术应用于英语听力教学

传统的英语听力技能教学主要依靠英语教师、录音带和录音机来完成，方式单一，材料有限，控制不便。现代信息技术的应用弥补了这些不足。

1. 听力材料的存储

U盘、手机、平板电脑等现代信息技术设备具有体积小、容量大、资料传输迅速、容易保存、易于播放等优点。就U盘来说，一个小小的U盘就可以存储几十盘录音带存储的内容，且U盘上资料的传输比录音带上资料的复制容易得多，只需要简单的复制、粘贴就能完成。如果是手机、平板电脑这类智能化信息设备，通过网络就能在线传输、分享或下载听力材料。

2. 听力材料的播放

传统的听力教学使用录音机播放听力材料，操作不便，播放内容不能任意重复、前进或后退，且不能受到外界干扰。使用计算机多媒体设备播放听力材料可以集文字、图片、声音于一体，有效激发学生的学习兴趣，而且耳机式的听力练习设备有助于学生专注于听力材料，排除外界干扰。此外，播放的内容可以任意前进、后退和反复，如果学生有哪一句话或哪一段话没有听懂，想再确认一下，可以迅速找到，并反复播放。

3. 听力材料的选择

传统的听力材料大多是与英语教材配套的固定内容，且多以对话的形式展开,内容和形式比较单一。信息化时代英语教师在选择听力材料方面拥有了更多的权利,可以选择更多包含地道英语表达的听力材料,如《走遍美国》《听力入门》、英国广播公司新闻报道、美国广播公司新闻报道、《实用听力》等。

4. 观看英文原版影视剧

观看英文原版影视剧可以激发学生学习英语的兴趣,改变枯燥的教学模式,有效提高学生的听力技能。英文原版影视剧为人们提供了英语学习的真实语言环境,几乎包括了各个方面的英语知识,有助于学生了解西方的人文历史和社会文化。一些影视剧,如《傲慢与偏见》《简·爱》《当幸福来敲门》《肖申克的救赎》《楚门的世界》《冰雪奇缘》《珍珠港》《百万英镑》《生活大爆炸》《唐顿庄园》《权力的游戏》等都是十分优秀的、展现英语语言知识文化的作品,值得学生观看和学习。

(二)将信息技术应用于英语口语教学

当今时代,英语作为一种国际化的语言,其非母语使用人数远远超过了母语使用人数,据不完全统计,全世界使用英语的人数已接近世界总人口的 25%,而学习英语的人则更多。面对这一现实,职业英语教师有义务引导学生充分认识到学习英语不只是可以同来自英国、美国、澳大利亚等以英语为母语的人们进行交流,还可以使用英语同来自其他国家和民族的人们进行跨文化交流。

从另一个角度来讲,人们学习英语不只是为了宣传英语语言和西方文化。近年来,随着中国综合国力的增强和国际地位的提升,学习汉语的国家和地区也日益增多,未来将会有更多的人接触汉语,学习汉语。在与这部分想要学习汉语的民族群体接触时,如果想要将汉语语言知识和文化介绍给他们,英语是一个非常重要的媒介,尤其是对于那些出国授课的国际汉语教师来讲,其更需要英语帮助他们在国外顺利地工作和生活。而对英语口语能力的培养离不开语言环境的帮助，计算机与网络的发展为学生创建了真实而广阔的语言环境。

1. 网上交谈

教师可以通过在线聊天和电子笔友的功能，为学生创造真实的口语练习环境。教师可以引导学生通过在线聊天的方式直接与国外说英语的人士展开对话。这种网上交谈与国际长途电话相比几乎没什么花费，既能使学生接触地道的英语表达，还能使学生接触对方独特的思想观念，并与对方进行跨文化交流，输出中华优秀传统文化，有助于学生形成英语语感，养成正确的文化意识。

通过一些练习英语口语的软件及公众号，学生可以免费练习口语技巧，甚至与精通英语口语的国内人士进行交流。与国外说英语的人士交谈相比，学生与国内人士进行交流，可以交谈的话题更多，也更容易明白对方想要表达的意思。

2. 教唱英文歌曲

对于学生来说，英文歌曲是一种内容丰富并蕴含大量发音技巧的语音练习方式，并且是一种通过网络很容易获得的语音练习资源。因此，英语教师可以通过教唱英文歌曲的方式帮助学生掌握连读、弱读、节奏等发音技能，并培养学生的英语语感，提高学生的英语文化知识水平。

3. 朗读英语美文

英语美文体现了英美国家的思维方式、观念信仰、民族文化和价值追求，朗读英语美文不仅能帮助学生在朗读的过程中练习发音技巧、学习朗读规则，还能让学生感受英文的魅力，认知英美国家的文化。当前国内有很多朗读英语美文的公众号，朗读者大都是英语专业口语水平很高的老师，学生可以通过跟读、模仿发音的方式练习口语。

4. 影视剧配音训练

英美国家有很多具有教育意义的经典影视剧，承载和传递着正确的世界观与价值观，并且台词都是十分地道的英语表达。因此，英语教师可以选择经典英文影视剧的片段让学生进行模仿练习和配音练习，并逐渐增加练习难度，鼓励学生实现自我超越。

5. 模拟职场对话训练

对于职业院校的学生来说，要想掌握与本专业相关的职场英语口语技能，还需要更加真实的职场对话训练。以商务英语专业为例，在商务英语口语教学中，教师可以利用视频会议软件（如 Zoom、Tencent Meeting 等）组织线上模拟商务场景的角色扮演活动，为学生分配不同的角色，引导他们进行商务谈判、电话沟通、项目汇报等实际场景的模拟，让学生在实际对话中锻炼口语能力。

（三）将信息技术应用于英语阅读教学

与英语听力教学、口语教学相比，英语阅读教学可以说是最便捷、最经济、最自由也最独立的英语教学方式，无论是教师讲授还是学生自学，只要一本书、一个字典，就可以开展阅读教学或阅读知识学习。对于英语教学来说，阅读教学还是一种最现实、最有效的帮助学生积累英语语言知识的形式。由于英语教学在中国属于第二语言教学，因此缺乏目的语教学的语言环境，因而也就缺少目的语语言知识和文化知识的输入；对于多数英语学习者来说，通过听的途径来实现语言的大量输入，掌握大量的英语语言知识也不太现实。而足够的语言输入是掌握一门语言的前提和基本保证，没有这个前提，语言的掌握和运用就无法实现。无论是之前还是现在，英语阅读都是中国学生最现实、最有效的积累英语语言知识和文化知识的途径。

学生可以通过阅读培养自己的阅读能力，并借助阅读能力影响和发展英语综合应用能力中的其他能力，如听力、口语、写作和翻译的能力。阅读可以增加学生的英语知识含量，这种知识含量不仅体现在语言方面，更体现在文化方面。当学生通过阅读掌握了相关英语语言文化知识，就可以采用各种方法技巧将这些知识应用到英语语言的实践过程中，如学生可以将阅读学到的知识观点用在与他人讨论问题的跨文化交际过程中，或者用在英语文章的写作过程中。

利用多媒体技术和网络技术辅助阅读教学是开展英语教学、提升学生阅读能力的一个新途径，可以有效改善以往英语阅读教学的不足，如文章题材有限、资料陈旧、训练方式单一等。网络资料具有题材广泛、资料新颖、更新及时、反馈及时的特点，可以激发学生的阅读兴趣和求知欲望，从而有效提高学生的阅读能力，培养学生的自主学习能力和探索精神。

1. 将信息技术应用于英语阅读教学的思路

英语教学中涉及的阅读材料是一定社会制度和文化背景下的产物，因此学生需要掌握一定的西方文化和社会背景知识才能较为全面、透彻地理解材料的内容与含义。信息化时代背景下，职业英语教师可以利用互联网技术和多媒体设备获取信息资源，设计教学行为，构建教学活动，传授给学生职业英语阅读的基本知识和相关技能，培养学生利用互联网和多媒体技术获取英语阅读资源的能力和提高学生英语阅读技能的能力，同时引导学生感悟计算机文化的丰富内涵，开阔学生的文化视野，树立学生的文化意识。

互联网技术的发展还为多媒体辅助职业英语阅读教学提供了良好的条件。与传统的印刷文本类型的教学方式相比，多媒体将阅读内容的文本、声音、图像等媒体信息融合在一起形成综合信息，增加了学生的阅读兴趣；同时，多媒体自带的辅助功能，如在线词典、电脑发音等，可以帮助学生更好地理解阅读材料，降低阅读的难度，提高阅读的效率。多媒体技术用于职业英语阅读教学的思路还体现在学生对电子阅读文本的学习上。例如，利用多媒体设备，学生可以直接对电子文本进行复制、修改，阅读行为不再是学生的单向付出，而是学生与阅读文本之间的双向交流、互动。这种双向的交流模式更有利于学生开展自主学习。

2. 将信息技术应用于英语阅读教学的策略

由于阅读教学涉及信息的接收、处理以及社会文化背景知识对学生理解力的影响，因此现代信息技术背景下英语教师在对学生的阅读技能进行训练时，可尝试采用以下三种策略。

（1）建立、拓展图示策略。建立、扩展图示策略是指英语教师在开展阅读教学的过程中，要训练学生掌握与阅读材料有关的背景知识，以增强学生对篇章的联想、制约和理解能力。对此，教师要提供机会以唤起学生已有的背景文化知识，还要拓展一些与信息相关的背景知识。该策略主要用于阅读课教学的引入阶段。

教师在讲解和介绍英语阅读材料的过程中常常需要对中西方文化中的差异进行对比，如中西方的社会制度差异、风俗文化差异、思维方式差异、道德观念差异等，此时英语教师就可以利用多媒体技术建立起图片、动画、视频、音频等图式，以帮助学生理解阅读材料或介绍相关社会文化背景知识。学生对材料的背景文化知识了解得越多、越深入，就越有利于理解材料。

社会文化背景知识对于英语语言基础薄弱的学生学习阅读材料来说尤为重要，因为这部分学生只会使用低层次的处理技能认知和理解英语语言词汇和语法，并且由于技能掌握不足经常会导致认知失误；而启动和建立材料的社会文化背景知识则属于高层次的处理技能，借助这一技能可以弥补认知失误的不足。互联网技术为英语教师在教学过程中生动地展现或导入背景知识提供了便利。

（2）训练阅读技巧策略。训练学生的阅读技巧策略是指英语教师通过训练学生掌握和运用高超的阅读技巧帮助学生提高阅读材料理解能力的方法策略。该策略在英语阅读教学过程中以教师布置任务、学生完成任务的方式进行。在职业英语教学过程中，该策略通常需要训练学生的以下几种阅读技巧。

第一，猜测技巧。猜测技巧是指学生能根据已经掌握的材料主题以及社会文化背景知识或者建立起来的图式高效预测所要听、读内容的技巧。

第二，寻读特定信息技巧。这一技巧是指学生在阅读材料过程中能很快找到其中一条或几条特定信息的方法技巧。

第三，掌握材料大意技巧。这一技巧是指学生能够通过快速浏览全文，掌握材料中心思想或主题含义的技巧。

第四，识别功能、话语结构技巧。这一技巧是指学生能够通过识别特殊含义的符号进行选择性阅读的技巧。

第五，根据上下文猜测词句含义技巧。这一技巧是指学生在阅读材料的过程中遇到不认识的单词或句型时能根据上下文语境猜测其意思的技巧。

（3）丰富语言输入策略。语言课堂的教学活动可以分为两大类：为学生提供语言输入类和鼓励学生输出语言类。语言的输入要依靠听力和阅读，语言的输出则依靠说和写。输入和输出关系密切，没有输入就没有输出，多听和多读能使学生输入的语言材料越来越丰富，掌握的语言知识越来越多，也越有利于语言输出的准确性、流利性和多样化。因此，英语教师要广泛搜集和整理教材之外的、适合学生了解的英语语言阅读材料，为学生提供多种接触真实语言材料的机会，训练学生的阅读技巧和阅读能力。英语教师在选择网上阅读材料时，要遵循以下五项原则。

第一，拓展性。拓展性是指英语教师从网上搜集、筛选的阅读材料是对教材内容的延伸与拓展，而不是与教材内容类似或重叠的材料，这样才能引起学生的学习兴趣。

第二，时效性。时效性是指英语教师所选取的阅读材料应是新颖的、与当下新闻热点相关的。

第三，趣味性。趣味性是指英语教师选择的阅读材料最好是学生感兴趣的话题或热点，如与学生专业发展相关的阅读材料。

第四，科学性。科学性是指英语教师选择的阅读材料应该是真实的、符合客观事实的。因为网络上的信息具有虚拟性和随机性，不一定都是真实的，所以教师一定要仔细甄别。

第五，艺术性。艺术性是指英语教师选择的阅读材料要符合学生的阅读水平，不要过难或者过易，可以根据学生的情况对原文进行适当的改编。

（四）将信息技术应用于英语写作教学

写作对于学生来说是一个难题，尤其是当学习者将英语作为第二语言学习时，英语写作不仅仅是一种表达思想的手段，更是衡量其英语综合语言水平的尺度。学习者要想在英语写作方面有所成就，必须具备扎实的英语语言基础、丰富的英语文化认知、出色的英语思维方式以及英语语言的综合运用能力，这些也是英语写作教学的重要教学内容。

传统的英语写作教学模式较为程序化，一般是英语教师先布置本堂课的写作任务，再向学生提出写作的意见和要求，随后学生开始练习和写作。一段时间过后，教师会统一将学生写完的内容收上来或者随机挑选几名学生分享他们的写作内容，这种教学模式显然缺少教师与学生之间、学生与学生之间的相互交流，不利于学生写作能力的快速提升。

1. 信息技术在英语写作教学模式中的应用

将信息技术应用于英语写作教学不同于传统的写作教学模式，这种写作教学模式强调在网络环境下开展教学活动。具体的教学设计如下所示。

（1）明确写作主题和要求。教师根据教学要求，参照在网络教学平台上看到的写作教学案例，向学生明确写作的主题和具体要求，如字数要求、表达要求、格式要求等。

（2）搜集和整理写作资料。学生在明确写作主题和写作要求之后，运用网络技术和设备搜集与写作内容相关的资料，在学习和分析后开始写作练习。

（3）互相交流和修改作业。学生完成写作后将作业发布到班级信箱或论坛中，每位学生都能看到其他人的作业，并可以据此开展交流和讨论，然后根据交流的结果对作业进行修改、完善。

（4）教师点评作业。教师对学生的作业进行批阅，发现作业中的优秀作品并给予表扬，组织学生进行观摩和学习，这有利于学生写作水平的提升；对于写作中的错误表达教师要耐心地指正，并向学生讲授合适的表达方式，培养学生的英语思维和想象力。教师还可以通过电子邮件进行校际交流，将优秀的作品上传到特定的学习网站供大家学习和参考。

同时，为了尽可能地减轻汉语语言文化对英语写作的负迁移影响，英语教师应鼓励学生掌握中西方在思维方式、表达方式等方面的文化差异以及这种差异影响下的英汉写作特点，提高学生对英语语言文化的敏感度和英语语言运用能力。

具体分析，职业英语教师可以利用文字、图片、视频、音频等多媒体教学手段为学生创设学习英语语言文化的最佳环境，让学生尽可能多地了解英语文化背景，还可以组织学生与外籍学生、教师、学者开展线上会谈，深入了解真实的英语民族的文化。通过各个途径、各种层次的接触和了解，学生可以形成对英语文化的认知体系，加深对英语语言的感知力，提高对语言的使用和创作能力。

2. 信息技术在英语写作训练方式中的应用

传统的英语写作训练方式较为单一，教师一般会要求学生直接就某一主题内容或写作要求进行写作，或者通过改写课文的方式进行写作。而现代信息技术和设备的应用则可以使英语写作训练方式变得更加灵活、生动、有趣。

（1）情境写作。多媒体技术和设备为学生开展情境写作提供了便利条件，常见的情境写作的流程是情境呈现—讨论交流—进行写作—完成写作—展开评价。教师可以用多媒体设备代替传统的书本文字对写作的要求并进行展示，如教师可以通过展示图片或播放一段视频故事，让学生观察写作内容的主体和其中蕴含的深层含义；教师还可以设计一些生动有趣的练习活动帮助学生掌握英语词法和句法的使用方法，逐步开展写作训练。

（2）交流写作。教师可以在校园网上开设英语 BBS（网络论坛）公告栏，把写作作业布置在 BBS 上，作业形式包括看图写作、撰写贺卡、改写课文、续写故事、命题写作等。学生把第一稿发送给教师，教师查看批阅后再返还给学生修改，经过几次交流修改后定稿。优秀的作业发布在英语 BBS 上，供大家学习和讨论。另外，还可以采用故事接龙的写作方式，这种方式极具趣味性和创造性，在续写的过程中，作者与作者、作者与读者、读者与读者之间都可以进行充分的交流，能有效调动学生参与写作的积极性与主动性。

（3）一体化写作。一体化写作就是将阅读和写作结合起来的写作方式。中国有句古话说得好，"读书破万卷，下笔如有神"（杜甫·《奉赠韦丈左丞二十二韵》）。这句话的意思是说当一个人的阅读量达到一定水准之后，那么他就会很擅长写作，也就是说，阅读和写作之间关系密切，具有一定量的语言输入是写作的基础。阅读不仅能为学生积累写作的材料，让学生知道可以写什么，还能在无形中帮助学生掌握正确的表达方式，让学生知道应该怎么去写。因此，在英语写作教学中，英语教师应该引导学生充分利用网络资源阅读各种题材、体裁的英语资料来了解英语国家或民族的思维方式、价值观念、社会文化、道德理念等知识文化，为英语写作积累写作素材、培养英语思维，掌握写作方法、技巧。

（4）电子邮件写作。国外有很多研究与实验表明，电子邮件除了可以用来加强人际交流以外，在写作教学方面也能发挥重要的作用。新加坡和加拿大的教学研究者发现，让学生利用电子邮件结交国际笔友时，学生为了在交际中更好地传递信息、表达思想，会积极地查阅资料、修改内容，使自己的表述更准确、更清楚。在这种跨文化的交际活动中，学生一直在进行真实的、具有现实意义的语言实践活动，既提高了写作能力，也提升了跨文化交际能力。

第四章　信息化时代职业英语
教学的教学内容改革

第一节　职业类教学

《高等职业教育专科英语课程标准（2021 年版）》（以下简称《课程标准》）是教育部最新出台的指导高等职业教育英语教学的纲领性文件。《课程标准》对高等职业教育专科英语课程教学内容的设置提出了以下要求。

课程教学内容分为基础部分和拓展部分两个模块，它们应该相互补充，循序渐进地进行。

基础部分着重于职场通用英语，其目的是为学生建立英语学科的核心基础，确保所有学生达到高等职业教育专科毕业标准。这部分在第一和第二学期进行，共 8 个学分。基础模块由六个要素组成：主题类别、语篇类型、语言知识、文化知识、职业英语技能和语言学习策略。这部分的课程内容首先要求学生理解、掌握和巩固英语听、说、读、写、译等基本知识，然后掌握与职业相关的专题知识、跨文化教育、日常生活与职场英语交流以及自主学习策略等方面，以突出高职英语教学的实用性、人文性和职业性。

拓展部分允许学生根据自身需求，在完成基础部分之后自由选修，通常在第三～五学期进行，不低于 2 学分。拓展模块主要包括以下内容：

职业提升英语（根据各种职位需求提供的职业英语课程）、学业提升英语（针对有升学或出国留学意向的学生而开设的课程）以及素养提升英语（为提升学生个人综合素养和满足学生的学习兴趣而开设的课程）。

分析以上要求可知，为突出高职英语教学的实用性和职业性，高职需要加强对与学生职业相关的专题知识方面的教学，体现在教学内容改革方面，就是要增加相关职业类英语教学的内容。在信息化时代背景下，高职和英语教师要增加职业类英语教学的内容可从以下两个方面入手。

一、更新职业教学内容

下面以商务英语专业和旅游英语专业为例展开分析。

（一）商务英语专业

1. 行业动态

在商务英语教学内容的设置过程中，教师需要密切关注国际贸易政策、市场趋势以及行业技术变革等商务领域的最新发展信息。通过收集行业报告、分析国际贸易数据、参加专业研讨会等方式，教师可以及时了解行业动态，并将这些信息融入课程教学内容。同时，教师可以将行业案例和职场上可能出现的实际问题引入教学，使学生在学习解决问题的过程中提高英语运用能力和商业敏感度，以及应对商务领域挑战的能力。

2. 数字技能

在信息化时代，商务领域从业人员需要具备一定的数字技能，以适应商务环境的变化。商务英语教学应重视培养学生的数字技能，如数据分析、电子商务、数字营销等。为此，教师可设计与数字技能相关的课程和实践项目，教授学生使用数据分析工具、电子商务平台和数字营销手段等。此外，教师还可以通过实际案例分析和实践操作，使学生掌握数字技能在商务领域的应用，以培养学生具备数字化时代所需的核心竞争力。

3. 跨文化沟通

在全球化的商务环境中，跨文化沟通能力是商务领域从业人员的核心素养之一。教师应通过增加国际商务礼仪、商务谈判技巧等教学内容，培养学生适应不同文化背景的沟通技能。为增强学生实际操作能力，教师可以设计模拟商务场景，让学生在跨文化角色扮演、商务谈判模拟等活动中，练习和应用所学知识。

4. 实践与案例

在商务英语教学中，职业实践与案例对于学生理解商务英语工作具有重要作用。因此，教师应在教学内容中引入真实的商务案例，让学生在模拟商务场景中运用英语知识和技能，提高实际操作能力。通过分析经典商务案例，学生可以深入了解商务领域的实际操作流程和挑战，提高解决工作问题的能力。同时，教师可以组织学生进行团队合作，使学生在合作中学习如何在商务环境中进行有效沟通、协调和决策。

（二）旅游英语专业

1. 行业最新动态

教师应密切关注旅游业的最新发展和动态，如旅游政策、市场趋势、技术创新等。这些信息对于旅游英语教学具有重要的参考价值和指导作用。教师可以通过关注行业报告、参加旅游业研讨会以及与旅游企业保持沟通等方式，及时了解行业动态，并将这些内容融入课程中，使教学更具实用性。同时，教师应鼓励学生关注旅游业新闻和动态，进行小组讨论和分享，以提高学生对旅游行业的敏感度。这有助于学生更好地理解旅游行业的发展趋势，为未来的职业生涯做好准备。

2. 旅游业务知识和技能

旅游英语教学应加强旅游业务知识和技能的教学，包括旅游策划、旅游产品设计、旅游服务和旅游市场营销等。这些知识和技能将帮助学生适应信息化时代旅游行业的需求。因此，教师需要在教学中增加这部分教学内容，并通过设计具有针对性的课程和实践项目，让学生在实际操作中掌握这些业务知识和技能。同时，通过增加案例分析和实践操作，教师可以帮助学生了解职业生涯中可能会遇到的各类问题，进而培养学生的创新能力和解决问题的能力。

3. 地理文化知识

旅游英语教学应设置更多与地理知识、旅游景点和文化背景相关的教学内容。通过设置这部分内容，教师可以帮助学生了解不同地区的自然地理、人文景观和文化特色，提高学生的人文素养。这些知识内容也将使学生能够更好地为来自不同文化背景的游客提供服务。利用现代信息技术，英语教师能够在网上找到各种各样有关国内外地理文化知识的介绍。

二、增加个性化教学内容

（一）商务英语教学

个性化教学内容可以满足商务英语专业学生不同的学习需求和兴趣，有助于提高学生的学习积极性和参与度。通过提供多样化的教学内容，学生可以根据自己的职业发展规划和兴趣进行学习，从而提高职业竞争力和综合素质。

1. 行业特定词汇

在商务英语教学中，行业特定词汇的学习对于学生来说尤为重要。

针对学生所在的不同行业，教师需深入了解各个领域的专业术语和背景知识，以确保学生能够更好地掌握这些词汇。例如，在金融领域，学生需要了解股票、债券、期货、外汇等词汇及其相关概念；在市场营销领域，学生需要学习市场调查、目标市场、竞争分析、营销策略等词汇及其相关概念；在人力资源领域，学生需要掌握招聘、培训、薪酬福利、绩效评估等方面的词汇及其相关概念。教师可通过实例分析、案例讨论和课堂练习等多种方式，帮助学生更好地理解和运用这些行业特定词汇。

2. 商务沟通技巧

在商务英语教学中，培养学生的沟通技巧是至关重要的，包括商务谈判、演讲、电话沟通和电子邮件书写等方面。首先，商务谈判需要学生具备清晰的思维、有力的表达能力和高效的问题解决技巧；其次，商务演讲要求学生能够在短时间内组织语言，厘清表达思路，同时掌握恰当的语言和表达方式，以保证信息的有效传递；再次，电话沟通要求学生能够迅速理解对方的需求，提供准确的信息并做出妥善的安排；最后，电子邮件书写要求学生具备简洁明了、礼貌得体的表达能力，以确保信息的准确传递。因此，教师可通过模拟实战、角色扮演和小组讨论等方式，帮助学生提升商务沟通技巧。

3. 商务文档阅读与撰写

商务文档是商务活动中不可或缺的一部分，因此商务英语教学需要重点关注学生对商务文档的阅读和撰写能力，包括商务报告、合同、计划书等文档。在阅读方面，学生需要具备快速获取关键信息、分析文档结构和理解文档内容的能力；在撰写方面，学生需要掌握商务文档的基本格式和结构，以及知道如何清晰、简洁地表达观点。因此，教师应通过实际案例分析、阅读理解练习和写作指导，帮助学生提高商务文档的阅读和撰写能力。具体来说，教师可以引导学生分析不同类型商务文档的结构和特点，讲解提炼关键信息的方法以及如何运用恰当的语言和表达方式进行表达。此外，教师还可以组织学生进行小组合作，共同完成某个商务文档的撰写任务，以便学生在实际操作中提升能力。

4. 考试辅导

针对需要参加商务英语考试（如 BEC、TOEIC 等）的学生，教师需要提供专门的辅导课程，以帮助他们提高考试成绩。首先，教师需要对考试大纲、题型和评分标准进行详细解读，使学生对考试有充分的了解；其次，教师应提供有效的学习策略和技巧，帮助学生在短时间内提高商务英语水平；再次，教师要定期组织模拟考试，让学生在模拟实战中熟悉考试流程和应对考试压力；最后，教师需要针对学生的薄弱环节进行有针对性的辅导，帮助他们攻克难点，提升自信心。通过这些方法，教师可以帮助学生在商务英语考试中取得理想的成绩，为他们的职业发展打下坚实的基础。

（二）旅游英语教学

1. 旅游行业词汇

针对旅游行业的特点，教师在教学过程中应注意使教学内容涵盖各个方面的专业词汇。例如，在交通词汇方面，教学内容应涵盖各种交通工具的名称（如飞机、火车、轮船、公共汽车等）、票务相关术语（如预订、退票、改签等）和常用交通指示（如到达、出发、候车室、登机口等）等；在餐饮词汇方面，学生需学习各类餐厅（如自助餐厅、快餐店、高级餐厅等）的词汇、菜品名称、饮料种类以及餐饮服务用语（如预订、点餐、买单等）；在住宿词汇方面，教学内容应涉及酒店类型（如经济型、商务型、豪华型等）、房间类别（如标准间、豪华间、套房等）以及酒店服务设施等词汇（如前台、客房服务、餐厅等）；在观光景点方面，学生需掌握各类旅游景点的名称（如博物馆、公园、历史遗迹等）以及相关的观光活动和设施（如导游、旅游团、门票等）。对此，教师可通过展示实际案例、图片以及播放视频等多种形式，帮助学生更好地理解和掌握这些旅游行业词汇。

2. 旅游实用口语

在旅游英语教学中，培养学生在旅行过程中与他人沟通的实用口语能力至关重要。例如，问路场景中，学生需要学会如何用英语询问方向、距离和交通工具等信息，并理解对方的回答；其次，在购物场景中，学生要掌握询价、讨价还价、付款等相关用语，并了解一些常用度量衡单位；再次，在订餐场景中，学生需要学会描述菜品偏好、询问食物成分和了解餐厅规定的英语表达；最后，在办理入住手续场景中，学生需掌握询问房间类型、价格、退房时间等信息的英语表达方法。教师可通过角色扮演、情景模拟等互动教学方式，让学生在实际操作中提高旅游实用口语能力。

3. 旅游指南阅读与撰写

旅游指南、攻略、游记等文档是旅行者在规划行程和分享旅行体验过程中的重要参考资料。在教学中，教师应引导学生学会如何阅读和编写这些文档。

首先，阅读旅游指南和旅游攻略的技巧包括，如何快速定位关键信息（如目的地、景点、交通、住宿等），如何对比和筛选不同来源的信息，以及如何整合信息并制订合理的行程计划。教师可让学生阅读一些实际的旅游指南和攻略，分析其结构、内容和特点，并组织讨论和分享，以便学生更好地掌握阅读技巧。

其次，在撰写游记的方法和技巧方面，教学内容应包括如何选定主题和组织结构，如何运用生动的语言，以及如何插入适当图片等方法技巧。在教学过程中，教师可以展示一些优秀的游记作品，以此为例讲解游记写作的基本原则和技巧，并组织学生进行写作练习。此外，教师还可以鼓励学生分享自己的旅行经历，通过互相交流和点评，帮助学生提高游记写作水平。

第二节　文化类教学

《课程标准》提出高等职业教育专科英语课程的学科核心素养培养目标之一就是多元文化交流目标。该目标具体又可分为三个分目标：第一，高等职业教育专科英语课程要培养学生通过英语学习获得多元文化知识的能力。第二，培养学生掌握必要的跨文化知识，并通过对中西方文化的比较，加深学生对中国文化的理解。第三，培养学生在面对不同的文化时，要保持平等、包容、开放的态度，进而完成跨文化交际的任务。为完成以上三项培养目标，职业英语教学应当增加一些文化类教学内容。

一、多元文化知识

（一）多元文化的概念与内涵

多元文化概念本身是针对传统的单一文化概念而言的。传统的文化发展定式是指在某一特定区域内的某一社会、群体或阶层中存在的单一文化，而多元文化则是指在某一特定区域内的某一社会、群体或阶层等特定的范围中同时存在的、各自独立发展又紧密联系的多种文化形态。这也体现出了多元文化概念与传统文化存在方式定义的不同之处，即多元文化在空间上具有多样性，在时间上具有共时性。

多元文化是一种社会现象，并在 20 世纪 50 年代之后逐渐成为学术界研究的重点问题。20 世纪 50 年代前后，随着现代化理论的发展，多元文化的概念主要用来代指两种文化现象：一是殖民地与后殖民地社会的文化，二是指不同民族之间的文化。到了 20 世纪 60—70 年代，随着后现代主义理论的出现和兴起，多元文化的内涵又发生了改变，多元文化的研究范围不再局限于殖民地国家和不同民族之间。后现代主义理论家认为，除了殖民地国家存在着统治文化与被统治文化之间的分野外，世界上的其他国家内部也存在着文化的差异，且在思想观念、价值体系、宗教信仰等方面的差异不只是不同民族之间会存在，同一民族不同社会阶层之间、地域之间、群体之间、性别之间也会存在各种各样的差异。

由于多元文化的内涵丰富，不同的学者对多元文化有着不同的理解，因此当前学术界对多元文化的定义还没有一个普遍的共识。1995 年，联合国教科文组织在澳大利亚召开了"全球文化多样性大会"，在此次会议上，联合国教科文组织对多元文化的内涵做出了以下阐释："The right to cultural identity, the right to social justice and the need for economic efficiency." 翻译成中文就是：文化认同权、社会公平权以及经济效率需求。也就是说，多元文化并不仅仅指不同民族之间存在的文化差异事实，而是与文化主体的生存与发展权密切相关。对此，人们可以从以下三个方面进行解读：一是多元文化之间的差异及相互尊重；二是对本民族文化的认同权力；三是政府对促进多元文化发展所采取的措施，包括提供给不同文化发展的经济条件以及满足不同文化对发展经济的需求。2005 年，联合国教科文组织又赋予了多元文化新的含义，即多元文化不仅体现为人类文化遗产中文化表达、弘扬和传承的多种形式，还体现为随着时代的发展各种文化产品借助相关技术和方式进行的生产、传播和销售等多种行为方式。

对于一个民族或者国家来说，多元文化就是指该民族或者国家在社会发展的过程中，在继承和发展本民族优秀传统文化的基础上，引进和吸收来自其他国家或民族的优秀文化，从而形成以本民族或本国文化为主、以外来文化为辅的百花齐放的文化发展态势。

综上所述，多元文化是当今社会的发展现状和客观事实。不同类型的文化构成了人类社会发展的共同体。在漫长的历史发展进程中，在不同的地域条件下，各个国家、民族都在创造、发展自己的文化。由于生存环境、历史环境、宗教信仰等方面的差异以及各种现实因素的影响，来自不同时期、不同地域的社会群体总会创造出各具特色的生产、生活方式，并构建出属于该群体的宗教、语言、科学、伦理等文化体系。当这些文化体系发展到一定层次，就会呈现出不同的文化类型，进而使整个人类文化表现出鲜明的多样性，并成为世界文化的一个显著特征。通过对人类文明发展史的研究可以发现，人类历史上还从未出现过一个十分统一的文化类型。相反，每一种文化都在努力地表现着自己的独特之处，都在各种各样的文化中展现着自己的价值。

（二）多元文化的特点

不管人们对多元文化的定义是什么，从多元文化本身的内涵角度分析，可以看出多元文化是有关文化问题的基本假设，这些基本假设也是多元文化的特点所在。多元文化的特点可以从以下五个角度来阐述（见图4-1）。

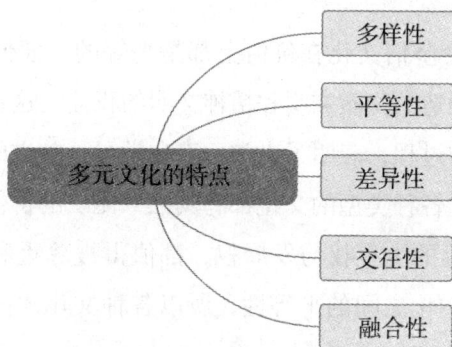

图4-1　多元文化的特点

1. 多样性

多元文化最突出的特点就是多样性，多样性是多元文化理论的建设基础。从文化的内容角度分析，这种多样性体现在三个方面，即语言的多样性、思维方式的多样性和价值信仰的多样性。例如，通过研究中国的历史可以发现，中华民族几千年的文化发展史是一部各种文化相互影响、互相交织、兼容并蓄的历史，儒家文化、道家文化、佛教文化、科举文化、外来文化等多种文化在历史的长河中共同发挥着它们的作用，体现着它们的价值。不仅中华民族的文化发展是这种情况，世界上其他国家、地区的文化也是如此。正是这种多样性促进了不同文化之间的交流与碰撞，形成了内容复杂、形式各异的世界多元文化格局。

自改革开放以来，中国的文化格局呈现出由单一性向多样性转变的特点，文化的多样性也体现出不同的变化特点，从形式的多样性发展为内容的多样性，从地域性发展为超地域性，并形成了意识形态性的时代特征。具体表现为传统文化与现代文化的融合发展、大众文化与精英文化的融合发展、主流文化与非主流文化的融合发展、本土文化与外来文化的融合发展等。

2. 平等性

多元文化理论坚信文化在价值上都是平等的，任何文化都是人类群体在发展过程中创造的物质文明和精神文明的积淀。这些文化记载了人类不断进步与成长的过程，表明了人类一直在学习、前进的状态，只是记录的角度不同，因此各种类型的文化都有其独一无二的价值，没有高低贵贱之分，都享有平等的生存权与发展权，都值得被尊重和保护。正因为多元文化承认不同文化之间的平等性，所以各种文化才能共同存在、共同发展。

3. 差异性

任何一种文化都具有普遍性与差异性这两种既矛盾又统一的特征。单一文化的普遍性是指这种文化具有所有其他类型文化的普遍特征，而单一文化的差异性也可以称为某一文化的个性特征，这主要体现在每一种文化都有其不同于其他文化的特别之处，真正的文化都是个性的文化，没有哪种文化能适合所有的时空和主体。不同的文化之所以会体现出明显的差异，是因为以下几点原因。

（1）自然地理环境的差异。达尔文的进化论指出，人类是自然界生物进化之后的产物，人类的生存和发展离不开自然界提供的环境和资源。自然地理环境的差异造成了不同民族生存和发展方式的差异，进而塑造了不同的民族个性，培养了不同的民族思维，设定了不同的道德标准，并使其发展成为特定的文化类型。

（2）文化的民族性差异。文化的民族性差异就是指体现在特定民族文化中并作为基本内核而存在的民族文化心理素质及其特征，它是对特定民族文化心理的高度概括，是一种文化在与其他文化对比过程中显示出的不能替代的独特规定性。具体分析，文化的民族性差异体现在民族的风俗习惯、语言表达、社交礼仪、情感态度和艺术风格等方面的特色上。正是由于民族差异性的存在，人类的文化才体现出民族的个性与特点。

（3）文化的历史差异。文化的历史差异是指任何文化都是某一历史阶段的产物，其形成和发展必然会受到所处历史条件下的物质生产方式、物质交换方式、经济发展水平、社会生产结构等因素的影响。不同的历史阶段，文化展现出不同的魅力和特点。各个国家和民族在长期的历史发展进程中，通过其独具特色的生活和生产方式创造和积累了属于本国家或本民族的文化，不同国家或民族的文化具有鲜明的、能区别于其他文化的特征，各种类型的文化因此呈现出多元发展的特征。

4. 交往性

交往性是多元文化的一个现代特征。多元文化是社会共同体、区域联合体等系统中共存的，并在系统结构中存在着一定联系的文化，沟通与交流是多元文化形成的必要条件，也是它存在的基础。据不完全统计，世界上有两百多个国家和地区和将近两千个民族，每个国家和民族基本上都有自己独特的生活方式、风俗习惯、宗教信仰、价值取向等，即都有其创造的文化，且这种状态已经持续了很长一段时间了，但为什么到了20世纪20年代才有人提出多元文化的概念呢？这与各个国家、地区和民族之间的频繁接触、密切交往有关。

20世纪之前，科学技术和交通运输条件还没有发展到一定水平，不同民族、不同文化之间的交往受到了限制；进入20世纪以后，交通运输条件和通信设备的发展，尤其是计算机与互联网技术的应用，为不同国家、不同地区和不同民族之间的对话创造了条件，提供了机会，使得不同文化之间的沟通与交流成为可能。随着交往范围和交往内容的扩大，整个世界逐步连为一体；不同的文化也呈现出相互竞争、互相影响的局面。

5. 融合性

融合性是多元文化发展的必然趋势。按照多元文化的理论，各种文化之间的交流与碰撞，甚至冲突和对立都只是文化交往的过程而不是文化发展的未来趋势。各种类型的文化通过相互交流、相互借鉴，最终的结果只能是走向融合与共存。具体分析，文化的融合是各类文化之间相互了解、互相借鉴并选择性地吸收以创造新文化的过程。随着世界各国、各地区、各民族之间交往进程的加快和交往范围的扩大，各种文化之间相互接触、相互碰撞的机遇逐渐增多，并出现各种文化的融合发展，这是各种文化演进过程中必然要经历的。

需要注意的是，多元文化所倡导的文化融合和文化共存并不意味着要抛弃本土文化的核心思想，而是要更好地利用这一方法和途径传播本土文化的优势。正如美国未来学家约翰·奈斯比特（John Naisbitt）所说的那样，随着世界各国之间经济发展依赖性的增强，呈现语言和文化特点的复兴运动即将开始。❶ 在这种趋势下，瑞典人会更加瑞典化，中国人会更

---

❶ 多丽丝·奈斯比特，约翰·奈斯比特. 掌控大趋势：如何正确认识、掌控这个变化的世界 [M]. 西江月，译. 北京：中信出版社，2018：122.

加中国化，每个国家的人都会呈现出具有本国文化特质的一点。因此，多元文化发展的趋势是文化之间的共存与融合，通过共同生存、相互融合来促进各民族文化的进一步发展。

二、文化对比知识

（一）中西方物质文化对比——以饮食文化为例

在全球文化发展呈现出多元化特点的今天，人们有更多的机会去认识和接触来自不同国家、不同地域的饮食文化。饮食是人类生存的基本保障，对于饮食，中国和西方国家都有各自灿烂的文化和显著的特征。

下面从饮食观念、饮食对象、饮食程序、饮食环境、饮食习惯五个方面来对比中西方饮食文化的差异（见图4-2）。

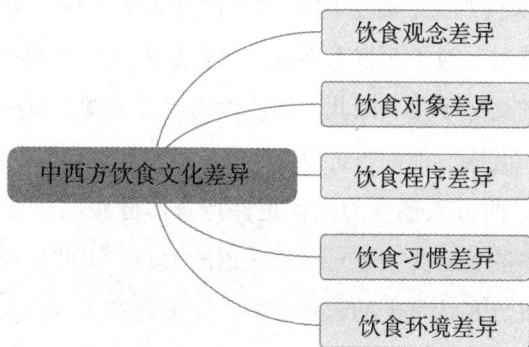

图4-2　中西方饮食文化差异

1. 饮食观念差异

（1）中国饮食观念。"民以食为天"形象地体现了饮食对于中国人民的重要性，无论是在古代还是在现代，人们都很看重吃饭这件事，这体现在人们生活的各个方面。例如，人们如果在就餐时间遇见就会询问对方"吃了吗""吃的什么"等。

中国人不仅注重吃，而且喜欢组织大家一起吃。例如，新人结婚时会有婚宴，办葬礼时也会有相应的宴席。除了在这种比较重大的场合，遇见其他一些值得庆祝的事情，人们也会招呼亲朋好友聚餐，如过生日、婴儿出生、升学、毕业等。当一个人要出远门大家聚在一起为他送行而吃饭叫饯行，一个人出远门回来也要吃饭，叫接风洗尘。

除此之外，中国的饮食观念还受阴阳五行思想、儒家道德伦理观念、中医养生说、文化艺术成就等诸多因素的影响，内涵丰富，影响深远。中国饮食不仅烹调技术高超，菜肴的命名也十分新奇别致，很多菜名蕴含着深厚的文化底蕴。例如，"东坡肉"传闻是北宋文学家苏东坡所创制的一道口味独特的红烧肉；松仁玉米被称为"金玉满堂"，意为祝愿食客财源广进；清蒸鲩鱼被称为"年有余利"，寓意年年有余，体现了人们对和平的向往与赞美等。

（2）西方饮食观念。西方国家对饮食也非常重视，但在饮食上的观念与中国相差甚远。对于西方人来说，饮食是人类生存的必要手段，也是促进人际关系的交际手段。因此，即使食物比较单调，有些味道不是特别好，为了生存和健康，他们也可以吃下去。

与此同时，西方人还认为饮食是保持身体健康的重要手段，所以西方人对食物营养的关心要大于对食物味道的关心。也就是说，西方人更重视食物的营养成分和饮食上的营养搭配，注重食物能否被人体吸收。这是西方人理性饮食观的体现。

2. 饮食对象差异

（1）中国饮食对象。中国人的饮食对象来自其生存环境和生产方式，这两者决定了人们获取食物资源的种类。受中国地域环境和气候条件的影响，中国的生产方式以农业为主、畜牧业为辅，因此中国人的饮食构成中，素食如米饭、面食、蔬菜等占主要部分，肉食如猪肉、鸡肉、鱼肉等占少部分。但随着中国经济的发展，饮食范围也在逐渐扩大，食物的种类逐渐增多，人们对肉食、水果的需求也逐步增长。这些都使中国人的饮食结构越来越均衡。总而言之，中国的饮食对象是十分广泛的，也是十分感性的。

（2）西方饮食对象。因为西方国家大多以畜牧业为主要的生产方式，种植业较少，因此西方人的饮食构成中奶制品和肉制品所占的比重较大，谷物类农作物是辅助食物。西方人的饮食往往是高热量、高脂肪的，但人们比较注重食材本来的味道，因此西方人的食材虽然比较有营养，但制作方式比较单一，调味品比较少，他们这样吃的目的不是享受美食，而是保持身体健康，维持生存。

3. 饮食程序差异

（1）中国饮食程序。中国的饮食对象种类繁多，烹饪方式富于变化，再加上不同地方人们的口味不同，因此烹饪的规则、程序也多种多样。在烹饪辅料的运用上，中国的厨师往往用适量、一勺、半勺等大概的标准去衡量；在火候的掌控上，还有大火、中火、小火、慢火、文火的区分，这些其实是没有一个严格的标准控制的，因此不同的厨师做出来的味道可能会不一样。在烹饪程序上，很多厨师会按照自己的理解和经验调整烹饪的手段和程序，不会按照严格的标准来烹饪，这就导致中国的不同地区产生了不同的菜系。

（2）西方饮食程序。西方的饮食由于追求保持食物原材料的风味和营养，且他们吃饭的目的在于生存和交际，因此他们的饮食烹饪程序经常按照统一的标准进行。相较于中国饮食的调料和做饭程序，西方的菜谱从整体上看更加科学和精确，他们会精确掌控烹饪的时间和调料的比例、数量，这样做出来的食物几乎可以保留食物原来的味道，也正因为如此，不同的厨师可以做出味道几乎相同的菜肴。

4. 饮食习惯差异

（1）中国饮食习惯。不管是温馨随意、规模较小的家宴，还是气氛严肃、规模较大的大型宴会，中国人都习惯围桌而坐，所有的食物无论是凉菜、热菜还是甜点都放在桌子中间，同时，中国人会根据用餐人的身份、年龄、社会地位等分配座位，在宴席上人们会互相敬酒、夹菜，给人一种其乐融融、十分热闹的感觉。这一饮食习惯符合中国人追求团圆、重视集体观念的民族心理。

（2）西方饮食习惯。西方人用餐的目的在于生存和交际，因此他们吃饭时一般是分餐制，分餐时用公勺、公筷，每个人根据自己的喜好和需要添加食物。西方人十分喜欢吃自助餐，自助餐的场馆一般布置得十分优雅、温馨，食物按照种类依次排开，大家吃多少取多少，方便大家随意走动、互相交流。西方的这种饮食习惯体现了他们尊重个体、注重形式与结构的民族心理。

5. 饮食环境差异

（1）中国饮食环境。中国的饮食对象多样，一顿饭可能有几道乃至十几道菜肴，因此用餐时适宜围成一桌共食，而筷子是最适合的主要餐具，筷子虽然简单，但可以夹到绝大多数食物。中国人用餐讲究气氛，尤其是很多人在一起聚餐、喝酒时喜欢大声说笑，以彰显热闹的氛围，渲染欢乐的情绪。

（2）西方饮食环境。西方人的主要饮食对象是肉类，又实行分食制，因此刀叉是他们的主要餐具。他们在宴请宾客时会营造安静、优雅的氛围，用餐礼仪是吃饭时不高声谈笑，切割、咀嚼食物不发出声音，给人一种文静、雅致的感觉。同时，他们在敬酒时多举杯示意，不会碰杯，也不会劝酒。

（二）中西方精神文化对比——以观念文化为例

1. 世界观的差异

世界观是人们对包含社会、自然界与人的精神世界在内的整个世界的总的观点与看法，代表了不同文化最为根本的思想基础。世界观从多个层面影响着文化成员的思想与行为，对经济与社会的发展也有深刻的影响。每一种文化都有自己独特的认知和理解世界的方式，因而形成了不同的世界观。具体分析，世界观的文化差异主要体现在不同文化对人与自然关系的认知上。

（1）中国人对人与自然关系的认知。一方面，受地理条件和气候因素的影响，早在古代，中国人就过上了定居的农耕生活，大自然提供的优越的生存和居住条件使人们逐步过上了安居乐业、丰衣足食的生活，人们不用过颠沛流离、食不果腹的生活。大自然给了人们赖以生存的物质基础，所以人们真心地感谢自然、崇拜自然。另一方面，在中国人眼中，人类在大自然面前是十分渺小的，人类无力抗拒大自然带来的气候灾害、地质灾害等自然灾害，并且人们不理解为什么会发生这些自然灾害，古代中国人对大自然的神秘与强大充满畏惧。时至今日，中国人仍追求人与自然之间的可持续发展，这就是中国文化延续至今的标志与特征。

（2）西方人对人与自然关系的认知。对比古代中国人的生产和生活，古代西方人的生存和发展更为艰险。他们曾在很长一段时间内以游牧生活为主，因此居无定所，受气候变化、自然灾害等自然界客观因素的影响更大。这种游牧生活的动荡性和艰险性使他们对人与自然关系的认知产生了两种观点：一种是顺从，一种是征服。所谓顺从，即认为人在大自然面前无能为力，只能等待大自然的恩赐；所谓征服，即认为人是大自然的主人，人类要以自我意识为中心，征服自然，战胜自然，让自然为人类所用。

2. 人生观的差异

人生观是指人们对人类生存的价值与意义的根本态度与看法。人生观除了受价值观的影响和支配以外，还受到历史、传统等因素的制约。

（1）中国人的人生观。中国有一句古话叫作"万变不离其宗"，意思就是中国人求稳，统一和稳定是中国人追求的理想生活，是社会不断进步和发展的保证，而且这种稳定也体现在家庭、社会关系和社会定位的稳定上。

（2）西方人的人生观。西方人认为人与动物最主要的区别在于人需要不断审视自己的生存与生命状况，这是理性的表现。受这一思想的影响，西方人追求变化，强调打破常规，不断进行创新。

3. 价值观的差异

价值观是基于社会、家庭的影响产生的，且经济地位的变化也会引起价值观的变化。中国和西方国家所持有的价值观明显是不同的，下面以两种文化对集体主义和个人主义的态度为例进行分析。

（1）中国人的集体主义。中国人通过观察日月交替、斗转星移等自然现象产生了"万物一体""天人合一"的思想意识。这种意识也体现在个人与集体的关系上。中国人集体意识强，强调集体利益高于个人利益，当集体利益与个人利益发生冲突时，个人利益往往会被要求与集体利益保持一致，以此追求社会发展的和谐统一。虽然这种情况在当代社会有所改变，但是中国人仍然十分注重集体的认同感和归属感。同时，中国人崇尚谦逊低调的处事风格，追求随遇而安、知足常乐，不看好争强好胜、骄傲自满的个性特征。

（2）西方人的个人主义。西方的大部分哲学倾向和流派都强调"主客二分"，即把主体和客体对立起来。因此，西方的主流价值观一直强调个人奋斗的价值，对于个性、自由十分推崇，注重自我挑战、自我超越。

需要指出的是，个人主义并不意味着个人利益在任何时候都是最重要的，追求个人利益也需要在法定的范围内，因此个人主义也是一种积极的、值得肯定的价值观。西方人以批判的眼光看待已有的知识，从而不断获取新的认知。他们的独立精神以及对个人存在价值的尊重使他们逐渐形成了标新立异、追求个性的开拓精神，这也是他们能不断推陈出新，保持旺盛生命力的原因。不得不说，一定程度的个人主义有助于个体的进取与创新，但是如果过分强调个人主义，营造过度竞争的氛围，也会影响整个社会的亲和力。

（三）中西方民俗文化对比——以节日文化为例

节日是指一年之中具有特殊民族文化意义或社会文化意义并穿插于日常生活中的日子，是人们丰富多彩的业余生活的集中展现，每个国家或民族都有自己的节日，这些节日往往承载着这个国家或民族独特的政治、经济或其他方面的文化。由于中国和西方国家的民族信仰和发展历史有很大的差异，因此中西方的节日文化也体现出各自的历史传统与价值取向。

1. 价值取向差异

一个民族的价值取向通常是这个民族历经长时间的实践与验证总结和归纳出来的，是推动这个民族不断前进与发展的动力，而且不会轻易发生改变。传统节日则是一个民族价值取向与思维观念等精神文化的重要反映。对比中西方传统节日文化，中国传统节日文化具有明显的集体主义倾向，而西方传统节日文化则呈现出个人主义的价值取向。

中国传统文化的集体主义价值取向是在儒家思想的影响下产生的，因为儒家思想特别重视社会群体之间的血缘关系和地缘关系，认为血浓于水，人与人之间的亲情关系不能磨灭，其还提倡互帮互助的同乡情谊，所以有"老乡见老乡，两眼泪汪汪"的说法。体现在节日的设定上就是，中国传统节日呈现出较强的家庭宗族观念和群体观念，一般过节都会举行以家族或家庭为核心的集体活动。

例如，每逢春节、元宵节、中秋节等大型传统节日，人们总想着一家团聚，家中的父母长辈都会期盼着孩子们能回家过节，在外务工打拼的年轻人也会不辞辛苦，尽量赶回家团聚。家中父母通常会准备很多丰盛的食物欢迎家人的归来，人们欢聚一堂，一起吃"团圆饭"。聚餐期间，人们闲话家常，互相关心，分享生活中的酸甜苦辣。总而言之，节日期间人们会暂时放下手头的工作，与亲朋好友共聚一堂，每一场聚会都洋溢着欢快、轻松的节日氛围。

又如，中国人会在清明节进行扫墓祭祖、踏青郊游的活动，会在端午节举行赛龙舟和吃粽子的集体活动，这些都体现出中国传统节日追求家人团圆、社会和谐、尊重长辈、爱护晚辈的价值取向，也体现出浓浓的中国文化韵味。

与中国传统文化的价值取向不同的是，西方传统文化认为人是世间万物的主宰，是一切活动的核心，每人都是独立的个体，是独一无二的，因此个人的感受和体验才是最重要的。西方人十分强调个人的意志，追求个人的解放与自由。当然这并不是说西方人不在乎血缘关系和家人朋友，西方国家也有类似中国春节象征全家团聚的传统节日，如圣诞节、感恩节等。其中，圣诞节是很多西方国家最大最热闹的节日，圣诞节的庆祝活动一般从 12 月 24 日夜间就已经开始，半夜时分达到高潮，这一夜就是圣诞夜。这天晚上，全家人会聚在一起共同享受丰盛的晚餐，然后围坐在火炉旁尽情说笑，家人和朋友间会交换祝福的卡片，互送圣诞礼物，孩子们还会在床头挂上一只空袜子，期待圣诞老人送的礼物。感恩节也是西方国家十分重要的节日，在美国是仅次于圣诞节的第二大节日。在感恩节这一天，美国人不仅会全家人聚在一起吃美味的火鸡、南瓜饼、玉蜀黍等食物，还会按照习俗一起去教堂做感恩祈祷。

虽然西方人也重视家人团聚和亲情关系，但从整体上分析，西方节日更侧重个人价值的挖掘和个人情感的释放。西方节日大部分以欢快和娱乐为主要基调，人们常常借节日之名，尽情展现自我、享受个人的欢乐。

2. 表现形式差异

在表现形式上，中西方节日的最大区别在于节日性质的差异。此处节日性质主要是指这一节日体现的功能和文化是单方面的还是多方面的。对比中西方的节日特征可以发现，中国的传统节日大多是综合性的，而西方国家的传统节日大多是单一性的，如表 4-1 所示。

表 4-1　中西方节日性质对比

中　国	性　质	西　方	性　质
春节	综合	圣诞节	综合
元宵节	单项	狂欢节	单项
人日节	单项	复活节	综合
春龙节	综合	母亲节	单项
清明节	综合	愚人节	单项
端午节	综合	划船节	单项
七夕节	综合	情人节	单项
中元节	单项	万圣节	单项
中秋节	综合	父亲节	单项
冬至节	单项	仲夏节	单项
腊八节	综合	啤酒节	单项
小年节	综合	婴儿节	单项
除夕节	综合	洋葱节	单项

具体分析，中国传统节日是一种集多种文化因素于一体的文化现象，因此其功能也是多样化的。以清明节为例，清明节大约始于周代的春祭习俗，在这一时节，早春的寒冷逐渐退却，世间万物呈现出吐故纳新、春和景明之象，人们为了庆祝这万象更新的景象设置了这一节日，后来人们又将扫墓祭祀、缅怀先人与踏青春游、亲近自然的活动融入其中，使清明节成为一个多种活动相结合的综合性节日。又如，春节是中国最大的综合性节日，人们会在节日期间举行各种有意义的活动，像祭奠祖先、祭拜神灵、逛庙会、购置年货、张灯结彩、走亲访友等。西方由于盛行"维护人权""个体价值""个性展现"等思想观念，追求个人主义，突出个人价值，所以西方的节日常常体现出单一的娱乐精神，像母亲节、愚人节等，都体现出对个体或某一特定群体的关注。

（四）中西方语言文化对比——以委婉语文化为例

委婉语是随着禁忌文化的发展而产生的，禁忌文化在人类社会中普遍存在，指的是人们对有些事情，如生老病死、隐私等不愿过多提及的现象。禁忌的存在催生出了大量的委婉语。委婉语是人们在日常的交流中实现理想交际的表达方式，通常采用使人感到愉快的含糊说法表达可能令人产生不悦或感到不尊重的想法。不同的禁忌文化下有着不同的委婉语，委婉语同样也承载着民族文化，并与人类文明的进步、审美的变化息息相关。研究发现，亚洲国家的人们要比西方国家的人们更倾向于使用委婉语，并且委婉语在高素质人群中使用的频率较高。也就是说，委婉语产生的原因和具有的功能相同，但反映的文化不同。

1. 中西方关于疾病、排泄、死亡和肥胖的委婉语

汉语和英语文化都对疾病、排泄和死亡方面的话题有忌讳，需要用委婉语来表达。

关于疾病，西方文化常用缩写字母代替疾病的名称，如"ALL"表示

急性淋巴细胞白血病,"CHD"表示冠心病,"PD"表示帕金森病等。中国文化中关于身体的残疾和缺陷也有一些委婉的表达,如用"盲人"代替双目失明之人,用"失聪""耳背"代指听不见,用"谢顶"代替发量稀少,用"腿脚不方便"代替腿部有残疾等。

关于去厕所,汉语中也有一些委婉的说法,如净手、解手、如厕、出恭、方便一下等。英语中,人们也会用一些文雅的词来代指厕所,如bathroom、restroom、lavatory、comfort station、public convenience 等,"我想上厕所"的含蓄说法有"Where can I wash my hands?""I'm just going to spend a penny." 等。❶

死亡也是人们不愿提及的沉重话题,当亲近之人或者受人尊敬、爱戴的人死了,汉语中会称为"去世、逝世、与世长辞、故去"等,对英雄人物因公去世还会尊称"牺牲、就义、殉职"等。西方文化则会用"be safe in the arms of Jesus、be in Abraham's bosom、be asleep in the valley、return to dust、be taken to paradise、go to meet one's maker、be promoted to glory、go to heaven"等短语表达,"死者"被称为"the departed"。

此外,由于超重和肥胖已成为西方国家较为严重的社会问题,他们不希望别人用"fat"一词形容自己,如果想形容一个人胖,可以用意思为"丰满"的词语,如"plump""buxom""voluptuous""full-figure"代替。在中国文化中,人们会用"肉嘟嘟""丰满""富态""发福""丰腴""心宽体胖"等来形容身材丰满。

2. 中西方关于年龄问题(衰老)的委婉语

年龄在西方国家是一个敏感、隐私的话题,尤其是对于老年人和妇女而言。在一些西方国家,人老了就意味着职业生涯的结束和失去经济来源,加之没有儿女赡养,导致很多老年人生活在孤独和贫困中,因此他

---

❶ 谭焕新. 跨文化交际与英汉翻译策略研究 [M]. 北京:中国商业出版社,2018:190.

们害怕被人说老，由此产生的委婉语有 senior citizens（资深市民）、the elderly（年长者）、the mature（成熟的人）、no longer very young（不再很年轻）等。对"老"这个词的忌讳也反映出西方文化中崇尚年轻、活力的价值观念。但在中国文化中，人们提倡尊老敬老，汉语中有很多关于"老"的褒义词，如"老当益壮""老马识途"等都是对老人的赞美，赞美老人行事经验丰富或者神勇不减当年。汉语称呼语中在姓氏后加一个"老"字，是对有学识且品德高尚的长者的尊称；老人称自己的朋友为"老伙计"，也是对朋友的爱称。

第三节　思政类教学

《课程标准》提出，高职英语教学应将课程思政元素融入英语教学，提升学生的语言思维能力。具体分析，高职英语教师应培养学生辩证、客观地看待西方语言及文化的能力，提升思辨能力；在对比中西方语言和文化的教学过程中，应帮助学生保持对外国文化的尊重和对中国文化的自信，树立正确的文化观念和价值取向。除此之外，教师还可以利用职业教学的优势，培养学生正确的职业精神和职业态度，为社会主义现代化建设贡献自己的力量。为此，高职英语教学应在教学过程中加入一些思政类教学内容。

一、正确的文化观念

（一）跨文化意识

跨文化意识是指学习者特有的思维方式、判断能力以及对文化因素的敏感性。介绍和讲解英语语言文化知识只是思政类教学的表层内容，英语思政教学活动的重点在于培养学生的跨文化意识，使学生有能力、有意识地了解中西方文化的差异，能够辩证地判断和理解这些文化内涵，最终形成自己的文化观和跨文化交际能力。跨文化交际意识作为跨文化交际研究的重要内容之一，主要是指第二语言学习者对所学目的语文化具有较强的掌握能力、适应能力和应用能力，具体表现为学习者能够像以目的语为母语的本族人一样思考问题并做出回答，以及参与各种交际活动。在参与交际活动的过程中，学习者会受到跨文化意识的启发和指导，不会因为文化差异的影响产生不合时宜的言行。在不参与具体交际活动时，跨文化意识还能够引导学习者的学习和思考行为。

（二）树立本国文化自信

高职院校教授学生英语语言知识和文化知识，不仅是为了帮助学生更好地了解外部世界，适应国际社会的发展，更是为了引导学生在今后的生活和工作中正确地使用英语向世界介绍真实的中国，传播中国文化，而这也是高职学生树立本国文化自信的过程。为此，英语教师可以搜集一些用英语介绍中国文化的书面文字或者音频、视频等，通过详细讲解，帮助学生掌握用英语介绍中国文化的能力，如此一来，学生在与不同文化背景下的外国友人展开对话的过程中，就能自然地将中国文化传播出去，让中国文化被世界人民所了解和接受，学生在这一过程中收获了认可，进而也能增强文化自信。例如，为了帮助学生掌握介绍中国美食的相关知识，教师可推荐学生观看《舌尖上的中国》英文版，或者组织学生用英文介绍自己家乡的美食，在锻炼学生英语表达能力的同时增强学生对本国美食文化的自信。

（三）正确看待中西方文化的交融

近百年来，西方国家的思想观念和文化理念通过大规模的传播与输入，已经被部分中国人接受和认同；当今社会，各类文化传媒公司或团体向人们传播的也大多是中西方文化中观念重合的部分；西方国家很多真实的价值理念在更多情况下以"新观念"的面目呈现出来；同时，随着中国国门的开放，西方发达国家获得了进入中国市场的途径，它们的到来伴随着文化价值理念的输出，包括奢靡、虚荣、颓废、腐朽的价值观念和生活方式。这些价值观念和生活方式是与西方国家的经济发展水平和主流价值观相适应的，并不适合中国本土的文化理念和生活方式。但很多人并没有意识到这一点，不懂得辨别这些文化，甚至会选择全盘接受。

当然，人们也不必把所有来自西方的文化都视作"洪水猛兽"，西方文化与中国文化固然有冲突，但这种现象的产生也是有原因的。西方社会是现代化的起点与中心，近代中国又正好处于现代化的边缘，正向着现代化的方向前进，于是中国文化中这种"西向"的趋势是不可避免的，教师不用过于强调中西方文化的冲突而忽略二者的相互学习、相互借鉴与相互吸收。站在历史发展的角度分析，中西方文化存在巨大冲突，也存在各个层面上的融合，尤其是中国文化更应通过积极地学习西方文化的优点来创新自己的文化。改变需要摒弃一些不合时宜的传统文化并尝试注入新鲜的血液，这无疑是一个痛苦的过程，也是一个充满不舍情绪的过程，不过，中华儿女已经勇敢地迈出了这一步，并且时至今日还在进行着民族文化的创新。这并不是民族软弱的标志，相反，这恰恰是民族自信的象征，是为未来播种希望的举措。

二、大国工匠精神

职业英语教学应借助职业教育的渠道培养学生的大国工匠精神，为社会主义现代化建设培养技术能手、大国工匠。要培养学生的大国工匠精神，首先要了解什么是大国工匠以及大国工匠精神。大国工匠是指在某一行业或领域具有较高技能水平和专业素养，勤奋敬业、精益求精、创新能力强的技术工人和专业人才。他们为国家和社会的发展做出了突出贡献，成为行业的楷模和榜样。与之相关的，大国工匠精神是一种追求卓越、精益求精的职业精神，体现了职业工人对技术、技艺和行业的热爱、敬畏与奉献。这种精神强调在实际工作中不断提高自身的技能水平、创新能力和专业素养，致力于为国家和社会发展贡献力量。

（一）塑造敬业榜样

在职业英语教学中，教师自身的敬业精神和职业操守对学生的影响至关重要。教师应以身作则，展现出对教学工作的热情和投入，关注学生的需求，全力为学生提供高质量的教学资源和支持，通过严谨的教学态度、专业的教学方法和无私的帮助精神助力学生形成敬业精神和追求卓越的态度。

同时，教师可以邀请行业内具有代表性的专家和工匠来校举办讲座，进行交流和示范，让学生直接接触行业的楷模，从他们身上汲取大国工匠精神的内涵。这样的交流活动有助于拓宽学生的视野，增强他们对自己专业发展的信心和动力。

（二）培养职业道德

职业道德是大国工匠精神的核心组成部分，体现了一个人在职场中的品行和价值观。在职业英语教学中，教师应重视培养学生的职业道德，使他们在工作中始终遵循诚信、尊重、公平等基本原则。

教师可以通过案例分析、角色扮演、讨论等形式，引导学生深入探讨职业道德在实际工作中的应用和意义。此外，教师还应关注学生在课堂表现和课外活动中的道德品行，对存在问题的学生进行及时引导和纠正，培养他们在实际工作中恪守职业道德的意识。

（三）开展职业规划教育

开展职业规划教育是培养大国工匠精神的重要途径，有助于学生明确自己的发展方向，促进他们为实现职业目标而努力。在职业英语教学中，教师应关注学生的职业规划，为他们提供有针对性的指导和建议。

一方面，教师可以举办职业生涯规划讲座，组织行业交流、实习实训等教学活动，帮助学生了解不同行业的发展趋势、职业前景和岗位要求，引导他们结合自身兴趣和特长，制定合适的职业发展路径。在教学过程中，教师应关注学生的个性特点和潜能，为学生提供个性化的职业规划建议，帮助学生找到最适合自己的发展方向。

另一方面，教师应引导学生树立正确的职业观念，让他们明白所有职业发展的过程都不是一帆风顺的，需要从业者不断努力、积累经验、提升技能。教师应鼓励学生珍惜每一次工作实践的机会，勇于挑战自己，进而培养学生在工作中克服困难、追求卓越的精神。

第五章 信息化时代职业英语教学的教学模式改革

第一节 慕课教学模式

一、慕课的定义

近年来，随着信息技术在教育领域的应用，在线课程教学方式作为一种新型教学模式受到了广泛关注，慕课（massive open online course, MOOC）可以说是这种教学模式的代表。慕课，即大规模在线开放课程，通俗地讲，慕课是指为了促进知识的传播而由具有分享和协作精神的个人或组织发布在互联网上的开放课程。慕课教学模式出现后，便迅速凭借其科学合理的教学内容、多媒体化的教学资源、经验丰富的教学团队以及精心设计的在线学习活动等优势为学习者提供了灵活、免费、优质的学习机会，吸引了大量学习爱好者，也促进了很多高职和教育机构开始发展开放在线课程和在线教育项目。

慕课教学模式起源于国外，但自从被我国教育学界和学习者接触后，就迅速成为国内教育界熟知的一种开放在线课程，与之相关的各种研究和应用也越来越多，成为大家重点关注的一种开放在线课程，甚至在一定程度上成为开放在线课程的代名词。但事实是，慕课并不等同于在线课程，只是众多在线课程中的一种。开放在线课程形式多样,其区别体现在应用范围、开设方式和教学过程等方面。目前世界各国、各地区为了发展教育,已经推出了多种类型的开放在线课程,如 LOOK(区域开放在线课程)、SOOC(小型开放在线课程)、BOOC(大型开放在线课程)。

慕课的英文缩写是 MOOC,这四个字母分别有其代表的含义。

第一个字母 M 代表 massive(大规模),指的是参与这种开放性课程的人数众多,因而课程开设的规模较大。

第二个字母 O 代表 open(开放),指的是这一课程以学习者的学习兴趣为导向,兼具开放性,无论是谁都可以登录网络平台参与学习。

第三个字母 O 代表 online(在线),指的是参与课程学习的时间安排十分灵活,课程使用客观、自动化的线上学习评价系统,包括随堂测验、考试等环节设置,而且还能运用大型开放式网络课程来处理大众的互动和回应,保证教学互动。

第四个字母 C 代表 course 课程,指的是课程包含的学科种类繁多,课程的范围不仅覆盖了广泛的科技学科,如数学、统计学、计算机科学、自然科学和工程学,还包括社会科学和人文学科,如语文、历史、美术等。

不同类型的开放在线课程具有不同的针对性和教学特色,但其最终目的都是为学习者提供更多、更合适的学习机会,这也给教师提供了展现教学能力和风格魅力的平台。对于职业英语教学工作的改革与创新来说,采用慕课教学模式开展教学活动更具有特殊的意义。

二、慕课教学模式的意义

采用慕课教学模式的意义主要体现在以下四个方面(见图 5-1)。

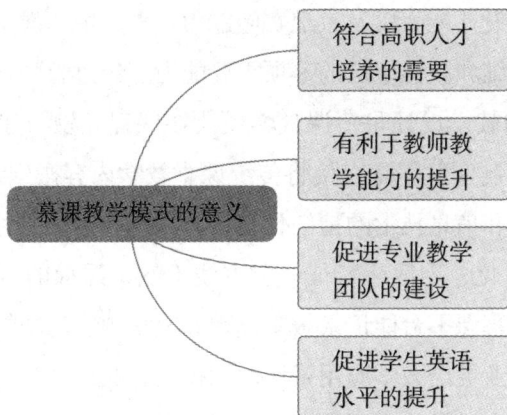

图 5-1　慕课教学模式的意义

（一）符合高职人才培养的需要

当前高职教育教学工作开展的目标是为国家和社会的发展培养专业能力突出、综合素质水平较高的新型人才，其中应用型、实践型人才的培养更是各类教学工作开展的重中之重。因此，各大高职应在遵循语言习得和学生学习规律的基础上，根据高职类型、高职层次、招生类型、办学定位、人才培养目标等，合理安排相应的教学内容和教学课时，构建反映本校特色、科学合理、动态开放的职业英语课程体系。

现在的职业英语课程，即使是同名课程，其课程目标、教学课时、学分安排、目标群体也会有很大的差异；即使使用的教材相同，其教学内容、教学方法、教学效果也各有特点。对于这些高职学校来讲，如果直接借用其他高职的在线课程资源显然并不合适，为了体现本校的办校特色和学科建设特色，需要积极探索和研究适合本校人才培养的职业英语在线课程。

（二）有利于教师教学能力的提升

学者黄元国和陈雪营将教师的基础性教学能力分为三种：学科知识

运用能力、教学设计能力以及教学实施能力。❶ 其中，教学设计能力是体现教师的教学思维和教学想法的一项重要能力。经过教师认真思考并操作实践后呈现出的教学设计是慕课教学模式在课程开发与建设中的重要体现。因为慕课的制作并不是直接将传统课堂教学内容搬到线上那么简单，而是基于多媒体和信息技术的精细化设计。尽管教学资源种类丰富，很多资源呈现出碎片化、零散化特征，但主线不散，课程的主题会一直很集中。除此之外，慕课平台能记录教学过程和教学内容的功能也会影响课程内容的设计。职业英语教学应用慕课教学模式，英语教学工作者开发和设计慕课能有效提高教学能力还体现在以下三个方面。

第一，相较于传统的面对面教学模式，微视频授课方式能促进授课内容的优化。微视频课程时间短、内容精练的特点要求教师在课前对课程内容进行深入分析和研究，然后在视频中进行言简意赅的讲授。经过反复录制、修改，大量缩减教师的重复性话语和习惯性口头禅，使课程节奏变得更加紧凑，课程重点更加突出，信息密度大大增加。视频课程最终以作品的形式呈现，学生可以反复观看、学习。

第二，英语教师需要仔细研究并改进课程内容的系统性和层级性。由于慕课主要以微课视频的形式开展教学活动，而微课视频的课程容量不同于传统课堂教学，所以微课视频对教材内容的章节划分也不同于传统教学模式。英语教师必须重新梳理原来的知识点，并依据网络授课方式的特点对知识进行合理的拆分与重组，从而构建层次分明、结构合理的课程章节框架。

第三，英语教师需要精心设计在线练习和测试环节。为了保证学生的学习效果，调动学生学习的积极性与主动性，英语教师需要认真研究和设计慕课在线课程中的在线练习和测试环节，必须与授课内容配套，必须针对课程的重难点问题进行设计，这样才能达到巩固学生学习成果的效果。

---

❶ 黄元国，陈雪萱.大学教师教学能力：内涵、困境与实践路向[J].当代教育论坛，
2019（6）：49-54.

（三）促进专业教学团队的建设

职业英语慕课教学模式的应用能够促进英语教学团队的建设。高质量的职业英语教学团队应该由综合教学能力强的英语教师组成，综合教学能力突出的英语教师应掌握扎实的专业基础知识，具备较强的英语语言应用能力和交流能力、专业资料搜集和整理能力、组织和设计教学活动的能力、开展专业学术研究的能力、多媒体课件和微课程制作能力等，但事实是，目前职业英语教学团队中这样的多面手所占的比例还有待提高。而任何一门英语在校课程的建设都是一个复杂的系统工程，单靠一人之力难以建设成功，只有整个教学团队齐心协力、相互支撑，才可能完成。集体备课、分工协作、新教师和老教师相互帮助，减少重复性劳动是这项工程建设的必经之路。所以，改变传统课堂孤军作战的局面，整合教师资源、推进团队建设，应用慕课教学模式为教师的职业发展提供了现实可行的机会，也能在一定程度上完善高职的师资队伍建设。

（四）促进学生英语水平的提升

慕课教学模式在我国职业英语教学中的兴起对学生英语水平的提升具有重要意义，主要体现在以下四个方面。

1. 创造语言使用环境

对于中国学生来说，英语学习是第二语言习得，不具备学习英语的语言环境，在课堂上学到的知识难以应用到现实生活中，这降低了学生对英语语言知识学习的实效性，并在一定程度上影响了学生学习英语的态度和信心，对提升学生的英语水平十分不利。慕课的出现能够为学生创造良好的语言使用环境，即学生可以接触地道的英语表达，甚至可以和来自世界其他国家、以英语为母语的人们进行在线交流，因而能快速提升学生的英语水平。

2. 搭建能力培养平台

我国高职的英语教学虽然一直在革新，但整体上教学的重心还是放在英语语言基础知识教学上。这种教学模式虽然能帮助学生打好学习英语的基础，但也会影响学生将英语学习与专业学习结合起来，进而影响学生综合能力的提升。在这种教学环境背景下，很多学生忽视了英语的学习，也没有意识到掌握英语技能对自己未来职业道路发展的帮助。慕课的出现为学生提供了新的发展评估和专业动向，有利于激发学生学习英语的积极性和主动性，促使学生提升自己的英语水平。

3. 扩大英语知识储备量

传统的英语教学模式以课堂教学的形式展开，在有限的课堂时间内，学生接触的英语语言知识也是有限的。而慕课教学以互联网为依托，为学生提供了丰富的英语学习资源，方便学生及时查找想要了解的英语知识；同时，慕课的在线课程还包含在线论坛和小组讨论，提高了学生学习英语的兴趣和效率。

4. 平衡学生的学习水平

不同学生的英语学习基础、学习风格和学习能力各有差异，而在传统的英语课堂教学中，教师没有条件根据不同学生的学习特点开展一对一教学，只能根据学生的平均水平进行讲解和指导。在这种教学背景下，有些学生的水平已经超出了当前的教学水平，但有些学生还在为没有赶上教师的教学进度感到苦恼。慕课教学模式通过开放性的网络平台为学生提供了有针对性的教学，能够有效缓解学生学习水平不一导致的教学矛盾。慕课可以不受时间和空间的限制，为不同学习水平的学生提供知识巩固和能力拓展的服务。

三、慕课教学模式的特点

慕课教学模式的普遍性特点主要体现在以下三个方面（见图 5-2）。

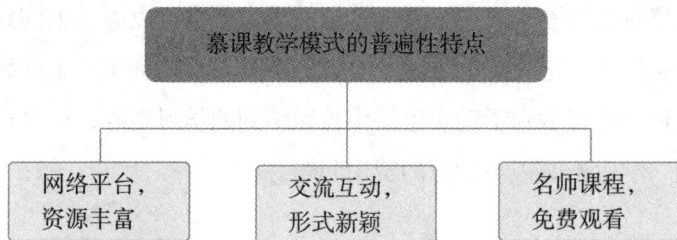

図 5-2　慕课教学模式的普遍性特点

（一）网络平台，资源丰富

尽快实现教育资源的均衡分布一直是我国教育事业努力发展的方向，但受地域差异和经济发展水平差异的影响，不同地区的职业英语教学仍呈现出不同的水平和特点，这使不同地区学习者的英语水平也不尽相同。慕课的出现在很大程度上解决了教育资源分布不均衡的问题，这主要是因为慕课通过网络平台的方式进行教学，打破了地域的限制，使不同地区的学习者都有机会接触优质的课程资源。

（二）交流互动，形式新颖

慕课教学模式强调师生、生生之间的交流与互动。通过在线讨论区、问答环节等形式，学生可以与教师或其他学生进行实时沟通，分享学习心得，解决学习难题。这种互动式学习方式有助于提高学生的学习积极性和主动性，激发他们的学习兴趣。同时，慕课采用多媒体教学资源，如视频讲座、动画演示、互动测试等，为学生提供了丰富多样的学习内容，这些新颖的教学形式能够吸引学生的注意力，提高他们的学习效果。

（三）名师课程，免费观看

通过网络平台，来自世界各国、各地区的名师可以上传自己的教学视频，分享自己的教学观点，世界各地的学习者也可以通过上网观看视频进行学习，这在一定程度上缓解了教育资源分布不均衡所产生的教育差距矛盾，还使学生接触到了现实生活中接触不到的学习资源，而且这些资源是免费的，学生不必担心学习的费用问题。

四、慕课的设计与实施

（一）慕课的设计

1. 明确课程建设目标

在职业英语教学中，慕课的设计首先要注意明确慕课建设的目标，为课程的建设确定好方向。秉承着促进课程资源共享以及使教学过程更加开放的教学理念，职业英语教学慕课建设的目标应设定为，在互联网技术的帮助下，通过灵活、新颖、现代化、数字化的教学方式激发学生学习英语的兴趣，转变学生对传统英语学习枯燥无味的认知偏见。具体来说就是，英语教师需要在课程设计与开发之前就具备专业的英语知识和技能，并且具有搜集和整理在线课程资料的能力。

在整理完相关的教学资料后，英语教师还要根据一些专家和学者提出的专业性建议进一步明确慕课建设的目标和整体结构，保证慕课建设的目标符合职业英语教学的整体目标，以及慕课建设目标中规定的教学内容包含职业英语教学目标中涉及的相关知识点，以确保课程开发和设计的有效性、全面性。同时，为了加强职业英语慕课建设的针对性和实用性，职业英语教学工作者还要依据教育教学改革发展的要求，结合学生的学习特点，注意更新和维护慕课的教学内容，构建一个动态化的慕课体系，以实现慕课的内容动态化、交互动态化和时空动态化，提高职业英语在线课程的整体水平和质量。

2. 丰富课程教学内容

首先，职业英语慕课的教学内容设计应呈现出内容的多样化和丰富特点，即课程内容设计不仅要体现出课程主题的专业、精细，还要注意课程时长方面的控制。英语教师除了要选择一些与日常生活息息相关、能引起学生兴趣的话题作为课程教学的内容之外，还要引入一些与课程主题相关的动画资料、视频资料等，为学生营造良好的在线英语学习的氛围。例如，教师可以搜集名师授课的视频、英文纪录片、动画、影视剧等，让学生在自由轻松的学习环境中享受英语知识的输入，加深对所学知识内容的印象和理解。

其次，英语教师要确保所选视频资料的播放时间恰当，一般是5～15分钟，因为时间过长的视频中包含的知识内容也会比较多，这样一来就会增加学生理解和消化这些知识的压力，达不到较好的教学效果。

最后，英语教师要有意识地添加一些语言文化知识方面的内容。学习英语不仅仅是要掌握一种语言的使用方法，还要了解语言背后的国家和民族的思维方式、精神内容、文化习俗等，进而理解该民族或群体的价值观念和行为标准，消除固有的文化偏见，尊重不同的民族文化，树立文化意识，提高跨文化交际能力。

3. 健全评价反馈体系

职业英语慕课的考核评价和反馈是衡量英语教学效果、评价英语教学质量、检验英语教学目标达成情况的重要手段，对教师开展课程设计起到了导向作用，对提高学生的学习主动性和积极性也具有促进效果。职业英语慕课的考核一般会通过网络在线上开展，具体的在线考核方式包括单元考核、期末考核、视频学习完成效果考核、线上讨论互动表现考核四种，其中单元考核和视频学习完成效果考核占总分值的一半，期末考核和线上讨论互动表现考核占另一半，总分数按照百分制计算，教师要根据学生每部分的实际学习情况给予科学合理的评价。

英语教师还可以通过在线云平台系统上传英语慕课的作业安排，学生通过电脑或手机等移动终端下载作业内容，完成后再上传到云平台上，由教师接收并进行批改和反馈。这种新颖的、现代化的布置作业和完成作业的方式不仅能提高学生学习英语的兴趣，还能激发学生的想象力与创造力，提高英语在线课程的效率。除此之外，英语教师还可以通过在线平台对学生的学习时段、学习方式、学习中遇到的问题、学习的状态和频率等具体情况进行监督、记录，以便及时跟进学生的学习生活，帮助学生解决学习中遇到的困难并给出专业的指导意见，从而真正实现差异化教学和个性化教学。

（二）慕课的实施

1. 加强慕课基础设施建设

职业英语教学慕课的实施依赖于完善的网络基础设施，网络基础设施中的硬件设备及其提供的网络环境能确保各学科门类慕课实施的流畅性和完整性。因此，各高职应重点加强本校各专业的慕课基础设施建设，具体的措施包括建设和改造网络实验室和多媒体教室，配置数据库服务器以及网站服务器，积极开发和建设网络教学支撑系统、教务信息管理系统及其他教学服务系统等。

同时，各高职还要考虑到慕课实施阶段由于同时间段访问人数增多而可能导致的系统运行缓慢甚至崩溃的情况。为了防止此类问题的发生，高职网络教学管理人员要对网络在线系统进行实时监控、维护以及定期升级、更新，从而保证整个平台系统在运行过程中保持稳定。各高职还要通过在线反馈渠道收集和整理师生在使用平台系统的过程中遇到的各种问题并及时回复、解决，以及将问题归类整理成注意事项供师生自主查询。

2. 加强教师培训力度和学生监督力度

为深化互联网技术与职业英语教育融合的教学改革，促进职业英语教学在线课程尤其是慕课的建设与普及，为慕课的设计与实施培养专业型人才，各高职要定期组织英语教学工作者就慕课的设计、实施、管理与评价等内容进行培训，挖掘英语教师利用互联网技术创新教学模式和教学方法的潜力，增强英语教师在信息化时代的慕课教学能力。

英语教师在通过培训和学习提升自身慕课教学能力的同时要引导学生积极参与到慕课的学习中来，激发学生通过慕课学习英语的兴趣，提高学生的学习效率，化沉默学习方式为主动学习方式，从而真正提高学生的英语水平和英语应用能力。

第二节　微课教学模式

一、微课的定义

微课是一种以微学习理论为指导，通过分解教学目标、内容和过程，突出教学重难点，建构微型化学习资源，以支撑微型学习的一种课程。微课的主要教学方式是移动教学或在线教学。与常规课程相比，微课也具有完整的知识结构体系以及教学设计、教学活动、教学评价等环节，只是课程目标简洁、课程内容偏少、学习持续时间较短、学习时间较为灵活。❶

微课的核心价值在于"微"，其课程研究的主要问题都是一些关注点较为集中的细微之事，一般课程的主题明确，直指问题中心，关注点鲜明而简练，一件事就是一个话题，一个话题就是一段课程。因此，在构建课

---

❶ 王磊. 互联网＋背景下高校英语有效教学研究 [M]. 长春：吉林人民出版社，2019：140.

程内容体系的同时，教学者要将教学内容进行碎片化、情境化和可视化处理，使之成为学习者在智能手机、平板电脑等便携式学习装备上也能学习的重要资源。

对于学生来说，微课为其提供了"自助餐式"的学习机会，微课服务学生开展自主学习的目的在于帮助学生理解某一学科知识的核心概念和重要观点，使学生掌握某一学科知识的学习方法和应用技能，以及在短时间内集中在某一主题的学习上，系统地、完整地完成该主题课程的学习。

二、微课的主要特点

如图 5-3 所示，微课的主要特点集中体现在以下七个方面。

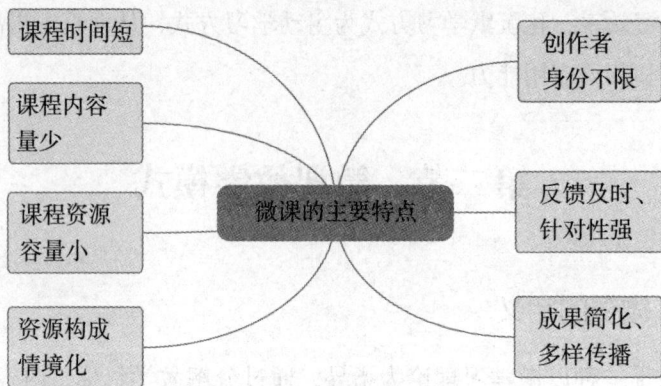

图 5-3　微课的主要特点

（一）课程时间短

教学视频是微课的核心组成部分。根据高职学生的认知特征和学习心理，微课的时长一般设置在 5 ～ 15 分钟。对比传统课堂的 45 分钟或 50 分钟的教学课程来说，这样的时间是比较短暂的。

（二）课程内容量少

相较于信息量大且内容宽泛的传统课堂，微课研究的问题聚集，主题突出，课堂教学主要是针对某个学科知识点（如学科重点、难点和疑点内容）或是某一主题的教学活动，因此相对于一节传统课程要完成的复杂的教学内容，微课的内容更加精简。

（三）课程资源容量小

从微课视频及配套辅助资源的容量上来说，一般所有资源的容量加起来也不过几十兆，且视频格式必须是支持网络在线播放的主流媒体格式，只有这样，教师和学生才能流畅地在线观摩课例，查看教案、课件等辅助资源，以及比较方便地下载、保存或转发视频。

（四）资源构成情境化

微课以教学视频片段为主线整合而成的多媒体素材和课件；学生的参与评价；教师的教学反思以及学科专家的专业点评等教学资源构成了一个主题鲜明、类型多样、结构合理的微课主题单元资源文件夹，文件夹中的内容为师生营造了一个真实的微教学资源环境，这种资源环境使微课具有视频教学案例的特征。广大师生受益于这种真实的、典型的、案例化的教与学的情境，进而可以实现隐性知识、默会知识等高层次思维能力的提升，并可以沉浸式体验不同教学技能和风格的特点，从而迅速提升教师的教学水平，提高学生的专业知识水平。❶

（五）创作者身份不限

由于微课的内容量小、制作简单，所以人人都可以创作微课。对于学校教育范围内的微课制作来说，正是因为课程的使用对象是教师和学生，课程创作的目的是将教学目标、教学重点、教学方式等紧密地联系起来以及传播教学知识和技能，而不是验证什么理论、方法，所以微课的内

---

❶ 黄强．微课制作与创新教育 [M]．哈尔滨：哈尔滨出版社，2020：6.

容一定是创作者感兴趣的且能提供解决方法的问题。

（六）反馈及时，针对性强

由于微课能使教师在较短时间内集中开展没有学生的上课活动，并且微课视频具有即时发表评论的功能，所以教师能及时看到观看视频者对自己教学行为的评价，获得反馈信息。

微课的首要服务对象是学生，其次是教师，再次是学生家长及其他市民。对于学校教师来讲，要依据以学生为主的教育教学思想，从学生认知的角度出发制作微课，而不是从教师的角度去思考和制作微课。

（七）成果简化，多样传播

由于微课的研究内容具体、主题突出，所以研究内容容易表达，成果容易转化；由于课程的总容量较小、用时简短，所以易于通过手机、网络等渠道传播。

三、微课的类型

根据微课的功能和开展方式，本书将微课分为以下六种类型（见图 5-4）。

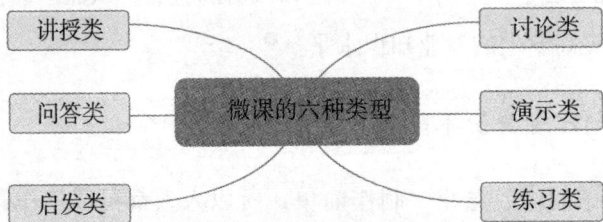

图 5-4　微课的六种类型

（一）讲授类

在微课教学平台和微课教学比赛中，讲授类的微课是比较常见的类型。讲授类的微课是指教师使用生活化、口语化的方法向学生传授知识与技能。就职业英语这一学科专业来说，教师既可以给学生讲授英语单词、短语的含义和用法，又可以给学生介绍文章作者或重要的写作背景知识、文化知识和专业知识。

（二）问答类

问答类的微课是指教师根据教学设计向学生提出问题，或者教师自问自答。当教师提问完之后，学生针对教师提出的问题进行短暂的思考，在这期间学生需要暂停观看教学视频，在得出答案后可以继续观看视频。问答类的微课可以用于课前导入和课后练习，教师可以通过问答方式引导学生开展自主学习以及巩固学生对知识的掌握。

（三）启发类

启发类的微课要求教师根据学生的学习风格和学习水平，结合当前的教学目标、教学任务、教学内容等创设适合学生学习的环境，调动学生学习的积极性与主动性，进而让学生开动大脑、发散思维，独自完成学习活动。

（四）讨论类

讨论类的微课是在线教学活动中一种十分重要的课程类型。讨论类的微课主要是指教师提出某一观点或主题，然后让学生发表自己的看法，有助于发展学生的思维能力和讨论能力，拓展学生的学习思路。

（五）演示类

演示类的微课是指教师在课堂教学时，将实物或直观教具展示给学生看，或者做示范性的实验，或通过现代教学手段让学生通过观察逐渐获得感性认知。

（六）练习类

练习类的微课主要是为了检测和巩固课堂教学的成果或者学生自主学习的情况，因为学生只有经常复习、反复练习才能完全掌握某项知识或技能。

四、开展微课的意义

在互联网技术高速发展的当今时代，微课作为提升高等教育信息化水平的重要形式，在众多国家和地区得到了推广和普及，微课的制作与实施还为现代化高等教学模式的深化改革提供了可以参考的方法。各大高职作为培养现代化、国际化人才的基地，更应紧跟时代发展的潮流，引领教育的创新与改革。因此，在高职开展英语微课教学具有重要的现实意义。

（一）顺应时代发展的需求

现代信息技术的发展和应用已经在不知不觉中改变了人们的学习观念、学习模式、阅读方式；互联网技术和移动终端技术的推广和普及，使人们能高效、便捷地获取各种类型的知识，也使知识内容呈现出网络知识特有的泛化和碎片化特点。

当今时代是一个信息化时代，更是一个网络时代，由于网络的出现，微博、微信、抖音、快手等相继出现，对人们的生活方式和沟通方式产生了重大影响，并促使通过移动终端开展教学工作成为现代化教学模式发展的必然趋势。在现阶段的学习和生活中，手机、移动网络总能轻易地吸引大多数学生的兴趣和注意力，学生对网络上的热门话题、人物、事件的关注度也明显高于课本知识，这也是信息化时代学生的总体特征。

事实证明，信息时代的学生更容易接受操作便捷、形式多样的数字化教学模式，也十分愿意在新型教育模式下接受集知识性与趣味性于一体的学科教育。因此，高职教育教学工作者如果仍然坚持传统的教学模式而不愿做出改变，势必会引发教与学之间难以调和的矛盾。总而言之，微课是网络时代的产物，具有内容短小精悍、学习时机灵活的优势，在学习、阅读、讲解方式上符合新时代学生的学习要求。

（二）推动教学改革的发展

信息化教学模式能够推动教学体制的深层次变革，对于职业英语教学工作的开展也是如此。传统的以教师讲授为主的教学模式存在课程内容和讲授方式枯燥无味、师生交流互动少、教师不能及时获取学生的学习状态等问题，以及因此导致的学生对课程内容不感兴趣、学习效率低等不良后果。这些问题充分说明了传统的一言堂教学模式已经无法满足学生个性化、多样化、碎片化等学习需求；相反，一些通过公众号、微视频等新媒介形式讲授英语语言文化知识和技能的教学与传播手段在学生群体中受到了认可和欢迎。

微课的应用不仅能推动职业英语教学模式的变革，还能推动教学资源和课程内容的转变。因为在信息时代，职业英语教学不仅需要对教师的教学模式和授课方式进行创新，还要对课程内容、课程结构以及评教形式等进行变革。微课的开展就是基于互联网技术高效便捷的优势，通过搜集和整合优秀教学资源，对专业学科知识进行细化的综合，以达到丰富课程内容、改进学习方法的目的。综上所述，在信息时代职业英语教学工作的建设过程中引进和开发微课教学模式，能够实现教学模式多样化的需求，整合教学资源，促进课程内容的变革。

五、微课的设计与实施

（一）微课的设计

1. 设计原则

（1）开发高质量的学习资源。职业英语教学微课的设计应遵循开发高质量学习资源的原则。因为微课的设计首先是为了提高学生的学习兴趣，增强学生学习的自信心，培养学生的自主学习能力，因此微课的资源设计应该注意开发高质量的、能促进学生成长的学习资源。高质量学习资源开发的理论依据源自自我效能感理论。自我效能感是个体对自己是否有能力完成某一行为所进行的推测和判断，自我效能感强的学生会对学习产生强烈的欲望，因为他们坚信自己能学会想要掌握的知识，微课的内容设计就是要增强学生的自我效能感，使学生对自己的学习能力有信心。因此，职业英语教学微课的资源设计应该更注重质量，而不是容量；所选学习资源既不要过于简单，也不要难度太大。如果资源内容过于简单，学生就会觉得没有挑战性，因而也不会有学习的兴趣；如果资源内容过于困难，学生理解起来会很吃力，就容易产生挫败感，因而也不利于培养其自信心。具体分析，职业英语教学工作者应针对学生的学习需求和认知水平开发和设计科学、适量的资源，聚焦热点话题，突出课程主题，强调语言应用能力的培养。

（2）控制时间、分解内容。职业英语教学微课的设计应遵循控制好教学时间、适当分解教学内容的原则。也就是说，职业英语教学工作者在保证教学效果的前提下应尽量缩短微课教学的时间，最好控制在 15 分钟以内。在设计教学内容时应尽可能地分解大块的知识点，将完整的知识体系划分为一个个小的知识点。因为学生对学习失去兴趣往往是其认为学习过程中的整体学习任务过于复杂庞大，望而生畏，失去了信心。将较大较难的学习目标分解成逐个的、具体的、易于完成的简单目标，有利于引导学生在一次次的成功后增强学习的自信心和积极性，从而保持持久的学习热情。

（3）体现多元格式特征。也就是说，职业英语微课的设计要支持不同的学习形式，不仅可以以课件的形式应用于课堂教学，还可以通过网络学习平台满足学习者进行移动学习的需求；不仅适合学习者在个人计算机上进行学习，还能使学习者使用手机、平板电脑等移动设备随时随地开展学习。

2. 设计注意事项

职业英语教学微课的设计不仅要遵循以上原则，还要注意以下三个方面的内容。

（1）职业英语教学微课的设计要支持学习内容的传递。微课主要用于帮助学生自学，因此英语微课内容的设计要特别注意内容阐述的逻辑性、科学性和完整性，还要注意符合学习者的认知水平和语言认知规律，注意其实际操作功能的设置，以保证学习者在没有教师指导的情况下也能自主学习。

（2）微课的设计要有完整的教学环节和学习流程。当微课设计的教学内容从单一的专业知识设计扩展到与专业知识相关的其他领域的内容时，不仅要设计好全套的教学环节，还要结合学生的学习过程，按照其学习习惯和学习逻辑，合理安排活动步骤，实现教师教学与学生自学的有效衔接。以肢体语言微课的设计为例，教师不仅要讲授有关肢体语言的基本理论知识，还要设计由易到难、由浅入深、环环相扣的问题引发学生的思考，如"什么是肢体语言？肢体语言共有哪些类型？不同民族相同肢体语言表达的意思一样吗？不同的肢体语言能表达相同的含义吗？"通过这样的方式，引导学生逐步掌握肢体语言的相关概念、文化特征，使学生结合微课中列举的实例主动研究肢体语言在跨文化交际活动中的应用。

（3）微课的设计要考虑如何实现学习者与微课的双向互动。微课要向学习者提供便于参与课程讨论、开展自主学习等方面的项目选择。英语教学微课的设计也不例外，课程开发者要设计与课程内容相对应的练习活动。例如，授课内容为信函写作的微课可以设计以下活动：让学生开展在线讨论，针对授课内容提出问题并给予及时回复；鼓励学生展示自己的写作成果并向大家介绍思路；还可以适当添加练习测试让学生练习写作技巧；甚至可以抛出一个话题组织学生进行辩论。

（二）微课的具体实施

1. 辅助课堂教学

英语教师在进行课程设计的过程中，可以将传统课堂教学中无法直接呈现的内容进行系统性的整合，制作成一个个便于学生观看、理解的微课视频并加以讲解，以保证学生的听、说、读、写、译方面的综合语言应用能力得到提升。微课视频资料容量小，便于复制、传播，促进了优质教育资源的均衡分布。在开展英语教学的过程中，英语教师要根据自己对相关知识内容的理解对视频内容进行编辑、调整，以不断更新和完善微课的内容，保证教学内容与时俱进，具有实用性和创新性。毋庸置疑的是，在这个过程中，英语教师的学科专业能力和教学能力都得到了提高。

2. 辅助预习与复习

为了体现课程教学内容的启发性和总结性特征，微课教学也可以应用于英语教学的预习和复习阶段。由于职业英语学习的课时安排相对有限，学生的学习任务重、时间紧，因此教师需要根据学生没有课前预习和课后复习习惯的情况开发有针对性的辅助型微课。在课堂教学活动开始之前，教师通过微课方式把与教学内容相关的预习资料发送到学生手中，保证学生对要学习的知识有全面的认识。课堂教学活动结束之后，教师针对课堂上学生难以理解或感兴趣的问题以微课的形式进行整理、保存和发送，保持学生学习的热情，提高学生的预习和复习效率。

第三节　混合式教学模式

一、混合学习的概念

混合学习模式是当代教育学界所关注的一种热门学习模式，但不同的人对"混合"一词的理解不同。

我国学者何克抗认为，混合学习就是把传统学习方式和数字化学习的优势结合起来。也就是说，既要发挥教师引导、启发、监控教学过程的主导作用，又要充分体现学生作为学习过程主体的主动性、积极性与创造性。❶ 李克东、赵建华认为，混合学习是人们对网络学习进行反思后，出现在教育领域，尤其是教育技术领域中较为流行的一个术语，其主要思想是把面对面教学和在线学习两种学习模式有机整合，以达到降低成本、提高效益的一种教学方式。❷

国外学者也对此进行了大量研究。如德里斯科尔（Driscoll）认为混合学习指的是四个不同的概念：结合或混合多种网络化技术（如实时虚拟教室、自定步调学习、协作学习、流式视频、音频和文本）实现教育目标；结合多种教学方法（如建构主义、行为主义、认知主义），利用或不利用教学技术产生最佳的学习成果：将任意一种教学技术（如录像带、网络化培训、电影）与面对面的教师指导的培训相结合；将教学技术与实际

---

❶ 何克抗. 从 Blending Learning 看教育技术理论的新发展 [J]. 国家教育行政学院学报，2005（9）：37-48，79.

❷ 李克东，赵建华. 混合学习的原理与应用模式 [J]. 电化教育研究，2004（7）：1-6.

工作任务相混合或结合，以使学习和工作协调一致。❶

结合当今时代互联网教育迅速发展的教育教学背景，本书将混合学习定义为，在学校教育、教育机构培训或社会教育培训项目中，依据教育培训的目标、学习者的学习需求、教学资源的类型和教学活动的设计，结合传统学习方式、数字化学习方式和在线学习方式形成的综合学习方式。

就目前的实际应用情况来看，混合学习模式大多是将面授学习和在线学习两种模式结合在一起帮助学习者学习的模式，目的是使学习者的学习变得更轻松、更有效，以及使学习者获得更好的学习效果。在单一的在线学习模式中加入面授学习的环节，弥补了在线学习不利于监督管理等方面的缺陷，因此融合了在线学习和面授学习两种模式的混合学习模式一经出现就立刻引起了学习理论、教育理论、教学实践领域学者的广泛关注。

二、混合学习的优势

混合学习的具体形式不是固定的，教学活动的实施者需要根据学习对象的学习特点、学习需求和外在的教学条件混合学习模式，这不仅有利于发挥各种学习模式的综合优势，也为参照多种模式进行教学设计、开展教学活动的教师提供了创新的机会。具体分析，混合学习的优势体现在以下五个方面（见图 5-5）。

---

❶ DRISCOLL M. Blended Learning : Let's Get Beyond the Hype[J]. *E-learning*, 2002, 1（4）: 1-4.

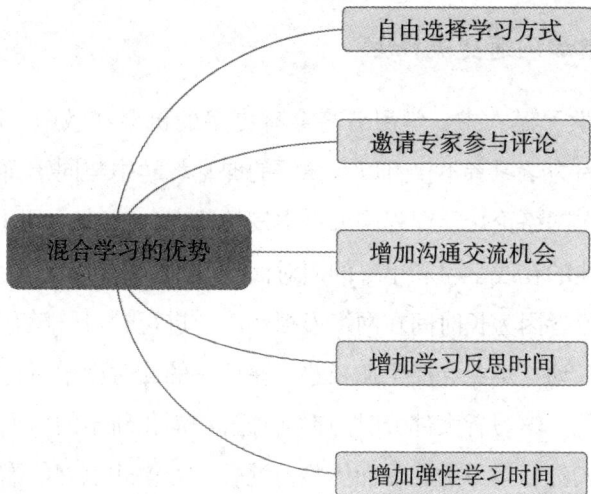

图 5-5 混合学习的优势

（一）自由选择学习方式

混合学习模式下，学习者可以自由选择、组合学习方式进行学习。例如，学习者可以选择先接受面授知识教学，然后利用在线学习系统进行练习、复习和测试；也可以选择先观看教学视频自学，然后将所学知识放在课堂学习中与他人进行讨论或请教专业课教师。混合学习的最大优势就是学习者可以根据学习需要和学习规划选择适合自己的学习方式，甚至可以在没有教师的情况下反复观摩在线教学视频，根据需要暂停、重播、放大视频。

（二）邀请专家参与评论

混合学习课程的另一重要优势就是可以借助互联网技术获取优质的外部教学资源，甚至邀请相关领域的专家参与专业知识的讲解答疑。这些专业领域的专家在自身研究领域的知识水平要高于任课教师，因而能给学生带来更多专业方面的启发。

173

（三）增加沟通交流机会

在混合学习模式中，学习者将会有更多的机会和教师、同学进行沟通、交流。因为学习者不仅可以在线下的课堂教学中与同学面对面进行交流，还可以在网络论坛、课程聊天室中发帖留言，就某一话题开展在线讨论，这比单纯的在线学习和单一的面对面教学都更有优势。在单纯的在线学习中，学习者因为长时间在网络虚拟环境中进行学习，没有真实的人物陪伴和情感互动，难免会产生孤独感；在单一的面对面学习过程中，由于课堂时间有限，学习者大部分时间都在理解和消化新学的知识，没有太多的时间与他人沟通学习的感受和体验；混合学习模式恰好能弥补以上两种学习模式的不足之处。

混合学习模式的发展在一定程度上使教育资源的分配更加公平，使高等教育向着全球化、国际化的方向发展，学习者通过互联网可以找到各种类型的学习资源，与来自其他国家、地区的学习者展开交流，互相分享学习经验，开展交流互动。

（四）增加学习反思机会

在混合学习模式下，学习者能够参加更多的学习活动，接触更多学习、讨论的机会，从而逐渐形成反思所学内容的意识。混合学习模式将所有的学习机会都交给了学习者，除了可以在课堂上进行学习和讨论外，学习者还可以在线上利用互联网查询资料，反思自己的学习方式和学习手段；还可以与其他学习者共同反思、协作学习。

（五）增加弹性学习时间

混合学习模式还特别适合没有时间在校接受全日制教育的学习者，这部分学习者可以安排、利用自己的空闲时间进行学习，学习者只要利用网络和手机、平板电脑等移动终端设备就可以在家学习，这无疑增加了他们的弹性学习时间和学习的机会。

三、混合学习教学模式的构建

互联网技术和多媒体技术在职业英语教学中的广泛应用促进了以教师为主导、以学生为主体的混合学习教学模式的构建。混合学习教学模式下的职业英语教学对教师的教学能力、教学技术等方面也提出了新的要求。英语教师不仅要灵活运用以引导教学为主的教学策略，还要搜集、整理各种可以用于混合学习模式的教学资源，设计混合式教学方法。本书从职业英语教学的实际情况出发，综合考虑英语教学中语言知识、语言技能、情感态度、文化意识、专业知识、学习策略六个方面的内容要求，构建了适用于职业英语教学的混合式教学模式，该模式依托网络交互式教学平台开展，由课前、课中、课后三个教学阶段构成。

课前阶段，也称学习者的预习阶段，由观看微课视频和参与线上交流讨论两部分组成；课中阶段，也称学习者的正式学习阶段，由上机自主学习和课堂面授教学两部分组成，其中自主学习模块又包括语音识别、人机互动、仿真场景、学习评价、交流平台五个部分，面授教学模块则由小组活动、成果汇报、课程总结、评价反馈四个部分组成；课后阶段是学生巩固和复习所学内容的阶段，包括完成作业、素质拓展、交流讨论三个部分。

综上所述，在基于网络交互式教学平台构建的混合学习教学模式中，教师的角色发生了转变，不再是传统意义上的讲述者、灌输者，而是学生学习过程中的帮助者和支持者。教师在课前的准备工作以及课后的评价工作中需要付出的努力更多，学生的主体地位得到了保障，这与传统教学模式注重教师讲解、忽视学生学习状态的做法相差很大。

四、混合学习课程的设计与实施

(一)课前设计与实施

混合学习课程的课前设计与实施首先需要英语教师利用微课设计软件设计在线课程;其次需要英语教师根据英语教学大纲和教学目标的要求归纳教学知识点并创建相应的教学知识页面;再次需要英语教师将各种自主创设的教学内容上传至教学资源库中;最后需要英语教师在各章节的页面中编辑好需要学生自主预习的内容。

此外,英语教师还需要制订课程的学习计划,包括学生自主学习和参与面授教学活动的计划,在课程论坛或者聊天群中发布学生开展课前讨论的问题,通过设计在线考试检查学生的预习情况及其对知识的掌握情况,然后据此为全班学生创建分组并设置小组任务。在完成以上工作之后,教师就可以利用网络交互式教学平台的消息功能向学生发布课程预习通知,引导他们在课前浏览自主学习的内容,查阅相关资料,为下一堂课的学习做好准备。正所谓"预则立,不预则废",学生课前是否做好预习,对最终的学习效果有直接的影响。在传统课堂教学模式下,教师虽然可以要求学生进行预习,但无法干预学生的预习行为,也无法保证其预习效果。在混合学习课程中,教师不仅可以通过平台的学习记录对学生进行检查和跟踪,还可以通过多种网络手段对学生加以提醒和监督。

(二)课中设计与实施

在课程实施的过程中,教师可以根据平台记录的信息了解学生的学习情况,并按照自己的教学习惯和教学方法组织和开展课堂教学。例如,在组织小组活动时,教师可以利用网络交互式教学平台对学生进行创建分组,便于学生开展合作学习、成果汇报等课堂活动,培养学生的合作精神和团队协作的能力,同时也有利于提高教师的教学管理效率,因为教师可以指派不同的组长负责本小组的各项活动。又如，在人机互动和仿真场景的自主学习过程中，教师可以设计一些贴近学生生活的场景或学生感兴趣的话题，帮助学生练习英语口语，提高学生的英语应用能力和跨文化交际能力。

（三）课后设计与实施

　　课后的课程学习分为机房自主课后学习以及课堂面授课后练习两部分，因此英语教师要针对这两部分内容展开设计。这两部分的设计主要依赖于现有的互联网技术和学校构建的在线学习系统。

　　例如，有些高职的在线学习系统设有自带的题库资源，教师可利用这部分资源为学生布置课后作业，学生可以选择在学校机房或自己的笔记本电脑或手机上完成教师布置的作业，同时根据个人情况，有针对性地挑选自己感兴趣或没有掌握好的模块进行练习。很多高职由于条件有限，还无法在整个校园内覆盖无线网络，因此高职在线学习系统为学生提供了离线学习的方式，只要学生将需要学习的内容下载到手机或其他移动终端设备上，无论有没有网络都可以进行学习，等上网后刷新一下，学习时长就会自动记录在学生的学习档案中。

　　又如，教师可以利用网络交互式教学平台布置学习任务或相关作业，作业形式除了系统自带的题库之外，还可以包括教师自主设计的写作和口语作业等，学生完成作业后从系统上交由教师批改。以学生上机进行分角色口语练习的作业形式为例进行讲解，这种作业形式要求学生在固定时间段提交以两人为单位进行视频及音频对话的作业。教师在开展日常教学活动的过程中可以通过该系统随时查看学生完成作业的进度，还可以看到学生学习的时长、班级平均学习的时长、完成相关学习任务的人数、未完成学习任务的人数以及表现好的学生的详细情况等。

　　因为不同学生学习英语的基础水平不同，因此英语教师可以专门为此类学生设置相关学习要求，要求其达到单独设置的分数线。此外，教师还可以利用微信、QQ、百度贴吧、微博等普及性较强的手机软件及时获取学生的反馈信息并与学生开展实时交流。课程内容设计取材于真实的情景式对话，教师要引导学生观察生活中遇到同样的话题，用中文和英文表达存在的差异，启发学生进行思考，鼓励学生与其他同学通过社交平台等渠道进行分享，从而进一步了解英语语言文化与汉语语言文化的异同。

此外，不只是学校的多媒体硬件设施和在线学习系统可以帮助学生在课后进行学习，社会上还有很多有趣的英语学习 App，如英语趣配音是一款通过配音模仿锻炼学习者英语口语的 App。这一软件收集了很多英语原味的视频资源，用户可以看到很多地道的英语表达和精彩的故事情节，但该软件不只是将这些视频资料整合在一起，而是利用视频剪辑软件将原视频内容切割成了单独的英语句子，用户可以根据个人学习需求和强项逐字逐句地进行模仿练习。该软件还将用户配音和原有视频片段进行技术合成，进而形成一个完整的配音片段，学习者可以将自己配音的影视剧片段发布到自己的微博、朋友圈中，如果配音配得好，还会收获大批的粉丝。

第六章　信息化时代职业英语教学的学习模式改革

第一节　自主学习模式

一、自主学习模式的定义

对于自主学习的定义，不同的学者提出了不同的看法，在此简要列举一些具有代表性的定义。

以维果茨基（Vygotsky）为代表的维列鲁学派认为，自主学习本质上是一种言语的自我指导过程，是个体利用内部言语主动调节自己学习的过程。❶

以弗拉维尔（Flavell）为代表的认知建构主义学派则认为，自主学习实际上是元认知监控的学习，是学习者根据自己的学习能力、学习任务，积极主动地调整学习策略和努力程度的过程。❷

20 世纪 90 年代以后，查莫特（Chamot）认为，自主学习强调元认

---

❶ 维果茨基 . 维果茨基全集：第 6 卷 [M]. 龚浩然，许高渝，潘绍典，等译 . 合肥：安徽教育出版社，2016：151.

❷ FLAVELL J H. *Cognitive Development* [M].2nd ed. Englewood Cliffs，New Jersey：Prentice-Hall Inc，1985：16.

知、动机和行为等方面的自我调节策略的运用；强调自主学习是一种自我定向的反馈循环过程，认为自主学习者能够监控自己的学习方法或策略的效果，并根据这些反馈反复调整自己的学习活动；强调自主学习者知道何时、如何使用某种特定的学习策略，或者做出合适的反应。❶

中国学者董奇、周勇认为，自主学习是指学生为保证学习的成功、提高学习的效率、达到学习的目标，而在进行学习活动的全过程中，将自己正在进行的学习活动作为意识的对象，不断地进行积极、自觉的计划、检查、评价、反馈、控制和调节。❷

余文森、王永和张文质认为，自主学习就是学生自己主宰自己的学习，其实质是独立学习。自主与他主相对立，它们的根本分水岭是学生的主体性在教学中的确立与否；自主学习具有能动性、超前性、独立性、异步性等特征。❸

综合考虑以上学者对自主学习的定义，本书认为自主学习应包含以下含义：进行自主学习的学生首先具有内在的学习动机，并且能够明白自己的学习目标；能理解教学的目的和方法；能选择适合自己的学习策略并监督自己的学习过程；能管理自己的学习时间和学习进程；能营造出适合自主学习的氛围和环境；能预知学习结果并评价自己的学习过程、学习成果。自主学习的宗旨是培养学生树立自主学习的意识，引导学生掌握学习的方法，让学生从在教师的指导下开展学习转向不需要教师的指导也能自主学习。

---

❶ O'MALLEY J M，CHAMOT A U. *Learning Strategies in Second Language Acquisition*[M]. Cambridge：Cambridge University Press，1990：25.

❷ 董奇，周勇 . 关于学生学习自我监控的实验研究 [J]. 北京师范大学学报：社会科学版，1995（1）：84-90.

❸ 余文森，王永，张文质 . 让学生发挥自学潜能 让课堂焕发生命活力：福建省中小学"指导—自主学习"教改实验研究总结 [J]. 教育研究，1999（3）：58-63.

二、自主学习模式的心理机制

根据系统论的观点，人们可以从两个角度来认识和理解自主学习的概念，既可以把自主学习理解成一种活动，也可以将其当作一种个人能力。从自主学习作为一种活动来讲，它是动态的、不断变化的，由其先后执行的程序和子过程或者活动机制构成；从自主学习作为个体的一种能力来讲，其本身是一个比较稳定的系统，该系统有相对稳定的内部结构和构成成分，且作为一种能力来说，它的培养和形成需要经历较长的时间。理解自主学习的内在活动机制，可以为教师设计、指导具体的自主学习活动提供依据。本书选择了以下三种具有代表性的自主学习模型来阐述自主学习的内部构成和活动机制。

（一）班杜拉的自我调节理论

美国的班杜拉（Bandura）是对个体的自我调节行为展开系统研究的第一位心理学家。20 世纪 90 年代中后期，班杜拉提出了个体自我调节行为的三个过程，即自我观察、自我判断和自我反应。❶班杜拉的理论研究得到了许多人的关注和认可，目前有很多从事自我学习研究的学者在班杜拉自我调节理论的基础上展开了对自主学习机制的深入探讨。

（二）麦考姆斯自主学习模型理论

美国传播学者麦考姆斯（McCombs）曾在 20 世纪 80 年代末期提出过一个自主学习模型，该模型阐释了自我系统与自主学习的关系。麦考姆斯认为，自主学习能力是自我系统发展的结果。自我系统的构成成分和过程成分在自主学习过程中发挥了巨大作用。自我系统不仅能激发学习者的

---

❶ 班杜拉.思想和行动的社会基础：社会认知论 [M].林颖，王小明，胡谊，等译.上海：华东师范大学出版社，2001：475.

学习动机，而且能影响自主学习中信息的加工和组织。● 因此，想要提升学生的自主学习能力，一方面要引导学生认识到自身所具有的能力，另一方面要训练具体的自我学习过程。

（三）查莫特的自主学习过程理论

查莫特是自主学习社会认知学派的代表人物之一，他通过学习和研究吸收了杜班纳的自我调节理论并以此为基础提出了自己的自主学习模型，并在后期补充了该模型的一些设计。他认为，自主学习与其他学习的共同之处是它们的产生与发展都要受到自我、行为和环境三方面因素的相互作用；不同之处在于自主学习除了要基于外部的反馈对学习的外在表现和学习环境做出监控和调节外，还要充分发挥个体的主体性控制和调节自主学习的过程。●

齐默尔曼（Zimmerman）将自主学习的过程分为三个阶段：计划阶段、行为表现阶段和反思阶段。● 其中每个阶段又有自己独特的内部结构和过程。但自主学习最重要的是学习者要有主动学习的心态。通常情况下，个体要实现自主学习需要具备两个基本条件：一是树立自主学习、想要自我进步的意识，即学习者"想学"；二是学习者知道并理解学习的方法和策略，也就是"会学"。

● MCCOMBS B L. Strategies for Assessing and Enhancing Motivation : Keys to Promoting Self-Regulated Learning and Performance[M]//O'NEIL H F, DRILLINGS M. *Motivation : Theory and Research Routledge*. New Jersey, USA : Lawrence Erlbaum Associates, 1994 : 49-69.

● O'MALLEY J M, CHAMOT A U. *Learning Strategies in Second Language Acquisition*[M]. Cambridge : Cambridge University Press, 1990 : 25.

● ZIMMERMAN B J. Attaining Self-Regulation : a Social Cognitive Perspective[M]// MONIQUE B, ZEIDNER M, PINTRICH P R. *Handbook of Self-Regulation*. San Diego, Calif : Academic Press, 2000 : 13-39.

三、自主学习模式的特点

自主学习与被动学习相比具有以下三个突出的特点（见图 6-1）。

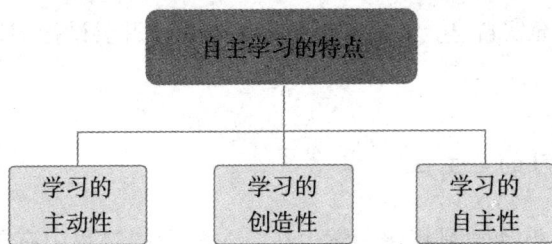

图 6-1 自主学习的特点

（一）学习的主动性

个体的主动性表现为个体在不受外界因素影响的情况下自愿参加或从事某项工作或学习。个体的主动性还是人的主体性的显著标志，具体分析，主动性又可分为个体行为的目的性、选择性和自我调节性等特点。

对于学生而言，个体的主动性体现在自主学习方面。自主学习是激发和维持学生学习主动性的重要方法和途径，自主学习强调通过培养学生强烈的学习动机和浓厚兴趣来促进学生主动地参与学习、开展学习活动。除此之外，其还强调学生能够有清晰的自我认知，能够根据自身的实际情况选择合适的学习内容，采取合理的学习方法，并在学习遇到困难时进行适时的自我调节。这种主动性是开展教学活动、引导学生掌握学习方法的理想目标，也是学生实现自主学习的必要保障。

（二）学习的创造性

创造性是学生主体性的另一种体现，也是自主学习的本质特征。之所以说创造性是自主学习的本质特征，是因为自主学习是学生在已有知识经验的基础上进行的理解和学习，是赋予所学知识以个人定义和意义的过程，是一种创造性的学习。自主学习强调，学习的过程是对新信息进行意义建构的过程，也是对原有经验进行改造的过程，因为新知识的输入可能会改变原有的知识结构或认知定义，学习者只有不断刷新自己的认知系统，才能不断充实自己，才能掌握更多的知识，并尝试把知识变为可以利用的资源。

（三）学习的自主性

与传统的被动学习相比，学生在自主学习的过程中有更多进行独立学习、探究的机会；有更多的时间和空间独立思考问题、提出问题、探究问题和解决问题；学生还能根据自己的学习习惯、学习需求和学习环境选择适合自己的学习内容和更有效的学习方法，把控自己的学习过程，更具创造性地解决学习中的问题。

四、自主学习模式的意义

如图 6-2 所示，在信息化时代利用互联网技术和多媒体技术进行自主学习的意义可分为以下三个方面。

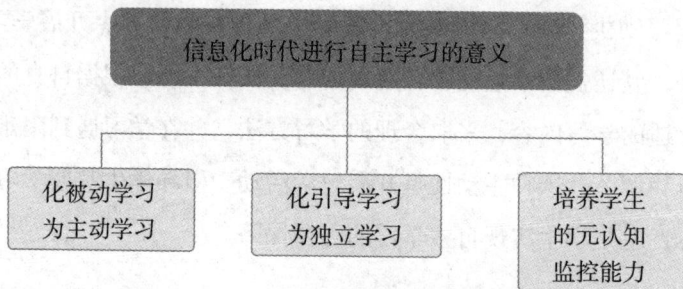

图 6-2　信息化时代进行自主学习的意义

（一）化被动学习为主动学习

与传统的被动学习模式"要我学"相比，主动学习模式在学习活动中更多体现出"我要学"的意识。"要我学"没有从学生的个体需求出发，而是源自外界的要求和压力；"我要求"则带有学习者强烈的个人意识和学习需求。

学生对学习的内在需求一方面表现为学习的兴趣，另一方面表现为学习的责任。

首先，学生对学习产生了兴趣，参与学习活动对他们来说不是一种压力和负担，而是一种愉快的、有趣的体验。信息化时代的信息技术和多媒体技术为学习者创设了一种类似游戏挑战的学习环境，提供了类型多样、内容丰富的学习资料，这些学习材料和学习环境通常具有很强的交互功能、超链接功能以及其他虚拟功能，能在很大程度上刺激学生的感官和思维，让学生处于快速思考的状态，因而对学生很有吸引力，有利于培养学生的学习兴趣。

其次，学生需要意识到谁是学习的主人，谁是学习的受益者，谁应该对学习行为负责。如果学生意识不到自身具有的学习责任，不能把学习的知识技能与自己的成长、生活和未来发展有机结合起来，这种学习就不是真正的自主学习。只有当学生自觉承担起学习的责任时，学生的学习才属于真正的自主学习。在互联网技术高度发达的今天，学生可以通过网络查询话题、搜集资料、开展研究，并将自己的观点和成果在网络上进行发表和传播，还可以与其他学生交流得出结论，获得教师的点评。因此，在信息化时代进行自主学习有利于培养学生的学习兴趣。

（二）化引导学习为独立学习

引导学习就是在外界（多是教师）的引导下开展学习的学习方式，而独立学习则突出了个体的独立性学习特点。如果主动性表现为"我要学"，那么独立性则表现为"我能学"。每一个学习者都有独立学习的能力，也有独立学习的要求，还有证明自己不依靠任何人的帮助就能独立完成学习、掌握知识技能的欲望。

基于互联网技术的计算机网络由于能呈现出生动形象、直观现实的知识，因而能帮助学生理解知识的构成、体系以及其中的重难点内容，从而帮助学生快速掌握知识，完成独立学习。网络提供的超链接功能能使各个知识点之间建立起逻辑严密的系统，因而学生可以根据学习需要和学习兴趣选择相关的知识进行了解和学习。此外，网络具有的多样化交互性可以帮助学生提出疑问、寻找答案、寻求帮助、解决学习中的困难和问题，从而使学生在合作环境中掌握知识。在网络在线学习中，学生与教师的地位是平等的，教师需要尊重学生的学习独立性，鼓励学生发现问题、研究问题、给出答案，从而培养他们独立学习的意识，锻炼他们独立学习的能力。

（三）培养学生的元认知监控能力

自主学习要求学生对学习的目的、基础、内容和方法等有自觉的意识和规划。在开展学习之前，学生应能够独立确定学习目标，选择学习内容，设计学习方法，做好开展学习活动的各种准备；在进行学习的过程中，学生应能够对自己的学习过程、状态、行为进行自我观察、监督和调整；在完成学习行为之后，学生应能够对自己的掌握程度进行自我测验、自我评价。培养学生对学习的自我意识和自我监控并养成良好的学习习惯，是促进学生开展自我学习的重要因素。

信息技术能促进自主学习活动的开展，在自主学习的前期，学生利用信息技术提供的丰富的学习资源发现问题，提出问题；在自主学习过程中，学生可以随时随地通过网络自主搜集和整理信息，或在教师的指导下查找所需的信息，分析信息，利用信息来寻求解决问题的方法；在完成学习后，学生可以通过网络，对自己的学习活动和学习结果进行评价，以更好地促进下一次的学习。在整个学习活动中，学生始终处于主动学习的状态，并对自己提出的问题和解决问题的方法负责。学生通过网络发表自己的研究成果，完成与同学和教师的交流与合作，并在分析其他同学的学习的基础上对自己的学习行为和学习策略做出反思和概括，进行综合性的评价，这对学生以后的学习大有裨益。因此，教师要积极鼓励和培养学生的信息素养，鼓励学生学习的主动性、独立性，促进信息技术与自主学习方式的融合，以培养学生的学习兴趣及学习责任，使学生养成良好的学习习惯，学习更主动、独立、愉快和有效。

五、信息技术与自主学习模式的融合应用

依托现代信息技术开展的职业英语自主学习模式在实践应用的过程中需要学习者发挥自身的主观能动性，并以良好的心态面对自主学习过程中遇到的问题。但自主学习活动的开展并不是学习者一个人的工作，教师也要充分发挥引导作用。具体分析，教师在信息技术与自主学习融合应用的过程中要注意发挥以下几个方面的作用。

（一）合理监控自主学习行为

由于我国的学生从小是在传统课堂教学模式下开展学习的，而传统课堂模式的最大特点是教师已经给学生制订好了学习的计划和目标，并会监督学生的学习进度、检测学生的学习成果，因此学生只需要完成教师安排的学习任务，不需要过多地思考如何开展自主学习。进入高职之后，学生在课堂上学习的时间变少了，自主安排学习的时间增多了，很多复习和练习活动需要在课下独立完成。很多学生由于自主学习能力不足，所以学习效率不高。现代信息技术背景下的学习环境更加开放，也更加自由，因此高职学生的英语自主学习更需要教师的合理监控。具体分析，教师可以从以下几个角度出发，对学生的自主学习行为进行合理监控。

第一，引导学生树立自主学习的意识，培养学生对自身学习和成长的责任感，让他们明白学习是需要自己主动承担的任务，是对自己今后发展十分有利的事情，要好好把握。

第二，引导学生填写自主学习报告单，提升学生对自身情况以及自主学习活动的认知。

第三，引导学生根据自己的学习特点和学习情况制订学习计划和学习目标，并选择合适的学习方法。

第四，布置合作学习的任务，引导学生将学习目标具象化，分组、分角色完成任务。

第五，运用管理模块监督自主学习的过程并定期开展阶段性测试。

第六，定期组织学习经验的交流讨论活动，促进教师与学生、学生与学生之间的交流与互动，使学生坚定自主学习的理念与信心。

（二）培养学生的批判性思维能力

网络环境的复杂性和多样性对学生开展自主学习活动既有有利的方面又有不利的方面。有利的方面是为学生提供了大量的学习资源和新颖、灵活的学习方式；不利的方面是网络上的信息资料以及交际环境十分复杂，需要学生用批判的眼光去分析、筛选。例如，学生在搜集、学习有关西方文化知识的过程中，难免会接触西方文化的各种观念和文化理念，而这些信息内容对高职学生世界观、人生观、价值观的塑造会产生一定的影响。面对这些文化价值理念的输出，教师要引导学生用批判性的思维去思考、鉴定。要培养学生的批判性思维能力，教师可以采用目标性策略、情境性策略以及互动反思策略等方法。

例如，目标性策略是指教师要引导学生以目标为导向开展自主学习活动。以学习西方的文化为例，教师要引导学生坚定学习西方文化的目标是更好地学习和了解英语这一语言的形成与发展，以及更好地了解西方文化中的主流意识、社会秩序、生活规范、风俗习惯等，从而形成正确的文化意识和多元文化的理念，进而坚定自己的文化信仰。这样一来，学生就能正确看待中西方文化的差异，并以批判性的思维审视中西方文化之间的冲突。

（三）提升学生的自我效能感

自我效能感是个体对自己是否有能力完成某一行为所进行的推测和判断，是个体的能力和自信心在某些活动中的具体体现。高自我效能感的学习者与低自我效能感的学习者在学习特征方面的差异如表 6-1 所示。

表 6-1　不同自我效能学习者的学习特征

学习特征分类	高自我效能感学习者	低自我效能感学习者
任务定向	接受有挑战性的任务	回避有挑战性的任务
努力	为完成挑战性的任务愿意付出更多努力	不愿意为了完成挑战性任务付出更多努力
意志力	不达目标不罢休	达不到目标会放弃
信念	相信自己能控制学习环境；没有完成任务时能控制自己的焦虑与紧张；相信自己会取得成功	认为自己没有能力改变环境；不能完成任务时感到紧张、焦虑
策略运用	放弃无效的学习策略	坚持无效的学习策略

通过表 6-1 可以看出，自我效能感对自主学习具有重要影响。具体分析如下。

1. 影响学生对学习任务的选择

当可以自主选择学习任务时，低自我效能感的学生会选择在自己能力范围之内的、不费什么力气就能完成的任务；而高自我效能感的学生则会选择与自己能力相当的同时具有一定挑战性的任务，这类任务不是轻轻松松就能完成的，而是需要花费很多的时间和精力才可能完成。

2. 影响学生对学习目标和学习计划的制订

与低自我效能感的学生相比，高自我效能感的学生会为自己制定更高的学习目标，并且愿意付出比别人更多的努力来完成既定的学习目标；同时，高自我效能感的学生有较强的自我监督、管理能力，能时刻监督自己的学习行为，并根据学习情况及时调整学习计划。

3. 影响学生完成学习任务时的意志力

高自我效能感的学生在遇到学习问题时不会因为一时的困难而放弃，而是会尝试各种办法解决问题，进而完成学习任务；低自我效能感的学生在遇到学习问题时往往坚持不了多久就想放弃。

4. 影响学生完成学习任务的信念

高自我效能感的学生对自己的学习能力很有信心，认为自己能按时完成学习任务，即使遇到棘手的问题影响了学习的进度，也不会感到过分焦虑，而是会保持冷静的头脑，更加专注于问题的解决；低自我效能感的学生在不能完成任务时往往会感到十分紧张，在开展学习活动时也会因此分心。

5. 影响学生的学习策略

高自我效能感的学生会根据学习目标和学习内容选择学习策略，并且会在意识到某项学习策略无效时果断放弃，然后重新选择其他学习策略；低自我效能感的学生往往不愿意探索新的学习策略，因此哪怕采用当前的学习策略导致的学习效果欠佳也会坚持使用。

针对以上自我效能感在自主学习中发挥的作用，教师可以从以下三个方面出发帮助学生加强自我效能感。

第一，帮助学生制定英语学习的目标，选择英语学习的方法。

第二，帮助学生分析学习问题，引导学生开动脑筋解决学习问题。

第三，对所有的学生一视同仁，给予学生充分的指导和关怀。

基于现代信息技术的英语自主学习模式是时代发展的必然结果，也是英语教学改革和英语人才培养的有效途径。英语教师在这一过程中应该改变传统的角色设定，发挥教师的组织和引导作用。学生也应该明确自己在自主学习中的责任与任务，提高学习的积极性与主动性。

第二节　体验式学习模式

20 世纪 80 年代，美国社会心理学家、教育家、体验式学习大师大卫·库伯（David Kolb）在学习和总结了约翰·杜威（John Dewey）、库尔特·勒温（Kurt Lewin）和让·皮亚杰经验学习模式的基础之上，提出了自己的经验学习模式，即体验式学习圈理论（Experiential Learning Cycle），并引起了广泛关注。20 世纪 90 年代，体验式学习模式通过培训机构被引进中国，并以拓展训练的方式迅速流行，对我国的教学工作产生了重要影响。对于互联网时代的英语教学来说，将体验式学习与现代信息技术结合起来能保证教学活动的有效性，提升教学活动的多样性。

一、体验式学习模式的概念

库伯提出体验式学习应注重为学习者提供真实或接近真实的学习环境，引导学习者通过参与人际活动来获得个人的经验、感受、启示，并与他人进行分享和交流，以及鼓励学习者通过反思和再总结将经验升华至理论或成果，最后将理论或成果投入实践应用中。也就是说，体验式学习既注重学习者体验的过程，即学习者对经验的积累，又注重体验的结果，即学习者对经验的实际运用。在英语教学中，体验式学习模式通过关注学生学习英语的情感动机，使学生在学习过程中获得心理和情感上的体验，并通过扩大积极情感在体验学习中的作用范围优化教学与学习的效果。

杜威认为，自然和经验是和谐并进的，经验表现为认识自然、探索自然奥秘的方法，并且是唯一的方法，而经验所揭示出来的自然，则使经

验的进一步发展深刻化、丰富化，并得到指导。●

我国学者尹晓伟指出，体验式学习是指一种以学习者为中心的学习方式，即在实际教学过程中，教师要为学习者创设体验环境，激发学习者的参与兴趣；引导学习者亲身体验获得感悟并形成问题表征，组织学习者之间协作交流，使其内化学习认知；最后再对学习者进行指导评价，升华学习者的体验效果。● 甘术恩认为，体验式学习是学习者结合已有经验，对学习活动中的现有体验做出反应，构建新的知识，总结新的经验的过程。● 学者刘芳芳认为，虽然体验式学习的内涵会随着各种条件因素和外界环境的变化而发生变化，但"直接经验 + 反思"是其不变的含义特征，学习者应该抓住这一含义特征开展学习活动。●

具体分析，体验式学习需要教师根据学生的认知特点设计教学活动和教学情境，尽可能真实地呈现学习内容。教师需要引导学生在体验的过程中建构自己的知识体系，发展自己的应用能力、产生情感并最终生成意义。体验式学习尊重学生获得知识的过程，这充分体现了教学的人文性。学生在体验式学习过程中并不能直接通过教师的讲解获取知识，而是要通过对经验的总结和反思获取知识，因此在这一过程中离不开亲身实践和阶段性的思考。具体分析，体验式学习的过程包括以下四个阶段：具体体验、观察反思、形成概念、主动验证。学习者自动完成体验、反馈和调整，经历一个学习过程，在体验中认知知识、积累经验。

其中，具体体验是指让学习者完全投入、参与一种新的体验过程；

● 杜威.经验与自然 [M].傅统先，译.北京：商务印书馆，1960：1-2.
● 尹晓伟.基于体验式学习的高中信息技术课堂教学策略研究 [D].石家庄：河北师范大学，2020：11.
● 甘术恩.基于体验式学习理论的商务英语口译探讨 [J].中国商论，2015（16）：190-192.
● 刘芳芳.基于增强现实的体验式学习活动设计研究 [D].上海：华东师范大学，2016：15.

观察反思是指学习者在经过一个阶段的体验之后静下心来对这一阶段的体验进行回忆和反思；形成概念是指学习者已经理解了观察和反思的内容并将这部分内容内化吸收、形成合乎逻辑的概念；主动验证是指学习者要通过制定策略、解决问题的方式验证这些概念理论的准确性。由此可以看出，体验式学习过程是一个循环往复的学习过程，也是一个离不开实践、需要在实践中验证学习效果的过程。

二、体验式学习模式的特征

体验式学习与其他学习方式不同的地方在于其十分注重学生在学习过程中主观能动性的发挥，注重激发学生学习的自主性与积极性。具体分析，体验式学习模式的特征主要包括以下几个方面的内容。

（一）强调个体的参与性

体验式学习模式强调学习个体对学习过程的参与，希望学生能够在实践中学习，能够在学习过程中收获积极的情感体验，这样学习效率才会比较高。教师在教学过程中要借鉴体验式学习模式的做法，就要根据教学内容设计形式多样的教学情境，激发学生的学习兴趣，引导学生主动开展学习、获取知识。

（二）侧重真实语境

体验式学习理论认为学习活动的开展离不开真实的语言环境，学生只有置身于真实的语言环境才能深入体验语言的使用方法，掌握地道的语言知识和语言文化，进而提升综合语言运用能力。

（三）注重对经验的获得和利用

体验式学习需要设置未来可能发生的场景作为学习者学习知识的情境。学习者通过反复体验和感受积累在某一方面的经验，然后把这些经验转化为知识。这种经验的积累具有实践性和应用性，能够激发学生学习的积极性和主动性。

三、体验式学习模式的意义

从学校教育的角度分析，采用体验式学习模式开展教学活动有一定的难度，但体验式学习模式的优势又使学校教育不会轻易放弃对这一模式的借鉴。具体而言，体验式学习对学校教育的意义主要体现在以下三个方面。

（一）记忆转换促进学习者对知识的掌握

认知心理学将人的记忆分为陈述性记忆和程序性记忆。陈述性记忆是指个体能够有意识地回忆且能够清晰表达出的记忆，包括语义记忆、情节记忆等；程序性记忆是关于如何开展实际操作的记忆，在执行动作或者学习技能时发挥作用。在开展体验式学习的过程中，个体所具有的记忆与知识接受的学习形式存在着明显的联系，这一点可以从罗伯特·斯滕伯格（Robert J. Sternberg）的不同来源知识的记忆模型中体现出来，❶ 如图 6-3 所示。

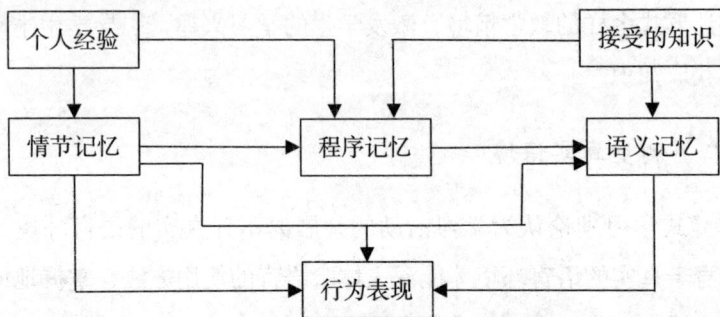

图 6-3　不同来源知识的记忆模型

---

❶ 斯滕伯格，威廉姆斯 . 斯滕伯格教育心理学 [M].2 版 . 姚梅林，张厚粲，译 . 北京：机械工业出版社，2012：244-249.

从图 6-3 中可以看出，通过体验式学习，即个人经验获取的记忆不仅包括情节记忆，还包括程序记忆，且这两种记忆都可以直接转化为语义记忆。同时可以看到通过教师直接传授的形式学习所接受的知识在大脑中形成的记忆只包括程序记忆和语义记忆。因此，体验式学习模式要比传授式学习模式更为全面、丰富，能够为知识的掌握提供更加丰富的线索，让学习者更加投入地参与到知识的获取和理解过程中。此外，语义记忆需要多次记忆，但是情节记忆具有一次性习得的优势，因此学习者可以通过情景式的体验获取更容易记忆的知识。

（二）情绪记忆具有促进记忆的效果

在体验式学习中，情节记忆不仅包括时间、地点、事物等因素，还包括学习者在体验过程中产生的情绪记忆，情绪记忆本身具有促进记忆的效果。美国心理学家戈登·鲍尔（Gordon H. Bower）认为，情绪记忆与命题记忆相似，也会以节点的形式在记忆中形成表征，且与表征情绪事件的命题节点连接起来。一旦表征事件的某一命题节点被激活，情绪也会随着激活扩散而被激活。在体验式学习中，知识记忆与情绪记忆共同产生，因此这两种记忆会同时被编码，进而在大脑中保存下来。❶这种双重编码，加强了人们学习知识时的体验和感受，有助于发挥情绪记忆在回忆知识时的作用。

（三）自我决定提高自主学习能力

与传统的课堂学习模式不同的是，体验式学习模式以学习者为中心，学习者是学习活动的主导者，学习者能够选择学习的场所、时间、内容、方式等，学习者更具有自主性，能在较大程度上展现自身的个性特征。除此之外，由于体验式学习也是一种情境式学习，情境式学习的显著特征就

❶ BOWER G H. Mood and Memory[J]. *American Psychologist*，1981，36（2）：129-148.

是动态性和开放性，而这两项特征需要学习者根据情境的变化调整自己的学习行为和学习计划，因此体验式学习有助于培养学习者的创新思维和应变能力，还有助于让学习者体验到更多的自我责任感。

四、信息技术与体验式学习模式的融合应用

互联网时代信息技术与体验式学习模式的融合应用不仅有助于推进职业英语教学的改革进程，而且是传统英语学习方式的补充。与传统的英语学习方式不同的是，信息技术与体验式学习方式的结合主张以学习者为中心，通过营造真实或接近真实的学习环境使学习者获取知识，更加重视主动经验的获得。在学习过程中，学生通过亲身体验认识到了知识对个人成长与进步的重要性，这有助于学生树立正确的世界观、人生观和价值观，并提升自身对环境变化的适应能力。除此之外，学生还可以进行人格塑造，激发自己内在的潜力。具体分析，信息技术与体验式学习模式融合应用的方法可分为以下三点。

（一）开展游戏化教学

将信息技术与体验式学习融合应用的方法之一是利用现代信息技术开展游戏化教学。在英语体验式教学的过程中开展游戏化教学是指充分利用游戏的生动性、新颖性与挑战性特点，将英语知识的教学融入游戏任务的完成过程中，将英语教学的目标隐藏在游戏的关卡之中。教师可以根据学生的学习特点和基础水平，设计游戏类的教学活动，采取游戏化的教学方法，寓教于乐，从而使学生在轻松愉快的教学氛围中掌握英语知识，提高英语技能。

游戏化教学活动的开展是以网络技术和设备为背景条件的，在网络技术和设备的支撑下，教师能够为学生搭建更为丰富、有趣的学习空间，使学生在空间内扮演不同的角色，体验不同的知识文化，从而快速掌握英语语言知识和技能，并树立起跨文化交际的意识，提高跨文化交际能力。

（二）开展实时交流与协作

在现代信息技术特别是网络技术的支持下，教师和学生可以随时在网络学习平台上开展交流与协作。例如，教师可以在平台上发布学习目标和学习计划，让学生在课前进行预习；学生可以在平台上发表在学习过程中的心得体会，也可以发布自己的疑问，或者借鉴其他同学的学习方法；教师可以随时关注学生发布的学习动态，及时掌握学生在学习过程中遇到的重难点问题，并进行专业的讲解和回复。

由于网络学习平台一般不受时间、场所、参与人员数量等因素的影响，因此学生与学生之间也可以在平台上进行及时的交流和沟通，甚至可以在教师的指导下组成学习小组，通过相互学习、分工合作的形式相互监督各自的学习状态。

（三）营造个性化的学习环境

将信息技术与体验式学习融合应用的另一方法是营造个性化的学习环境。体验式学习主张发挥学生的探索精神和个性特点，让学生在探索和发现中获取知识，实现进步。现代信息技术资源的利用可以为学生的个性化学习体验创造条件。

由于不同学生个体之间存在差异性，如学习需求、学习风格、兴趣爱好等方面的差异，因此不同学生所需要的学习资源也不尽相同。传统的英语课堂教学由于教学条件的限制无法满足每个学生的个体需要，致使教学活动处在一种硬性的统一模式中。在现代信息技术背景下，教师可以设计满足不同学习需求的体验活动，从而使学生掌握学习的节奏与进度，并且能够根据自身的学习特点和需求开展学习，增强学生学习的成功体验和自信心。

第三节 项目式学习模式

一、项目式学习模式概述

学习语言的目的会随着时代的发展而不断变化，与之密切相关的英语教学也深受时代发展的影响。随着经济全球化和文化多元化的发展趋势，英语教学的教学目标、教学定位、教学内容、教学模式都发生了相应的变化。其中，高职英语教学的目标是为社会发展培养更多具备国际化视野和国际竞争力的人才，这些人才不仅需要掌握专业的英语语言知识，还需要了解跨文化交际的规则，具备跨文化交际的能力。

采用项目式学习模式开展教学活动有助于实现上述英语教学的目标。因为项目式学习模式不仅强调学习者要在参与项目过程中搜集资料、积累知识，而且十分注重培养学习者参与项目的积极态度与合作精神，进而提高学习者的综合语言运用能力，促进其全面发展。

（一）项目式学习模式的定义

项目式学习中的"项目"是管理学中的项目概念在教育教学领域的应用和延伸。具体分析，项目式学习是以学科原理为中心内容，使学生在真实世界中借助多种资源开展探究活动，并在一定时间内解决一系列关联问题的一种探究式学习模式。❶ 通过组织学生探究不同的问题来获取不同的知识与技能是一种系统的、可行的教学方式。

---

❶ 霍玉秀. 基于"项目式学习"模式与学生综合能力的培养 [J]. 语文学刊（外语教育教学），2013（11）：96-97，105.

（二）项目式学习模式的特征

第一，项目式学习的开展要求为学习者创造真实的、具体的学习环境。

第二，项目式学习的开展要求按照不同的学习需求设定不同的项目，一个项目可能满足不止一个学习需求，但项目的设置要有侧重点。

第三，项目式学习的学习内容不能脱离现实世界，任何探究问题的设计都要注重实用性和可操作性；在完成学习任务后，学生不仅要了解解决问题的理论指导，还要掌握解决问题的方法技巧。

第四，项目式学习主张利用现代信息技术等手段开展学习，而通过使用现代信息技术，学生可以接触更多的学习资源，但要得到有用的学习资源还要依靠学生辨别资料、筛选资料的能力，在这一过程中，学生的自主学习能力得到了锻炼。

第五，项目式学习主张学生是学习的主体，任何教学活动的开展都要以学生为中心，因此教学的重点是激发学生学习的积极性与主动性，培养学生自主学习的能力、分析和解决问题的能力。

第六，项目式学习注重培养学生的合作精神和合作能力。由于项目式学习的任务设置得十分丰富，只凭学生一个人的努力是无法完成的，因此学生需要充分利用自己的知识储备和经验储备与他人积极开展协作。也就是说，在任务进行的不同阶段，学生需要与不同层次的同学进行合作交流，这样才可能完成任务。

（三）项目式学习模式的意义

1. 帮助学生建构知识体系

通过参与项目式学习，学生能够充分发挥主观能动性对项目进行分析、分类，并通过参与合作完成项目任务。这是一种知识建构的自主性操作，能够为学生今后学习与工作的开展打下坚实的基础。在完成项目任务的过程中，学生需要进行知识信息的搜集与获取，并寻找能够完成项目的方法。从整体上看，项目的完成不仅需要学生开动大脑、发散思维，还需要不断增加知识储备，建构更加完善、更为系统的知识体系。

2. 培养学生的自主意识和能力

项目式学习不是一种自上而下的知识灌输，而是主张培养学生的自主意识和自主学习能力，引导学生自主选择感兴趣的方向和主题开展研究，并自己决定学习的方法和进度。在项目开展的过程中，学生需要制订项目开展计划，思考合作方式，遇到困难时要坚定自信并思考解决问题的办法，项目完成后要总结和反思，这一系列操作都需要学生自己结合理论与实践来进行。因此，项目式学习能够培养学生的自主学习意识、责任感和创新精神，锻炼学生的信息搜索能力、逻辑思维能力、实际应用能力、解决问题的能力。

3. 培养学生的合作意识和情感能力

在项目式学习的过程中，学生面对的是有挑战性的、有实际意义的集体性学习任务，因此学生需要以小组合作的方式开展探讨与学习。在小组内，学生需要根据角色定位完成自己的工作，组员之间需要互相帮助，发挥各自的职能，以促进项目的完成。在项目进行的过程中，小组成员之间会时刻保持联系，定期组织会议分享自己的研究成果，同时会就成员遇到的难以解决的问题展开积极的探讨，因此能够培养学生的合作意识，提高学生的语言交际能力和情感能力。

二、信息技术与项目式学习模式的融合应用

互联网时代信息技术的发展为学生的学习活动提供了丰富的资源和充分的选择空间，项目式学习能够以任务式的形式呈现学习内容，因此能

够锻炼学生的思维能力和自主学习能力。信息技术与项目式学习模式的融合应用不仅能够发挥项目式学习本身的优势,还能丰富项目类型,增加学习的多样性,为学生创造掌握学习内容的有利环境。

(一)信息技术与项目式学习模式融合应用的特点

1. 学习资源的丰富性

学习资源的丰富性是信息技术与项目式学习模式融合应用的一大特点。任何形式的学习活动的展开都需要以一定的学习资源为基础,现代信息技术为项目式学习的开展提供了充足的、多样化的资源。同时,由于现代信息技术的使用不受时间、空间和学习人数的限制,有利于学习资源的共享,因此能够满足不同学生发展的个性需求。

2. 学习情境的真实性

由于缺乏目的语学习和应用的场景,我国英语教学活动的开展受到了一定的限制,学生的英语习得也受到了一定程度的影响。现代信息技术能够根据不同项目的特点为学生的英语习得创设丰富多样的情境,方便学生理解和接受学习内容,从而使学生充分发挥主观能动性完成学习项目,掌握学习内容。

3. 信息沟通的即时性

信息沟通的即时性是现代信息技术的一大优势。通过使用互联网技术,信息传递和接收的速度加快,为学生之间的高效交流与协作提供了条件。不仅如此,在项目进行的过程中,教师与学生之间也能随时沟通,有助于拉近师生之间的距离,培养师生之间的感情,从而提升整体的学习效果和教学效果。

4. 教学管理的灵活性

传统的英语教学活动大多以大班的模式展开,教师很难和学生进行一对一的沟通与交流。通过现代信息技术,教师可以随时了解学生的项目进度,掌握学生学习过程中的难点,从而更有效地进行指导与解惑工作。这种环境下的教学更为灵活,也更便于教师的管理。

5. 学生合作的便利性

现代信息技术的应用不仅为教师指导学生开展学习活动创造了条件,还为学生之间的合作提供了便利。这主要是因为现代信息技术与设备的应用使学习项目的进行不受学习时间和地点的限制,学生可以根据自身情况灵活地安排学习计划,开展项目合作。

(二)信息技术与项目式学习模式融合应用的类型

1. 基于信息技术的自主探究模式

基于信息技术的自主探究模式的构成要素包括学生、语言任务、参考资料、教师。

自主探究模式的使用主要是为了提高学生的英语语言应用能力。教师给学生布置语言应用的项目任务并引导学生掌握完成任务的方法,在学生进行项目的过程中,教师提供相应的指导和帮助。这个过程是在现代信息技术的支持下完成的,如布置和领取学习任务、搜集学习资源、提供项目指导等。由于信息技术给学生创造了相对真实的语言环境,因此学生能够了解自身的语言水平和语言状态。在教师的指导下,学生会更加深刻地认识自己的学习方法和学习能力。在学习资源的搜集和使用过程中,学生会不断加强自身的语言能力。

2. 基于信息技术的任务合作模式

基于信息技术的任务合作模式的构成要素包括学习小组、语言任务、参考资料、教师。

与基于信息技术的自主探究模式不同的是，基于信息技术的任务合作模式是以学习小组的方式展开的。通过使用现代信息技术，学习小组的成员相互配合完成教师布置的学习任务。这种学习模式不仅能够锻炼学生的英语语言综合应用能力，还能培养学生的合作意识。需要注意的是，教师在安排任务时要保证任务的灵活性与实用性，任务的主题应该与学生的实际生活、工作相关。在任务合作模式中，教师不仅要为学生布置学习任务，还要解决学生在项目进行过程中遇到的问题，协调学习小组内部出现的矛盾，保证项目的顺利进行与完成，并在项目完成后给出评价。

学生在基于信息技术的任务合作模式中的任务主要包括进行小组项目分工、制订项目完成计划、对项目进行阶段性评估、项目完成后的总结与项目提交。在完成任务的过程中，学生最好选用英文版的参考资料，并使用英语与小组成员进行沟通，这样不但学生的团队合作精神得到了提升，而且英语语言应用能力也得到了锻炼。

（三）信息技术与项目式学习模式融合应用的实践

开展信息技术与项目式学习模式融合应用的实践需要科学的教学原则和教学方法作为指导。

1. 信息技术与项目式学习模式融合应用的实践原则

开展信息技术与项目式学习模式融合应用的实践既需要遵循信息技术辅助教学的相关原则，又需要以开展项目式学习的原则作为指导。具体分析，其实践需要遵循的原则包括以下几个方面（见图6-4）。

```
                                        ┌─────────────┐
                                        │  以学生为    │
                                        │  中心原则    │
                                        └─────────────┘
                                        ┌─────────────┐
                                        │  目的性      │
                                        │  原则        │
                                        └─────────────┘
┌─────────────────────┐                 ┌─────────────┐
│ 信息技术与项目式学习模式 │                 │  情境与      │
│ 融合应用的实践原则     │                 │  交际原则    │
└─────────────────────┘                 └─────────────┘
                                        ┌─────────────┐
                                        │  情感与合作   │
                                        │  学习原则    │
                                        └─────────────┘
                                        ┌─────────────┐
                                        │  系统性与科   │
                                        │  学性原则    │
                                        └─────────────┘
```

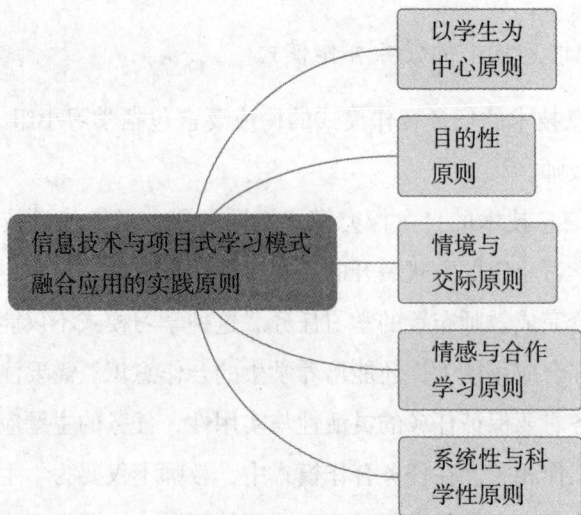

图 6-4　信息技术与项目式学习模式融合应用的实践原则

（1）以学生为中心原则。项目式学习模式的开展要求重视学生在教学中的中心地位，因此信息技术与项目式学习模式融合应用的实践也需要严格遵循以学生为中心的原则。在开展教学实践的过程中，学生英语语言能力的提高需要大量的练习作为保障，这种练习应该以学生为中心，充分发挥学生的主观能动性。教学模式、教学手段、教学活动的设计都应该考虑学生的学习特点和学习需求，并在学生主体地位的作用下完成。

信息技术与项目式学习模式融合应用的实践应该能够让学生以更加积极的心态参与学习活动并主动建构自身的知识体系。当学习主动性提高后，学生就会根据自身的学习水平与特点选择学习内容，并合理安排学习进度。

（2）目的性原则。信息技术与项目式学习模式融合应用的实践需要符合英语教学的总体教学目标，因此，在项目式学习的开展过程中，一切活动的设计与组织都要以英语教学的目标为依据。在这一原则的指导下，英语教师应该科学地设计活动的项目，保证项目的实施能够促进英语教学总体目标的实现，并能够细化教学目标，使项目包含的每个步骤都有明确的教学目标指导。

（3）情境与交际原则。学生学习英语的最终目的是进行英语语言的应用。项目式学习利用现代信息技术为学生创设了真实的语言交际情境，有利于激发学生的英语思维，使学生利用已有的知识和经验建构新的知识体系。现代信息技术已经渗透到了英语教学的各个方面，利用现代信息技术和设备可以为英语的项目式学习创设真实的语言交际情境，从而培养学生的跨文化交际意识，提高学生的跨文化交际能力。

（4）情感与合作学习原则。情感因素（包括学习动机、学习态度、兴趣爱好、注意力等）是影响学习质量的重要因素。通常情况下，积极的情感因素能够促进学习活动的开展，而消极的情感因素会阻碍学习活动的进行。

信息技术与项目式学习模式融合应用的实践能够激发学生的学习动机，提高学生学习英语的主动性与创造性，从而提升学生学习英语的兴趣。在现代信息技术的帮助下，英语语言知识以更加丰富多样的方式呈现出来，有利于学生对英语知识的理解和吸收。同时，教师需要有意识地加强与学生之间的情感沟通，并教给学生一些具体的、易操作的合作学习方法，从而促进学习项目的完成，增强项目式学习的学习效果。

（5）系统性与科学性原则。学生英语语言能力的提升不是一蹴而就的，而是一个循序渐进的过程。在这个过程中，学生需要使用科学的、系统的学习方法不断理解和练习需要掌握的语言知识和技能，因而信息技术与项目式学习模式融合应用的实践也要遵循系统性与科学性的原则。学生需要充分利用现代信息技术提供的具有渐进性和系统性特征的学习资源，通过"预习—学习—练习—复习—应用—反思"一系列的流程，实现语言知识从认知到理解，到运用，再到创新的科学递进。

2. 信息技术与项目式学习模式融合应用的实践方法

在信息技术与项目式学习模式融合应用的实践中，有以下几种操作方法（见图6-5）。

项目设计

确定项目

制订计划

信息技术与项目式学习
模式融合应用的实践方法

活动探究

作品制作

成果交流

总结环节

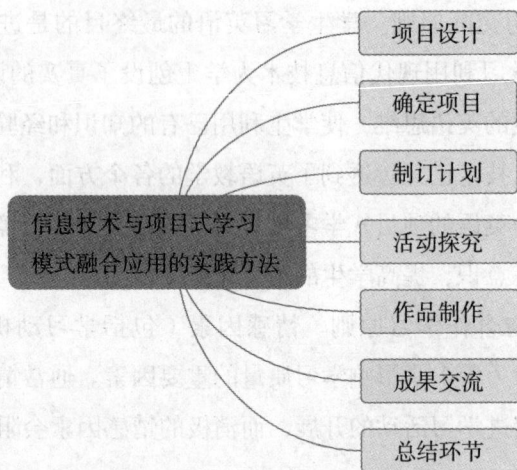

图6-5　信息技术与项目式学习模式融合应用的实践方法

（1）项目设计。项目设计是信息技术与项目式学习模式融合应用的实践基础，需要教师在研究教学目标、教材内容以及搜集教学资料的基础上进行。具体分析，教师需要使用现代信息技术搜集和整合教学资源，并基于教学目标对学习资料进行组织与加工，然后开始建构线上以及线下的学习项目。

（2）确定项目。项目的确定是信息技术与项目式学习模式融合应用的关键步骤，需要教师充分利用现代信息技术创设语言学习的场景，搜集用于语言学习的资料，并通过网络在线平台与学生进行沟通与交流，了解学生的学习兴趣和基础水平，激发学生对项目学习的主动性。学生在教师的引导下初步了解项目的概念，明确项目的要求，为进一步参与项目的实施奠定基础。

（3）制订计划。在这一环节，学生需要在教师的指导下分成不同的学习小组，并明确项目完成的要求与形式，初步了解项目中包含的以及自己需要完成的项目任务。在相互交流与探讨的过程中，教师和学生可以共同制订项目完成的计划，分析项目完成需要的程序和步骤，并确定不同阶段的时间、任务、方法等细节问题。

（4）活动探究。在这一环节，教师需要为学生提供一些可能会用到的学习资源，并根据学生的表现给予不同程度的指导；学生则需要利用现代信息技术接收和浏览学习资源，并与小组成员合作利用学习资源完成项目。在这一过程中，教师需要对组内成员的学习状态进行观察和调控，从而为后续的评价积累资源。

（5）作品制作。学生可以通过使用不同的信息技术和设备对项目式学习的成果进行制作和展示，如幻灯片、微视频、情景剧等。在成果制作的环节中，学生可以利用互联网学习一些作品制作的技术和知识，如幻灯片中的动画效果、声音效果，微视频中的视频剪辑技术、配音技术等，进而根据不同项目的要求对收集到的资料进行加工和制作。

（6）成果交流。成果交流环节指的是项目完成后教师统一组织项目小组进行学习成果的汇报展示。各小组成员需要汇报项目完成的计划、合作情况、完成情况、最终成果等。现代信息技术使成果交流的方式更加多样化，如可以通过多媒体课件展示，也可以利用视频播放软件展示。通过举办成果交流活动，各项目小组成员能够相互学习、共同进步、共同成长。

（7）总结环节。教师在信息技术与项目式学习模式融合应用的实践过程中发挥着重要作用，在项目完成后需要对学生进行适当的总结和评价。例如，教师对学生的项目完成进行评价，引导学生进行自我评价或展开小组之间的互相评价。总结环节能够帮助学生进一步了解自己在项目完成过程中的表现，包括优势和不足，同时看到其他小组成员的优秀表现，加强英语学习的信心与决心。

第七章　信息化时代职业英语教学的教学评价改革

第一节　英语教学评价及其改革的必要性

教学评价是对教师的教学活动和学生的学习行为做出价值判断的过程，是教学中的重要组成部分。教学评价可以为教师提供反馈信息，以便更好地开展教学设计、组织教学活动。对于学生来说，教学评价是一个反馈机制，不仅能够衡量学生的学习成果，还能指导他们在学术和个人成长方面的进步。英语教学评价在课程与教学改革中扮演着监督者、促进者的角色，但传统的教学评价很难由表及里地发挥预期的作用。在互联网时代，使用现代信息技术辅助开展英语教学评价已成为当今教育学界的共识，这也是英语教学评价发展的必然趋势。

一、英语教学评价概述

（一）传统英语教学评价认知

1. 教学评价的类型

根据不同的分类标准，英语教学评价可以分为不同的类型。

（1）按照评价功能进行分类可将教学评价分为以下三种类别。

第一，形成性评价。1967 年，美国评价学专家斯克里文（Scriven）在"The Methodology of Evaluation"一文中提出了形成性评价的概念，随后美国教育家布卢姆（Bloom）将形成性评价用于教育评价实践，使之成为教学评价的一种类型。布卢姆认为，形成性评价就是在课程编制、教学和学习的过程中使用的系统性评价，能够改进以上三种过程的具体操作，因为形成性评价的目的就是帮助发现教学活动中存在的问题，日常教学活动提供反馈信息，以便教师及时修改问题、调整活动，取得更好的教学效果。❶

第二，诊断性评价。诊断性评价也可称为教学前的评价，在教学活动开始之前，教师要想设计出符合学生特点的教学方案，就必须对学生现有的知识、技能、学习动机、学习中易出现的问题等有一个基本的了解。教师可以通过多种方法和途径获悉这些情况，而诊断性评价就是常用的方法之一。根据以上分析可知，诊断性评价就是指在一门课程或一个学习单元开始之前，教师对学生所具有的认知能力、情感能力和专业技能等学习条件展开的评价，目的是为学生制定适合其自身学习特点的发展目标和发展方案，促进学生的学习。

第三，终结性评价。终结性评价也称教学后评价或总结性评价，是在某个相对完整的教学阶段结束后针对整个教学目标实现程度做出的评价。例如，学期末或学年末各个学科专业的考试、考核。终结性评价的作用、特点和实施方式如下。

首先，终结性评价的作用集中体现在四个方面：评定学生某一阶段的学习成绩；判断学生掌握知识、技能的程度和现有的能力水平；为学生某一阶段的学习提供反馈；评估学生在今后学习过程中获得成功的可能

---

❶ 布卢姆.教育目标分类学（第一分册）：认知领域 [M].罗黎辉，丁证霖，石伟平，等译.上海：华东师范大学出版社，1986：178.

性，确定学生开展后续学习的起点。

其次，终结性评价的特点主要体现在三个方面：评价目标、测试内容和测试题目。从评价目标角度分析，终结性评价的直接目标是对整个教学过程或某一重要教学阶段所取得的教学成果进行评定，最终目标是评定学生的成绩，为下一阶段学习活动的安排提供依据；从测试内容角度分析，终结性评价是为了考查学生对某一课程整体内容的掌握情况，因而测试内容比较全面，分量相对较重，评价的频率也比较低；从测试题目角度分析，终结性评价的题目几乎涵盖了学生学过的所有重点内容，是所学知识、技能、能力等多种因素的综合体。

最后，终结性评价多采用表现性的评价方式来展现评价的内容，如作品、作文、研究报告、项目、论述题等。以下两种评价方式是终结性评价中经常使用的。

一是项目。采用项目作为终结性评价的方式是因为项目的应用范围较广，能够以调查报告、模型制作、网页制作的方式评价学生的知识能力。例如，在英语口语考试中可以通过让学生用英语表演节目的方式测试学生的口语能力。由此可见，项目学习本身就是一种活动，其活动成果的展示可以作为终结性评价的一种方式手段。

二是论述题。论述题主要是用来评估学生对某个问题的理解和分析能力，一般是教师向学生提出问题，要求他们根据问题的具体要求发散思维、组织语言，然后呈现一份相对完整的答案。学生可以经过推理和思考之后得出答案，也可以对推理和思考的过程进行阐述。具体分析，论述题可以分为两类：一类是限制性论述题，即学生必须在一定的问题范围内、以规定的形式作答，且作答的篇幅有限制，不能随意发挥；另一类是拓展性论述题，即学生能够在论述题目范围内自由搜集、整理相关资料用于作答，作答的形式较为自由，但论述要合理。

（2）按照评价标准进行分类可将教学评价分为以下两种类别。

第一，相对评价。相对评价是指在被评价对象的集合中选取一个或若干个个体，并以此为基准，把各个评价对象与基准进行比较，确定每个评价对象在集合中所处的相对位置。例如，教师在分析班级学生的个人成绩时可以选取班级学生的平均成绩作为基准，通过对比就能了解学生的个人成绩是高于平均水平还是低于平均水平。但是相对评价方式也存在一定的缺点，那就是评价的基准会随着群体的差异而发生变化，评价的标准倾向于对最终教学成果的呈现，没有考虑教学目标的引导作用，不能充分反映教学上的优缺点，不容易为改进教学提供依据。

第二，绝对评价。绝对评价是指在被评价对象的群体之外设定一个标准，也称为客观标准。在进行绝对评价时，评价者需要以客观标准为基准评判评价对象。绝对评价的标准一般是教学大纲以及由此确定的评判细则，不会受评价对象个体或集体水平的影响，因而比较客观。由于评价标准客观通俗，因此每一个被评价对象都能明确自己与客观标准的差距，进而为下一阶段的学习设定目标。但是，绝对评价方式也不是完美无缺的，其明显的缺陷就是所谓的客观标准容易受评价者原有经验和主观意愿的影响，因此很难做到真正的客观。

（3）按照评价表达进行分类可将教学评价分为以下两种类别。

第一，定性评价。定性评价是对评价资料进行"质"的分析，即运用分析和综合、比较和分类、归纳和演绎等逻辑分析的方法，对评价所获得的数据、资料进行思维加工。通常情况下，定性评价不仅用于对成果或产品的检验分析，更重视对过程和要素相互关系的动态分析。

第二，定量评价。定量评价是从"量"的角度出发，运用统计分析、多元分析等数学方法，在复杂纷乱的评价数据中总结出规律性的结论。由于教学涉及人的因素，各种变量及其相互作用关系是比较复杂的，因此为了揭示数据的特征和规律性，定量评价的方向、范围必须由定性评价来规定。定性评价和定量评价互为补充，相互影响，相互促进，不可片面强调一方而忽视了另一方。当然，评价的出发点和标准不一，评价的类别也就不同。

2. 教学评价的功能

（1）预测功能。预测功能是指根据评价对象的阶段评定结果分析、观察和预测其发展的趋势，获得尽可能多的数据和信息，据此筛选可供评价的因素并对其进行科学的分析和逻辑的推导。通常情况下，传统的教学评价将评价的侧重点放在对评价对象现状的描述上，评价过于表面化，不太注重对评价对象未来发展方向和发展趋势的预测。如果想对学生未来的发展情况进行预测，并根据预测为学生的发展提供恰当的意见，就要充分发挥评价的预测功能，就必须搜集、掌握评价对象的各项相关信息。此外，还要使用科学的评价方法，如诊断性评价、综合性评价等，从而达到精准的预测效果。

（2）导向功能。教学评价的导向功能主要包括以下两个方面的内容。

第一，引导教学发展与国家政策要求保持一致。教学评价的导向功能突出体现在其可以引导学校教育教学工作的开展符合国家教育政策的要求，无论是学校还是教师都能按照国家教育方针政策的规定组织和开展教学活动。例如，学校和教师要根据国家对学生德、智、体、美、劳全面发展的要求把握教学与评价的内容，要以科学的教育理念为指导明确办学的方向，要意识到教学活动开展的目的不仅仅是传授给学生一定的知识和技能，更重要的是培养他们的道德品质，训练他们的坚强意志，增强他们的社会责任感，使他们都能够成长为有思想、有素质、有知识、有能力的人。

第二，为教师教学与学生学习指明发展的方向。教学评价的结果直接影响着教师接下来的教学计划和学生未来的学习规划。但在实际的英语教学中，教学评价对教学计划与学习规划的指导作用并没有引起足够的重视，也没有被纳入评价的体系。因此，必须构建科学、全面的教学评价体系，使教学评价充分发挥为教师和学生明确全面发展目标的功能，引导教师和学生通过实现阶段性目标最终达成整体目标。这也意味着教学评价必须发挥正确的导向功能，一旦这种导向出现偏差，那么教学与学习的方向也会随之偏离正确的轨道。

（3）诊断功能。诊断功能可以说是教学评价最基本的功能，也是开展教学评价最充分的理由。教学活动由教师的教和学生的学两部分内容组成，因此教学评价的诊断功能也包括两方面的内容，即对教师教学效果的诊断和对学生学习效果的诊断。具体分析，教师是教学活动的组织者和开展者，如果不对教师的教学效果进行评价，就不能诊断教师的教学水平和教学质量，就不能全方位地判断教师所采用的教学方法、教学技巧是否合理。全面的教学评价工作还可以判断教师与学生的关系是否融洽，学生对教学活动的开展是否有良好的体验。对于学生来说，全面的教学评价工作不仅能判断学生的学习效果是否达到了教学目标的要求，还可以通过评价进一步分析学生学习效果欠佳的原因，如教学环境、教学方法、教学内容等哪方面的因素是影响学习效果的主要因素。

（4）激励功能。教学评价对评价对象具有激励功能，能够激发评价对象的情感、斗志、精神。具体来说，教学评价的激励功能可以从以下两方面体现出来。

第一，对教师的激励功能。主要体现在教学评价能够为教师的教学改革决策提供必要的参考信息。教师可以通过自己对教学的自评、学生对教学活动的评价、其他教务人员对自己的评价了解自己在设计和组织教学活动中存在的问题和不足，并进一步反思这些问题产生的原因以及解决的办法。教师还可以通过自己对学生的评价、学生对自身学习活动的评价了解学生在教学过程中存在的问题、问题发生的原因。以上两种类型的信息都有助于教师有针对性地、有目的地调整教学内容和教学进度。

此外，教学评价还能帮助教师利用各种评定量表了解学生的具体学习情况、在每一阶段的达标情况、在学习各项知识技能中表现出来的兴趣和能力及其在班级中的学习水平，进而有的放矢地进行个别指导，做到因材施教。

第二，对学生的激励功能。教学评价能够及时且全面地反映出学生在学习过程中的具体表现情况，这些表现既有好的方面，也有需要进一步提高的方面。学生通过教师、同学对自己学习的评价以及自我学习评价，可以发现自己在学习过程中存在的优势和不足，进而采取相应措施改进学习活动。

3. 教学评价的步骤

教学评价是一个有目的、有计划的活动过程，需要按照一定的程序开展，具体包括以下几个步骤。

（1）确立评价的指导思想。教学评价是一种对教学成果的价值判断，而追求价值是人类开展教学活动的动力，教学评价的价值定位决定了教学评价的方向。综观国内外学者对有效教学评价的研究，部分学者在教学评价的导向上存在着以下三个问题。

第一，以经济学中投入产出的观点简单类比教学活动。按照这种观点，教学效率 = 教学产出（效果）÷ 教学投入。显然，这种观点是不成立的。因为教学效果并非全都会立竿见影，有些教学效果需要长时间的投入与训练，而且教学效率也不取决于相同时间内所产生的教学成果。

第二，过于强调量化和可测性，忽略了质性评价。在实际教学中，只有结果性目标才能量化，如知识性教学的结果；体验目标是无法量化的，也是不应该量化的，如学生在学习过程中的情感态度、意志培养。

第三，过于注重结果的有效性而忽略过程的有效性。教学效果不只表现在教学的最终成果上，也表现在教学的过程中，这种效果覆盖的范围远远超出了教学目标规定的范围，如学生在教学过程中的感悟和体验，学生在教学过程中的表现。

这说明教学评价系统重视了工具理性，忽略了价值理性，而科学的教学评价指导思想应该以过程价值为基础、终极价值为目标，这样才能促进学生的全面发展，提升学生的素质。

（2）制定评价的指标体系。教学评价指标体系是评价课堂教学的依据。构建科学的、全方位的教学评价指标体系能够提高课堂教学评价的有效性。教学评价的指标体系应该包括教学内容、教学资源、教学方法、教学效果等方面的内容，这几个部分的设计应该具有各自的目的。在设置教学评价指标的过程中，教师要依据教育方针、教学大纲的要求，结合学生的学习需求和学习特点，用不同的指标体现教学评价的内容，并确定各项指标在整个体系中的占比，进而形成一个有效的教学评价指标体系。考虑到评价指标的灵活性和可操作性，教师还应根据教学目标和教学内容的变化适当调整评价的标准。

对于评价指标体系的有效性，教师可以从以下几个方面衡量：指标体系是否具有效度和信度；指标体系与教学目标是否具有一致性；使用该评价方案的人员是否能够接受它；评价体系是否能为被评价者提供明确的教学或学习指导。需要指出的是，确定了指标体系之后，评价实施者还需要接受有关如何开展评价的培训，以便具备相关的知识和能力。

（3）选择评价的方法。定性评价、定量评价、过程性评价、终结性评价等都是可以选择的有效方法。例如，定量评价和定性评价可以结合使用。教师既要认识到定量评价的科学性和合理性，如运用教育测量和统计可以将评价对象的特性用数值描述出来；又要了解定量评价的不足之处，如过于量化的评价忽视了教育活动内在的规律性，很多教学成果无法用量化的形式展现。在一定程度上，对复杂的教育现象采用定性评价的方法要比单纯的定量评价更能准确、清晰地反映实际情况。

除考试或测试外，教师还要研究出普遍的、科学的、易操作的评价方法来测定学生对教学内容的掌握情况。教师可以采用表现测验、个人档案等方法，在更真实、自然的环境中综合评价学生的思维、技能、情感、态度等，尤其是涉及独立决策、批判性思维的技能和世界观、价值观的个性态度。表现测验不是仅仅说明已发生的认知的、情感的和心理过程的指标，而是直接测量教学内容的掌握情况。表现测验可以为教师提供现场观察学生心理特征、学习方式和行为习惯的机会，并且可以在被观察者不知晓的情况下进行，这样得出的观察结果更加准确。

（4）实施评价的四个步骤。第一，根据制定好的评价指标体系制订开展评价活动的计划。指标体系制定人员向被评价者讲授评价的目的、作用、环节、程序等信息，消除其对参与评价的疑问和抵触情绪，为评价活动的开展奠定基础。第二，运用调查法、询问法等方法收集开展评价需要的相关信息。第三，筛选和分析收集到的相关信息。第四，反馈评价结论。根据评价反馈信息，评价者可以清晰地了解自己目前的学习效果，并根据评价者的改进意见，使自己的后续行为发生特定的变化。

为了提高反馈的有效性，评价者需要注意以下操作技巧：要根据被评价者的具体行为，明确指出他们的优点和缺点；指出被评价者可以控制的不良行为，并表示希望他们进行改善的方法；使用描述性而不是评价性的语言进行反馈；采用合适的反馈途径，如面谈、书信、电话等，使评价结论能够被评价者接受。

（二）互联网时代背景下英语教学评价概述

1. 互联网时代背景下英语教学评价的内涵

（1）互联网时代背景下英语教学评价的理念。不同的理念决定了不同的评价出发点，从而影响了评价标准的选择和确立。互联网时代背景下的英语教学以建构主义理论为指导，因此互联网英语教学评价的出发点是学生，与评价相关的一切相关活动都要围绕是否能促进学生的学习这一问题来开展，选择的评价方法应注重过程评价和全方位评价。因此，互联网英语教学评价的理念就是以学生的学习和发展为中心，这也是互联网时代设立英语教学评价标准必须遵循的原则。

（2）互联网时代背景下英语教学评价的特色。第一，评价方法不同。主要表现为收集信息和处理信息的手段不同。现代信息技术和设备的使用使英语教学评价所收集的数据信息更加全面，数据信息的分析处理更加便捷，各种新型评价方法使评价过程更加客观真实，为评价活动的各个阶段注入了新的生命力。第二，评价反馈更加灵活。互联网教学系统尤其是网络课程系统可以根据教学评价的结果及时调整课程进度、课程内容、课程讲授方式，更新教学信息和学习资料，为学习者学习英语提供更好的体验。

（3）互联网时代背景下信息技术发挥作用的程度。当前，我国部分开展互联网英语教学的学校，其互联网英语教学平台还没有设置专门的教学评价模块，教学评价仍然主要由英语教师组织进行，其评价的过程和方式与传统的英语教学评价几乎没有区别，现代信息技术和设备在评价过程中只起到辅助作用。一般来说，理想状态下的互联网英语教学评价应该以互联网技术和计算机为支撑，信息的收集、分析、处理等应主要由计算机完成，然而，以教师为主体，计算机和互联网技术只起到辅助作用的教学评价现状目前还比较普遍。因此，在研究过程中，教育教学工作者应该立足于现实，将这种评价现状视为互联网英语教学评价的初级阶段。事实上，随着人们对英语学习需求的日益增长和互联网英语教学的不断发展，使用计算机和互联网技术开展英语教学评价已经是大势所趋。

综上所述，从过程观的角度出发，结合我国互联网英语教学的实际，本书将互联网英语教学评价界定为：以互联网和计算机技术为支撑，为了促进学生的语言学习，对与互联网英语教学相关的一切要素信息进行收集和处理，并依据一定的教育目标和评价标准对处理的结果进行科学判断的研究活动。

2. 互联网时代背景下英语教学评价的特点

与传统的英语课堂教学评价相比，互联网英语教学评价呈现出以下特点（见图7-1）。

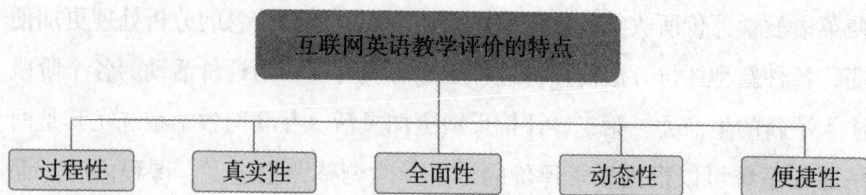

图 7-1 互联网英语教学评价的特点

（1）过程性。互联网教学注重过程性评价，互联网英语教学作为互联网教学的分支领域，也承袭了互联网教学的这一特点。互联网技术的应用使人们可以对互联网英语教学的过程进行有效的监控，如教师可以在教学管理平台上查看学生的学习进度、学习时间、单元测试成绩、互动交流情况等学习信息，为教师了解学生的互联网学习情况提供了有效的数据信息。

（2）真实性。互联网技术对英语教学过程的有效监控为开展教学评价提供了真实的数据；利用计算机技术和网络技术进行数据信息的收集、整理和分析，保障了评价结果的真实性。这些真实的数据信息反馈给教师和学生后，他们就能及时地调整自己的教学计划或学习规划。

（3）全面性。互联网英语教学平台可以对学生学习英语网络课程的过程进行自动记录和监控，通过学习记录不仅可以对学生的学习效果进行评价，还可以对学生的学习态度、自主学习的能力进行评价。

（4）动态性。互联网英语教学平台的教学活动记录功能可以实时发起对互联网英语教学的连续动态评价，并根据评价结果对教学本身进行动态的调整。

（5）便捷性。互联网英语教学评价系统的前期开发需要投入大量的资金和技术。然而，从长远来看，互联网英语教学评价充分利用信息技术的优势，大大节省了评价所需要的人力、物力，提高了评价的效率，缩短了评价的周期，降低了评价的费用，极大地方便了英语教学活动的开展。

互联网英语教学评价对英语教学的发展具有重要的意义。互联网英语教学平台对学生语言学习客观、全面、动态的记录，可以帮助学生从自己学习成长的轨迹中找出不足，并有针对性地进行提升。这些记录对于中介语的研究来说也是十分宝贵的研究资源，现代信息技术的应用为大量的数据分析创造了条件。

3. 互联网时代背景下英语教学评价的类型

（1）互联网英语教学中的形成性评价。互联网英语教学中的形成性评价注重对教学和学习过程进行实时监控，利用互联网教学系统进行跟踪和反馈，及时发现问题，及时给予反馈。例如，一些网络英语课程会对学习者的在线作业进行即时批改，学习者提交作业不久即可得到学习结果的反馈和建议，有利于学习者发现自己的问题并及时改正；在对学习者进行跟踪检测的同时，互联网教学系统还注重对学习者的学习态度、学习情绪等进行调查，并给出描述、提醒和建议，以保证学习者的学习质量。此外，互联网英语教学形成性评价还有一个重要的作用，那就是改进网络教学系统。网络教学系统的完善不是一朝一夕的事情，只有根据学习者的需要和反馈不断改进服务和功能，互联网英语教学才能得到持续发展。

（2）互联网英语教学中的诊断性评价。互联网英语教学中的诊断性评价是针对学习者开展的，评价的主要内容是学习者现有的英语知识和能力。具体分析，就是对学习者的学习条件、学习需求、学习背景、学习兴趣等情况进行了解。评价的目的是根据调查结果对学习者进行分组，为不同类型的学习者提供不同类型的学习资源和学习课程。一些互联网英语教学系统还会在学习者选择课程之前安排一些测试，测试学习者的学习风格、英语水平等学习相关因素，然后根据测试结果给予学习者恰当的学习建议，这就是诊断性评价的体现。

（3）互联网英语教学的终结性评价。在互联网英语教学中，通过对教学系统记录的学生学习信息的分析，并采用一些终结性评价手段，如课程结束后的在线测试等，可以对学习者的学习效果进行最终的评价和总结，并将评价的结果作为教师开展下一阶段网络教学活动的重要依据。

4. 互联网时代背景下英语教学评价的实施系统

根据上述对互联网英语教学评价的分析，结合现有的互联网信息技术，下面对当前存在的互联网英语教学评价系统进行简要介绍。

（1）网络实时评价系统。网络实时评价系统主要是指利用网络的公共通信手段，如电子邮箱、QQ、微信等社交软件，进行文字、图像、视频和音频的异地实时交流。学习者可以不受时间、空间的限制，及时获得有效的学习反馈。该系统可以有效地记录学习者的学习过程，提高学习者的学习效率，增强对学习者的监督和管理。

（2）网络考试系统。网络考试系统主要包括学生考试系统、自动批阅系统和题库管理系统等。学习者可以不受时间、地点的限制，利用网络技术自主登录考试系统，从试题库中随机抽取试卷，进行单一技能测试或者综合知识技能测试，还可以自由选择试卷的题型、题量、难度和答题的时间等。网络考试系统可自动评阅试卷，大大节省了人工阅卷的时间和精力，并且判卷的准确率较高。判卷结束后，系统还能自动生成一系列评估报告，对学习者的学习效果、学习风格、学习倾向等做出评价，并给出建议。

（3）网络答疑系统。在线讨论和互动交流是目前网络答疑系统的两种主要形式。网络答疑系统可以对学习者的疑问和相关解答进行记录，教师可以通过在线浏览的方式对这些信息进行了解和分析，从中发现教学的问题，并及时调整教学方法和策略，满足学生的学习需求。通过使用网络答疑系统的搜索引擎，学习者可以搜索关键词并快速得到问题的答案。除此之外，现在的很多外语教学网站都设有在线互动讨论专区，学习者能够以发帖的方式对自己不理解的问题进行描述，其他学习者看到后根据自己的看法发帖回应或给予评论，帮助解决问题。

（4）网络多媒体考试系统。网络多媒体考试系统是对网络在线考试系统的进一步改良。在传统文本试卷的基础上，网络多媒体考试系统增加了音频、视频、图像等多媒体信息数据，并且综合运用虚拟现实技术构建英语考试的环境，特别适合于互联网英语教学评价。网络多媒体考试系统使全面、多元的评价成为可能。值得注意的是，以上介绍的互联网英语教学评价的实施系统主要还是以学习者为主体开展的评价，综合的互联网英语教学评价系统的开发还有待进一步的研究。

二、英语教学评价改革的必要性

教学评价作为教学活动的重要组成部分，也是教育改革的关键环节之一。要对英语教学评价进行改革与创新，首先要认识英语教学评价改革的重要性。

（一）评价观念有待更新

在传统应试教育观念的指导下，人们普遍认为开展教学评价的目的在于选拔人才，因此将考试成绩作为衡量教师教学工作和学生学习成绩的主要标准。基于这种评价目的和衡量标准，人们在设置英语教学评价的内容时往往存在遗漏，没有将学生的学习态度、学习兴趣、学习风格、学习方式等非智力因素纳入评价内容之中，而这些非智力因素却是影响学生英语学习效果的重要因素；除此之外，人们还更注重对语言知识学习的评价而忽视对语言应用能力的评价，这只会造成学生语言学习效果的片面化，不利于提高学生的英语综合应用能力。

（二）评价方式可以更加科学

首先，通常情况下，英语教学评价多以终结性评价为主，形成性评价为辅。在进行评价时，只注重对教师教学效果和学生学习成绩的评价，忽视了对教师教学过程和学生学习过程的评价，即只根据学生的单元、期中、期末测试成绩来判定教师的教学工作和学生的学习活动。这样既不能了解教师在教学过程中所遵循的教学理念、采用的教学方法、使用的教学手段，也不能了解学生在学习过程中的真实体验和问题所在。除此之外，不能将所有的学习内容作为评价内容还会导致测试和评价的片面性和偶然性。

其次，英语教学评价偏重于教师在评价活动中的主导地位，教师的地位高高在上，学生处于被动地位甚至被忽略的地位，不利于激发学生学习英语的主动性和积极性。

最后，英语教学评价偏重定量评价而疏于定性评价。虽然定量评价有真实的数据作为支撑能够比较准确地反映评价对象的相关特征，并有利于评价结果的统计和分析，但有一些不适合量化或者不能量化的评价内容需要使用定性评价的方法，如学生的学习态度、情感意识等，否则会影响评价的整体信度。

第二节　多元教学评价体系构建的原则

无论是现代教育理论，还是互联网时代背景下英语教学的特点，都要求英语教育教学工作者为英语教学评价活动的开展构建一个多元、平衡、动态的评价体系。要构建一个这样的评价体系，就要遵循以下原则（见图7-2）。

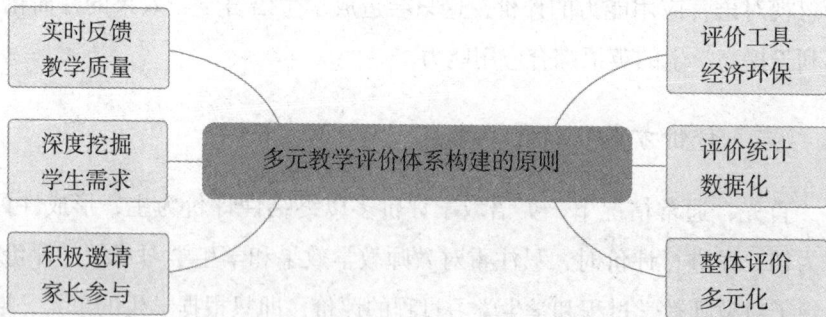

实时反馈教学质量　　评价工具经济环保

深度挖掘学生需求　　多元教学评价体系构建的原则　　评价统计数据化

积极邀请家长参与　　整体评价多元化

图7-2　多元教学评价体系构建的原则

一、实时反馈教学质量

在教学评价中使用现代信息技术意味着学校可以借助网络技术、大数据技术等搭建一个评价教学活动的在线平台，学生可以利用手机、平板电脑等电子设备登录这一平台，对教师的课堂教学质量进行评价。由于该平台同时与多种移动终端设备连接，因此使用起来不受时间和空间的限制，十分方便快捷。学生可以根据课程分类评价不同的课程或者同一课程的不同课时，教师则可以在收到云端数据统计的结果后进行分析，并有针对性地对学生反映问题较多的课时进行调整。

针对学生不太容易理解的、没有听懂的知识点，教师可以根据反馈的人数选择单独讲授或集体讲授的方法帮助学生理解并掌握这个知识点。针对学生给出的对教学活动的质性描述，教师可以进行长期的记录和数据分析，并根据这些描述分析学生的学习态度、学习水平。

二、深度挖掘学生需求

使用网络技术、大数据技术等现代信息技术可以使教学评价活动的开展不再流于形式，学生可以在教学评价平台轻松自由地与教师、同学进行交流与沟通，表达自己的想法，提出自己的意见。教师可以在评价平台上了解学生对教学活动最真实的看法，归纳和总结学生反映的问题类型，深挖学生学习的难点和感兴趣的知识内容。通过数据的计算和系统的分析，教师可以更好地了解学生的学习动机、学习需求，进而为激发学生的动机、满足学生的需求设计不同种类、内容、特点的教学活动，从而提高教学水平，促进学生的成长与进步。

三、积极邀请家长参与

家长的参与和支持是促进互联网时代教育教学发展的重要影响因素。在现代信息技术的支持下，教育教学工作者可以邀请家长参与在线课堂的评价。教师通过计算机或者手机应用将学生上课的画面分享给家长，家长便能清晰地看到学生参与在线教育的真实情况。教师还可以将教学视频上传到云端上的公共班级空间，家长可以进入空间进行观看。除此之外，当前网络视频教学模式的兴起使很多教师选择通过直播的方式讲授知识与文化，在这种情况下，家长可以选择和孩子一起观看直播，相互学习、相互监督、共同进步。通过参与学习，家长可以更加了解孩子的学习情况，进而对其进行更加客观、全面的评价。

四、评价工具经济环保

传统的教学评价工具多是纸质的，虽然纸质的评价工具显得更加正式，但是使用起来也有一些不足之处。例如，纸质评价工具一旦印刷出来就不能修改，如果要增加新的评价项目或者修改之前的评价项目就要重新设计、排版、打印；纸质版评价工具一般只能使用一次，导致大量的资源浪费；将纸质评价工具发送至评价主体手中，向评价主体讲解评价规则，再回收的过程会消耗大量的时间和精力。

与纸质评价工具不同的是，在网络云端进行的教学评价既方便进行修改和设计，又节能环保，且不用耗费人工的时间和精力向评价主体解释评价规则，也不会浪费评价主体过多的时间去评价。

五、评价统计数据化

纸质评价结果的查看、分析和整理不如网络评价结果操作方便、易于保存，因为计算机自带的数据分析软件能极大地提高评价统计的效率。而且纸质的教学评价采用的是定量的形式，对教学评价的细节缺少质性描述，不利于发挥教学评价的作用。质性评价能更加全面地反映教学过程中师生的行为与结果，为改进教学活动提供科学依据。从这个角度来看，网络质性评价比纸质定量评价更有操作价值，且更可能发展成为未来教育评价的主流形式。

目前，一些科技型的公司已经开发了新型的质性统计程序，如果能将这类程序技术引入学校的教学评价体系中，必然会引起传统教学评价的信息化变革。网络云端的评价数据与纸质的评价数据相比还有一个明显的优势，即比纸质的评价数据更容易保存、查找和调用。这些数据都是较为真实、可靠的第一手资料，对于后续的比较和跟踪研究具有重要的意义。

六、整体评价多元化

开展科学、有效的教学评价应该坚持整体评价多元化的原则，这也是构建多元教学评价体系应该遵循的重要原则。多元化的原则可以从以下三个方面来理解。

（一）评价主体多元化

传统的教学评价活动通常是由教学工作的管理者组织并开展的，学生甚至教师往往处于评价活动之外。在英语教学与信息技术融合应用的背景下，无论是对教师教学活动的评价还是对学生学习行为的评价，都应该让教师和学生参与其中。因此，评价主体多元化应包括学生的自我评价、教师对学生的评价、学生之间的相互评价以及网络教学系统对学生的评价。

1. 学生的自我评价

学生的自我评价是指学生要对自己在某一阶段的学习表现进行评价。例如，学生可以通过电子日志的形式记录自己在学习过程中的心路历程、对学习计划的执行度和完成度、在学习中遇到的困难和解决办法、对学习成果的总结和反思等。

2. 教师对学生的评价

教师对学生的评价分为可量化的内容和激励性的内容两部分。课堂表现、第二课堂活动表现、随堂测试、单元测试等是可以量化的；对学生的口头评价、书面评语等则主要涉及学生的情感态度、学习策略等，起到的是警醒、建议或激励的作用。

3. 学生之间的相互评价

学生之间的相互评价并不是随心所欲的，教师要制定科学的评价标准，严格控制，规范操作，避免流于形式。此外，教师还要引导学生正确认识他人对自己的评价，不能只接受好的评价，拒绝真诚的、需要自己改进错误的评价。

4. 网络教学系统对学生的评价

学生利用网络教学系统开展学习、练习和在线测试，在这一过程中，网络教学系统可以针对学生的这些学习行为展开评价。网络教学系统对学生的评价具有客观、高效的优点。教师必须熟练掌握网络教学管理平台的操作，事先设定好评价的内容和规则，充分发挥网络教学系统激励学生学习的作用。

（二）评价内容多元化

传统的教学评价更注重对学生学习效果的评价，特别是对英语语言知识掌握情况的评价，而忽视了对学生英语语言技能、跨文化交际能力以及其他英语综合运用能力的评价，更缺乏对学生情感态度、学习策略和意志品格的评价。针对上述问题，多元评价教学体系将评价的内容设定为对学生智力因素的评价和非智力因素的评价。

对智力因素的评价主要包括英语知识、英语综合应用能力、跨文化交际能力等内容。其中，英语知识主要是学生在课堂教学中学到的知识，包括英语语音知识、英语词汇知识和英语语法知识；英语综合应用能力包括英语的听、说、读、写、译技能；跨文化交际能力是指学生处理跨文化交际实践过程中出现的各种文化问题的能力，如文化差异、文化意识、文化态度、文化情感等问题。在实际的跨文化交际活动中，跨文化交际能力表现在交际的得体性和有效性方面。

交际的得体性是指跨文化交际参与者的言行符合目的语文化的价值观念、行为模式和社会规范。交际的有效性是指跨文化交际参与者能够实现自己的交际目标。总之，跨文化交际能力具有内在性，可以由参与者根据自己的观念意识进行知识输入、技巧输入，然后下达交际命令，完成交际行为。

对非智力因素的评价主要包括学习策略、意志品格和情感态度等内容。其中，学习策略主要包括认知策略、元认知策略、记忆策略等；意志品格主要包括学习过程中遇到困难时坚定意志和不会轻易放弃的信念；情感态度包括学习英语和用英语参与跨文化交际活动的真实情感和正确态度，学生要想提高自己的跨文化交际能力，就必须了解自身的情感态度。

在与不同文化背景下的人进行沟通时，人们往往会有一种由预先印象或文化定式所造成的情感态度。这些交际前的态度给交际活动参与者戴上了有色眼镜，使其不能如实地评价对方的交际行为给自己带来的感受，甚至对对方的言语行为产生了误解。如果参与者能提前意识到一点，就能在很大程度上克服先入为主的消极情绪，从而减少负面情绪对交际的影响，体验跨文化交际活动带给自己的真实感受。

（三）评价形式多元化

评价内容的多元化注定了评价形式的多元化。不同的评价内容需要采用不同的方式进行评价。如果要评价学生对英语基础知识和英语技能的掌握情况，可以采取形成性评价的方式，利用随堂测验、单元测验、计算机辅助听力测试、口语测试、英语技能竞赛采集学生的成绩数据，形成评价结果；如果要评价学生的非智力因素，则可以采取电子档案式评价方法采集教师的书面评语、学生之间的评语和教师对学生的阶段性建议，进行综合考虑，生成评估结果，或者采用定性的方法将评价结果纳入量化的范围；如果要同时评价学生的英语基础知识和语言综合应用能力，则可以采取终结性评价方式，这种评价方式一般通过期中和期末两次考试进行。

第三节　多元教学评价体系构建的方法

根据教学构成的基本要素理论，基于现代信息技术的背景，研究者可以从学习者、课程、教师和技术四个维度出发构建英语多元教学评价体系。

一、学习者维度

对学习者的评价构建分为两方面的内容：一方面是对学习者在现实世界中的英语综合运用能力的评价，另一方面是对学习者在网络虚拟世界中的英语综合运用能力的评价。学习者在现实世界和网络虚拟世界中的英语综合运用能力是有侧重点的，这主要体现在学习者在这两个世界里需要掌握不同的英语语言技能方面。

在现实世界中，学习者更需要掌握英语的听、说技能；而在网络虚拟世界中，学习者更多使用的是英语的读、写技能。因此，在语言知识方面，二者的评价指标也会有所侧重。例如，培养学生的跨文化意识是英语课程教学的教学目标之一。跨文化意识承认文化的多样性和不同文化之间的平等关系，并主张交际双方能够彼此尊重、相互包容。在跨文化交际的过程中，跨文化意识主要体现在认知上，即对交际双方的思维产生作用，这种认知思维将对个体的行为活动产生重要的指导意义。此外，跨文化意识具有文化性，因此交际双方要对本民族文化与其他民族的文化都有所了解，进而提升跨文化交际的意识。在互联网世界中，多元文化共同发展、相互交流，彼此之间的冲突和交融也体现得淋漓尽致，因此学生有必要提升自己的跨文化意识，主动适应和接受新的文化形式。

在现代信息技术背景下的英语互联网教学中，情感态度评价和学习策略评价的重要性也要引起重视。情感态度中的合作精神、爱国意识、国际视野，以及学习策略中的资源策略、调控策略、认知策略等都可以设为评价的指标。

有学者指出，在评价学习者的互联网学习效果时，要特别重视对学习者互联网综合学习能力的评价。学习者的互联网综合学习能力包括以下四个方面的内容。

第一，学习者的互联网学习态度。例如，学习者愿意通过学习掌握使用互联网开展学习活动的方法和技术；学习者能够按照既定的网络课程安排完成学习任务；学习者愿意和网络平台的其他学习者开展交流；学习者在网络学习模式下能进行自我管理、自我学习，等等。

第二，学习者参与互联网交流与协作学习的能力。例如，学习者在线上答疑环节经常向教师提问或回答他人的问题；学习者在需要小组合作完成项目的过程中能认清自己的角色定位，完成分配给自己的任务。

第三，学习者的互联网学习能力。例如，学习者在互联网学习平台上发布信息的能力、浏览网页查找相关信息的能力和参与互联网相关话题讨论的能力等。

第四，学习者对互联网资源的利用能力。例如，学习者经常在网络资源库中查询资料；学习者具有辨别和筛选网络信息资源的能力；学习者会在网络平台发布有价值的资源供他人参考和学习，等等。

事实上，以上四种互联网综合学习能力可以归入情感态度和学习策略的范畴。学习者的互联网学习态度和学习者参与互联网交流与协作学习的能力归于情感态度层面，因为这两项内容关乎学习者个人参与学习的意愿和主动性；而学习者的互联网学习能力和对互联网资源的利用能力则可以归入学习策略的范畴，因为这两项内容与学习者开展学习的方式方法有关。

二、课程维度

网络课程是开展网络教学活动的载体，课程维度的评价至关重要，它主要包括以下几个方面的内容。（见图 7-3）

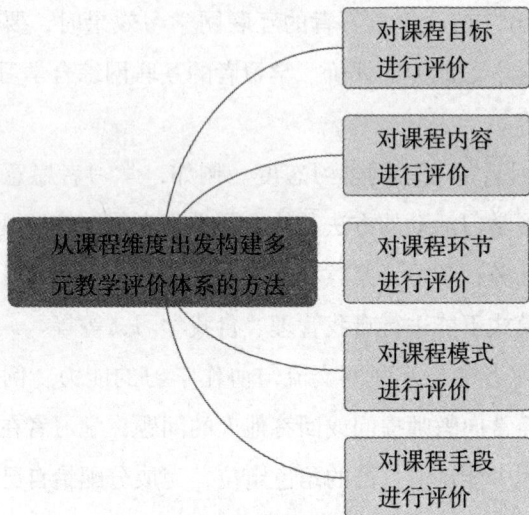

图 7-3　从课程维度出发构建多元教学评价体系的方法

（一）对课程目标进行评价

随着英语课程设计目标的国际化发展趋势，对网络课程目标的评价需要从以下几个方面来考虑：是否能够培养学生的国际视野；是否能够通过开展网络课程教学帮助学生认识世界、走向世界，同时让世界走进学校、走入学生眼中；英语教学工作者是否时刻关注本专业学科知识的更新以及本专业的学术发展动态，并通过适当引进国际化课程，为国际化人才的培养创造环境；英语教学工作者是否注重对学生学习能力和认知能力的培养；英语教学工作者是否能根据教改和教学发展的实际需求，适当调节英语各项技能培养在课程教学中的比例；英语教学工作者是否以培养学生的跨文化交际能力和英语职业应用能力为最终目标。

（二）对课程内容进行评价

对网络课程内容的评价主要是看网络课程内容的设计是否科学合理。英语课程教学的内容主要来源于英语教材，英语教材是课程内容教学的重点。英语教材本身有自己的学科知识体系，其体系结构完整、构建科学。然而，知识源于生活，英语作为一门语言，更是与人们的日常生活息息相关。因此，要评价网络课程的内容，就要看网络课程设计的内容是否与学生的生活实践、工作实践息息相关；是否能引起学生学习的兴趣；是否能培养学生的综合语言应用能力。此外，还要看英语教学工作者在进行网络课程设计的过程中，是否考虑了学生的身心发展特征，是否使课程教学内容符合学生的身心发展规律和语言认知规律。因为通过语言认知规律可以得知，语言教学工作的开展必须考虑学生认知水平的差异。根据学生的认知水平，英语教学工作者要采用不同的方法处理教学难点和教学重点，并适当采取分层教学方式，以满足所有学生的英语学习需求，使每个学生的英语语言能力都能得到提升。

（三）对课程环节进行评价

随着社会的发展和时代的进步，越来越多的高职院校开始重视网络课程的环节设计，并且将其当作教育教学改革发展的重要组成部分。为了进一步响应英语教学改革的发展要求，提高英语网络课程设计的专业化水平，在未来的教学工作实践中，英语网络课程的教学内容会更趋向于应用性和实践性，教学形式会更加灵活多样，课程设置会更加科学合理，课程设计的环节会更加规范。为了更好地完成英语课程环节设计的工作，高职英语教育教学工作者要认真研究教学大纲和课程标准，了解各个教学阶段的教学目标和教学内容，使课程设计满足教学开展的要求，进而保证教学目标的实现。

要评价网络课程的环节就要看课程环节的设计是否规范。

首先，要看在对每堂课进行设计时，英语教师是否明确了教学目标，包括知识目标、技能目标、情感态度目标等；英语教师是否对教学内容中的重难点部分开展了科学、全面的设计，以及是否安排好了这部分的呈现方法、练习方法，是否能够突出教学重点，是否能够达到良好的教学效果；在教学模式和教学方法的选择上，英语教师是否根据教学内容和学生的认知特点、学习心理选择了最合适的教学方法和教学模式。

其次，要看英语教师是否规范了课程教学的过程设计，教学思路是否清晰明了，教学环节之间的衔接是否过渡自然，教学活动的组织、设计是否既具备一定的灵活性，又符合新课标倡导的方法规范。

再次，要看英语教师所设计的课外活动、课外作业以及相关辅导活动是否遵循一定的规范，即教师不能完全按照自己的喜好随意设计。

最后，要看教案的书写和作业的批改是否符合一定的规范。教案书写的规范化不仅体现为内容的规范化，还体现为形式的统一化；作业批改的规范化则主要表现为作业批改内容、形式、次数上的统一。

（四）对课程模式进行评价

随着高等教育改革的逐步深入，采用多元化的教学模式开展教学活动已经成为广大教育教学工作者努力的方向。同时，课程模式也变得更加多元化，网络课程作为课程改革的先驱，更要注重呈现多元化的设计模式。因此，对网络课程模式的评价要看教师是不是在认识论、本体论等语言学习理论和教育学理论的指导下，以学生为中心，创建了开放的学习环境，采用了自主式、合作式等多元化的教学模式来设计网络课程；是否随着时代的前进和专业学科理论的发展，积极借鉴了其他相关学科的先进设计理念，丰富了本学科课程设计的理论研究和设计模式。事实证明，不仅社会学、语言学、教育学、心理学等一级学科对课程设计模式的发展具有指导意义，教育心理学、认知心理学、跨文化交际学等跨学科理论的研究内容也会对课程设计模式的发展起到积极的作用。

（五）对课程手段进行评价

随着多媒体技术与计算机技术的快速发展以及互联网的普及应用，现代教育技术已经被广泛应用于网络课程设计中。因此，要评价网络课程的技术手段，就要看广大英语教学工作者是否能够使用多媒体等现代化教学技术优化教学过程，提升教学效果。只是简单的图片、文本、动画或音视频应用已无法满足现代教学工作的目标与教学实践的需求，还要看英语教学工作者是否运用了图像的采集与处理技术、动画制作技术、数字视频处理技术、数字音频处理技术等现代化技术手段设计网络课程，是否熟练地运用了这些技术手段来呈现教学知识，是否将学习过程可视化，是否达到了更好的教学效果。

三、教师维度

（一）对教学理念进行评价

从教师维度出发构建多元教学评价体系首先要将教师的教学理念作为评价的内容之一。具体分析，要看教师是否能树立先进的教学理念并将该教学理念应用到实际的教学活动中。例如，教师能否在教学中保证教学语言的科学性与专业性，给学生树立良好的学习榜样；能否做到以学生为中心开展教学活动，时刻考虑学生的接受能力和学习体验；在进行教学设计或筛选教学材料时是否愿意听取并采纳学生的建议。

（二）对教学能力进行评价

从教师维度出发构建多元教学评价体系还要将教师的教学能力作为评价的内容之一。具体分析，要看教师是否熟悉自己负责的网络课程，能否熟练地使用网络支持软件开展教学活动；能否为学习者提供丰富的网络资源，帮助学习者开展深入的学习研究；能否设计科学、有效的教学活动，引导学生积极参与网络学习；能否对信息技术环境下学习者的学习进行公正、客观的评价，并就学习者存在的问题提出恰当的建议。

在传统教学模式面临质疑和挑战的今天，未来的英语教学工作会给英语教学工作者带来更多的困难和挑战。英语教学工作者要想更好地适应英语教学改革发展的趋势，跟上现代化教学的步伐，就要不断地学习新的理念和新的技术，在教学实践中不断探索新的、多元的教学评价机制和手段，促进职业英语教学的进步与发展。

（三）对教学方法进行评价

在职业英语教学中，教学方法评价是构建多元教学评价体系的重要组成部分，教学方法评价是评估教师灵活运用多种教学策略，以提高学生学习效果的关键环节。教学方法评价关注教师如何根据学生的需求、学科特点和课程目标选择教学方法、设计教学活动，以提高课堂教学质量。具体分析如下。

首先，教学方法评价关注教师能否合理运用不同的教学方法，如案例教学、任务型教学、项目式教学、讨论式教学等，组织教学活动，旨在培养学生的实际应用能力、问题解决能力和团队协作能力，为学生在职场中的成功打下基础。

其次，教学方法评价关注教师能否灵活调整教学策略，以适应不同类型的学生和教学目标。例如，教师是否能够根据学生的英语水平和兴趣，设计个性化的教学活动，激发学生的学习兴趣和积极性。

（四）对专业发展进行评价

教师专业发展评价关注教师在教育教学领域的持续成长和进步。这一部分的评价内容主要包括以下方面。

首先，教师专业发展评价关注教师参与各类专业发展活动的积极性和效果。教师应定期参加培训课程、研讨会、教育论坛等活动，不断提高专业知识和教育理念，以适应教育改革的需要。

其次，教师专业发展评价关注教师在教育研究领域的学术成果。教师应积极参与课题研究，探讨教育教学问题，撰写学术论文或研究报告，分享教育实践经验和教育创新成果，有助于教师形成自己的教育理念和实践方法，并为其他教师提供有益的参考。

最后，教师专业发展评价中对教师在教育实践中创新能力的评估是一个关键部分，着重考查教师在教学方法、课程设计和学生互动等方面的创新思维和实际应用能力。这一评价要素强调教师不仅要掌握传统的教学技巧，还要能够根据学生的需求和时代的发展，不断寻求新的教学方法和策略。例如，教师能否有效利用技术工具增强学生的学习体验，能否设计出既富有创意又适应学生学习风格的课程内容。通过这种评价，可以促进教师在教育实践中持续探索和创新，进而提高教学质量和学生的学习效果。

评价方法包括培训记录、学术成果汇报、教育研究成果分享、教育创新实践案例分析等。通过对教师专业发展的评价，可以激励教师保持对教育的热情和投入，促进教师不断提高教育教学水平。

四、技术维度

技术维度是网络课程区别于传统课程的特殊维度。技术维度的内涵主要包括技术的可靠性、适当性和兼容性，这是网络课程质量的前提和基本保障。在对网络课程的技术维度进行评价时，可以从以下几个方面入手。

第一，网络课程的运行环境说明是否简明易懂。

第二，网络课程的安装是否方便快捷。

第三，网络课程所使用的多媒体技术是否成熟。

第四，网络课程的运行是否稳定、流畅。

第五，网络课程的卸载是否方便。

第八章　信息化时代职业英语教师的素质培养与能力提升

第一节　职业英语教师的基本素质要求

一、职业英语教师的职业道德素质

教师的职业道德是一名教师基本的行为操守和道德品行，是教师在教学过程中调控与国家、社会、学生之间关系应该遵循的道德意识、道德规范和道德情操的综合。

良好的职业道德会促使教师不断提高自身的英语水平和授课技巧，尽可能地为学生学习创造有利的条件。课外，教师也会努力扩宽自己的知识面，寻找各种形式的补充材料，以弥补教材的不足，激发学生的兴趣。教师会因课堂的不足和对自身的不满，不断地反思实践，积极寻找解决办法。因此，教师对职业的热爱、对学生的关心和尊重、对工作认真负责的态度，是其持续进步和发展的动力。当教师所从事的教育事业成为生命的重要组成部分，当教师完全驾驭了推动其发展的外部积极因素，摆脱了消极因素的束缚，英语教学就不再仅仅是职责，而是一种享受和快乐。因此，教师只有具备正确的职业观和职业道德，才会全身心投入教学，努力提高教学水平，积极地针对教学过程中的问题和困扰自主寻找答案，做到使学生满意，使自己问心无愧。

　　教师应该喜欢自己的学生，因为学生的成长体现着教师的价值，是教师生命的无限延伸，学生的点滴进步是对教师最好的回报。教师要热爱自己的学生，对学生一视同仁。学生来自不同的家庭，每个家庭都有自己独特的情况，每个学生也有自己的个性特点，教师要平等地对待他们，既不能偏袒，也不能歧视，要对学生充满爱心，形成融洽和谐的师生关系。

　　教师的职业道德体系中，除了有对岗位和学生的热爱，还应有正确的专业认同感和专业发展意识。专业认同有助于教师明确自身的定位，以专业的标准来自我要求、自我管理、自我约束和自我规划。教师一旦树立了发展的意识和专业的认同感，就会把自己看作专业发展的主体，不断谋求自身发展的动力和途径，不会满足于现有的知识储备和教学水平，更不会安于现状、故步自封，而会以发展的眼光审视变化的教学环境、教学目标、教学对象和教学内容，在实践中不断更新教学理念，提升教学和科研水平，把高职英语教学和研究当作实现个人理想的终身事业来完成。相反，如果教师缺乏对职业的专业认同感，就会迷失职业生涯的目标，缺乏发展的动力和工作的热情。

　　在职业道德的意志方面，教师要具有克服教学困难的勇气和决心。学生在学习英语的过程中会出现各种各样的问题，许多问题是无法从书本中找到答案的；教师在教学过程中也会遇到各种各样的困难，其中有些困难是可以预料的，有些是意料之外的，这就需要教师培养良好的意志，不断地在教学实践中探索解决问题的方法。英语学习是一个漫长的过程，因此，学生要有恒心，教师要具有持之以恒的意志。这种持之以恒的意志还表现在教师自身能力的提高方面。优秀的教师需要在教学实践的过程中不断地发现问题，解决问题；不断地通过学习、研究提高自己的教学水平。另外，教师要善于控制自己的情绪，不要把不良情绪带到课堂中来。

二、职业英语教师的专业学科素质

（一）专业的知识储备

信息化时代背景下高职英语教师需要具备扎实的语言基本功和专业基础知识。所谓语言基本功，是指英语教师能够把握和驾驭英语语言知识和相关应用技能，能熟练地运用英语进行授课。所谓专业基础知识，是指与学生职业相关的、英语之外的专业知识，如商务课程知识、旅游课程知识、教育专业知识等。

在信息化时代背景下，高职英语教师最重要的业务素质是具有较强的英语表达能力和写作能力。因为在网络环境中，高职英语教师需要运用英语语言文字和口语进行教学和交流，教师只有思维逻辑顺畅、表述问题清晰，才能与学生进行良好的沟通。此外，英语教师还要引导学生培养批判性思维，使学生掌握不同文化之间的异同，对外来文化有选择性地进行吸收，进而丰富知识储备，提高人文素养。

除了要具备基本的英语语言知识，高职英语教师还需要通过不断的学习与积累，掌握英语语言之外的知识。这主要是因为在互联网背景下，学生所提出的问题具有开放性，既不能预测，也无法设定结果。在非英语专业领域，教师与学生的起点是一样的，如果教师没有足够多的知识储备，就很难与学生讨论相关话题，也无法在学生面前树立教师的形象。

（二）先进的教育理念

1. 教育理念概述

（1）教育理念观。教育理念包括理论取向的教育理念和价值取向的教育理念。

第一，理论取向的教育理念。理论取向的教育理念一般指的是教学实践者将某一教学理论或学习理论运用于具体的教学实践中。例如，交际语言教学就是以语言理论为基础的一个实例。在其影响下，其他一些交际框架下的交际语言教学也逐渐产生，如任务型教学法、合作学习法、内容教学法等。

从我国英语教学的发展历程可以看出，我国英语教学是随着世界各国语言教学的发展而不断发展的，语法翻译法、听说法、交际法等都是由教学领域的专家、学者照搬国外研究倡导的教学法到我国英语教学中。每倡导一种新的教学法，就由当地师范院校的教师或教研室或有经验的教师对当地的英语教师进行这一教学法的培训，对与该教学法的相关知识进行介绍，要求教师将特定的教学法运用于自己的课堂教学中。

随着时代的进步，人们的教学观念发生了一定程度的改变，一味地照搬他人的教学方法受到了很多专家和学者的批判。人们开始灵活、有选择地运用教学方法。随着教学理念的变化，教师教育理念也在发生改变，一些与教师教育术语相关的改变，如"教师培训""教师教育""教师发展"，就是不同的教师教育理念与教师教育重心转变的体现。

第二，价值取向的教育理念。随着国内外教育形势的不断发展，人们的教育理念、教学目标、教学模式也发生了变化。广大英语教育工作者与教师开始接受新的教育理念，以学生为中心，着眼于学生的思想、情感、认知、需求、个性、发展、策略等均是新教学理念的体现。

我国对教师、学生、教学以及教育在社会中应有作用的评价促使了价值取向的教学观念形成。现在流行的校本课程发展、行动研究等都属于价值取向的教育体系。一些价值取向的语言教学方法还包括教师分队教学制、人文教学、以学生为中心的教学理念等。

教师分队教学制是建立在教师和同行合作才会取得最佳效果的观点之上的，在教学的各个阶段，同事之间的互动和合作对教师和学生都大有裨益。人文教学法则强调学生价值观的发展、自我意识的提高、对他人的理解、对人的情感的敏感性、积极参与学习活动以及学习活动的方式等。群体学习法就是人文教学法的一个例子。以学生为中心的教学理念建立在学生应该自我控制、有责任自己做出决定的信念之上，学习者的需要不同，学习兴趣不同，学习方法也不同。语言教学计划和实施教学计划的教师应该向学生提供有效的学习策略，帮助学生找到适合自己的学习方式、习得完成课程任务所需要的技能，鼓励学生树立自己的学习目标，使学生形成评价的技巧。

（2）教育技艺观。教育技艺观将教学视为一种艺术。教学艺术的魅力在于教师个人性格的感召力、价值观的感染力、敏捷思维的影响力、创新意识的催化力。

优秀的教师应该具备现代意识、改革意识和创新意识。受改革创新意识的影响，教师会不断研究课程的时代性、实用性和独特性；能依据教材、超越教材、活用教材、发展教材；会对教学形势的需要以及未来可能发生的事情进行评价，从而创造并运用符合自身教学实际的教学策略。

技艺观要求教师根据特定的教学形势和教学环境发展出适合自己的教学方法，逐渐形成具有个性化的教学技巧。对于教学来说，教要有法，但教无定法，贵在得法。没有哪一种教学法能够适合所有的教学环境、教学形势、教学对象，教师在教学过程中应该根据自己的教学环境、教学对象、教学目标形成自己的教学模式，选择最有效的教学方法。

持有技艺观的教师，教学决策是其应具有的基本能力。一位好的教师善于分析自己的教学形势，了解在特定的教学环境中可选择的范围，然后选择最适合自己教学情境的方法。因此，教师不仅应善于利用自己的专业知识和职业技能，还要运用自己所具有的独特智慧和计谋去达到教学目标。

2. 信息化时代背景下的英语教育理念

信息化时代背景下的英语教育理念重新定义了英语习得的概念。英语习得就是学生在一定的社会文化背景下，通过外界的帮助或自主学习的方式，以意义建构的模式来获取英语语言能力的学习方式。这一新颖的教学理念要求高职英语教学活动的开展要以学生为中心，以教师为主导，教师的责任就是指导学生，参与学生的互动。教师和学生都是教学活动的主体，只不过分工不同，教师主要负责教，学生主要负责学，这种课堂教学理念不仅没有忽视教师的引导作用，反而强调了教师的监督和管理作用。

（三）开放的思维方式

在思维科学中，创造性思维是较高的思维形式，也是极有价值的思维形式。所谓创造性思维，就是用新想法、新技术和新方式来解决问题和处理问题，一般具有以下四个方面的基本特征。

第一，独特性。即能够打破常规，从独特的角度发现问题与解决问题。

第二，多向性。即包含发散性思维与聚合性思维。

第三，综合性。即能通过综合和分析归纳，抓住事物的主要矛盾和矛盾的主要方面。

第四，发展性。对事物的发展应该具有预见性，进而推测事物发展的趋势。

在互联网时代背景下，高职英语教师应充分利用网络提供的资源进行教育创新和教育科研。

独特性思维要求英语教师通过搜集和整理与教学相关的中英文资源设计出独特的、具有创新性的教学方法。

多向性思维要求英语教师具备对网络信息资源归纳、分析的能力，进而优化教学过程。

综合性思维要求英语教师能够将英语专业学科与信息技术、多媒体技术进行整合，从而发挥这些技术在教学中的优势。

发散性思维则要求教师的眼光具有前瞻性，能根据信息技术发展的方向预测未来教学工作发展的趋势。

三、职业英语教师的科学研究素质

英语教学中的科研就是找出影响学生英语成绩的那些变量（如教材、教学方法、教师以及学生的年龄、性别、智力、性格等），以及这些变量与英语成绩之间的相互关系。总体而言，外语教学中的科研对象包括以下三个层次。

首先，本体论层次，主要研究哲学层面上的问题。这个层次有两个核心问题：一是语言的本质，即语言是人类一种特殊的社会现象，是区别于动物交际方式的本质特征；二是语言学习的过程，即语言学习理论，又可以分为学习第二语言的心理过程、学习者的个体特征差异两个方面。研究者就上述两个方面的问题进行了大量的研究，并取得了丰硕的成果。本体论层次上的这两个问题极为重要，对这两个问题的回答决定了如何回答其他的问题。

其次，实践论层次，主要研究教学如何实施，包括大纲的制定，教材的编写，各种语言技能的培养、测量和评估等。

最后，方法论层次，主要研究具体的教学方法和教学手段。

一名优秀的英语教师不仅应是教学的实践者，还应是英语教学与学习规律的研究者。中国拥有着世界上人数最多的英语学习者，有着庞大的英语教学与研究队伍。在中国的历史上也从来没有像今天这样重视英语的学习。但令人遗憾的是，在英语教学理论的探索上还没有形成与庞大的学习群体规模相匹配的研究成果。长期以来，中国的英语教学在很大程度上仍然是照搬国外的英语教学理论和教学方法，而这些理论与方法并不一定适合中国。中国的英语教学具有独特的语言文化背景，中国的学习者具有独特的生理与心理特点，这些都决定了中国的英语教师在充分借鉴国外的教学理论与方法的同时，要充分考虑中国的特色，通过融合与创新努力探索具有中国特色的英语教学之路。在这一探索的过程中，英语教师的科研素质将起决定性的作用。目前，部分教师的科研素质较低，还需要不断努力。

第二节　职业英语教师的专业教学能力

一、沟通交流能力

现代教育教学理论已经不再把教学视为知识输出和接受的过程，而是师生之间交流和对话的过程。所以，国内有学者提出了"教育即交流"的命题，认为教育的过程实质上就是师生沟通的过程。在日常教学中，同一堂课，相同的教学内容，面对相同的学生，有的教师把握起来得心应手，有的教师的课堂却死气沉沉，主要原因就是教师沟通能力存在差异，无效或低效的沟通直接影响了教师的教学效能。良好的沟通能力是教师最基础的能力。

英语教学尤其需要沟通和交流。学生英语能力的习得往往需要师生之间的充分互动，互动的过程其实就是沟通交际的过程。如果教师缺乏此方面的能力或能力不强，教学效果自然不理想。要实现有效的沟通和交流，教师必须树立以学生可持续发展为本的思想，在教学中充分发扬民主，公平对待每一位学生，耐心倾听每一位学生的心声，同时要注意沟通时的语言技巧，让学生乐于沟通，乐于参与课堂学习，进而热爱英语教师，热爱英语学习。充分有效沟通和交流的教学才是有效的教学，具有有效沟通和交流能力的教师才是真正胜任教学的专业教师。

二、教学设计能力

面对特定的教学任务，教师如何组织教材，如何设计教学程序，采用何种教学方法和技术来开展教学十分重要。好的课堂设计可以使课堂教学跌宕起伏、妙趣横生，可以立即吸引学生的注意力，激发学生求知的欲望。教师教学设计能力的高低与其掌握的操作性知识的多少是密不可分的。但是，操作性知识丰富并不意味着教学设计能力强。英语教师要有意识地加强有关教学设计的研讨，因为不同的教学设计理念、不同的教学活动的选择、不同的教学媒体的运用都会在一定程度上影响教学效果，影响学生英语能力的习得、巩固和提升。

三、教学监控能力

一堂课的顺利展开，取得预期的教学效果，不仅有赖于教师的沟通能力和教学设计能力，而且还与教师的课堂管理能力密切相关。按照北京师范大学的辛涛、林崇德的说法，这种课堂管理的能力就是"教学监控能力"。他们认为，教学监控能力是教师的核心能力。[1] 在一个有几十名学生的教学班，没有较强的课堂监控能力想要实施有效的课堂教学几乎是不可能的。如何有效地推进各种教学活动的开展，如何确保各类学生在学习过程中都获得应有的进步，如何确保小组合作学习有效实施等，都需要英语教师有较强的掌控能力。这种教学监控能力其实是一种综合能力的体现，没有明确的章法可以遵循，运用之妙，存乎于心，但是要做到随机应变、游刃有余确非易事。

四、合作研究能力

教学专业与其他专业最大的区别在于工作对象不同：教师所面对的不是静止的物体，而是一个个具有主体思维的鲜活的生命，教学的复杂性、艺术性和创造性皆由此而生。看似常规的教学活动几乎是没有重复的，教师不断被置于新的教学情境中，不得不面对许多新问题。这些问题都具有个体性、偶然性和情境性，需要教师去反思、寻根究源，找到解决问题的办法。所以，研究应该是教师工作的一种常态。

---

[1] 辛涛，林崇德. 教师教学监控能力发展：质与量的分析 [J]. 中国教育学刊，1999（3）：50-54.

当然，教师的研究不应是一个人的孤军奋战和冥思苦想，需要与同事进行沟通和合作。教学工作的特殊性与复杂性决定了教师仅仅依靠个体反思难以实现真正意义上的专业发展，教师需要与同事一起合作，共同发现问题和解决问题。因而，合作应该是教师研究的主要方式。

实践表明，教师的合作研究能力会在教学中影响学生的合作探究能力。这一点在英语课堂教学中表现得更为明显。有合作研究习惯的教师自然会把这种习惯迁移到课堂教学中去，使课堂教学更具亲和力和实际效果。长此以往，教师的习惯也会变成学生的习惯，达到潜移默化地培养学生的目的。

五、教学创新能力

创新是教学的核心，也是教学的最高境界。创新能力是区别经验型教师与专家型教师的根本标志。所谓教学创新能力，是指教师能根据教学内容、情境和对象的变化，创造性地运用教学理论和教学方法以达到教育目标的能力。创新既遵守基本的教育规律，而又不被条条框框所束缚，使教学过程的空间得到拓展并富有弹性，充分体现教师的教学机制。

创新能力的培养不仅有赖于教师教育教学观念的更新，更有赖于教师个体实践经验的积累，以及教师对教育教学理论的辩证理解和对教学方法及手段的灵活运用。创新能力的形成，需要教师有扎实的基础性能力作为支撑。脱离基础能力的培养，没有发展的意识和能力，教师的创新能力也就无从谈起。教师个体实践知识的多少与创新能力的高低有着十分密切的关系，教师要不断丰富个体实践知识，以提高自身的创新能力。

六、职业生涯规划能力

当今世界，知识不断更新，学校所面临的教育环境和社会环境日益复杂，教学专业所面临的挑战也日益严峻。"做一天和尚撞一天钟"式的教师已经不能适应教育发展和社会发展的需要。

教师要根据时代发展，树立明确的、切实可行的专业发展目标，并根据自身所处教学环境的变化，确定并不断调整专业发展的内容和途径。教师只有对职业生涯进行清晰的规划，才能明确人生和职业的发展方向，才能清楚地认识到自身的价值，抓住机遇，增强职业竞争力和使命感。每一位英语教师在工作伊始就应树立自己的职业理想，做好职业规划，确立各个发展阶段专业能力的提升目标，有效地激励自己一步一步地走向成功。有了明确的目标指引和踏踏实实的行动，成为英语教学名师的理想也就不难实现了。

第三节　职业英语教师的信息化素质要求及培养

信息素养的概念最早是由美国信息产业协会主席保罗·泽考斯基（Paul Zurkowski）在 1974 年提出的。职业英语教师如果具有较高的信息素养，就能认识到完整与精确的信息是扮演好合理角色的基础；就能够确定对信息的需求，并通过对信息的分析提出问题；就能够确定哪些信息源是潜在的，从而根据这些信息源制定成功的检索方式；就能够具有获取、组织、使用、评价信息的能力。因此，职业英语教师需要养成信息化教学的习惯，以促进知识结构的多样化发展。

在信息化时代背景下，职业英语教师提升教学水平的关键在于掌握现代信息技术和多媒体技术以及具备较高的信息素养。具体分析，英语教师需要做到以下几点。

一、具备较强的信息获取和存储能力

信息获取和存储能力是指职业英语教师能够迅速、有效地检索、评估和整合各类信息资源。在信息时代，职业英语教师需要通过网络、数据库、电子图书等途径，获取与教学相关的知识、资料和案例。此外，职业英语教师还需掌握信息存储和管理的方法，如云存储、个人知识库等，以方便日后使用和分享。有关此项能力的培养方法如下。

（一）提供相关培训课程

为了提高职业英语教师的信息获取技能，教育部门和学校应组织各类培训课程。例如，开设关于信息检索的课程，教授教师如何利用搜索引擎、数据库和专业网站进行高效、精准的信息检索；开设文献管理课程，使教师了解如何使用文献管理软件，如 EndNote、Mendeley 等，以方便整理、引用和分享学术资料；开设数据库应用课程，教授教师如何运用各类数据库，如 CNKI、Web of Science 等，获取专业领域的最新研究成果。通过这些培训课程，教师将更有效地获取教学所需的信息资源。

（二）举办教育信息资源分享活动

为了促进教师之间的交流与合作，学校和教育部门可以定期举办教育信息资源分享活动，如线上线下研讨会、座谈会等，让教师分享关于信息获取、整理和应用方面的经验和心得。此外，学校还可以设立专门的信息资源共享平台，方便教师上传和下载优质的教学资源。通过这些交流和分享活动，教师之间可以互相学习，共同提升信息化素质。

（三）推广信息存储和管理工具

学校和教育部门应积极推广各类信息存储和管理工具，以方便教师整理和管理教学资料。例如，云盘服务（如 Google Drive、百度网盘等）可以方便教师随时随地存储、同步和分享文件；知识库软件（如 Evernote、OneNote 等）可以帮助教师进行笔记整理、资料分类和关键词标记，提高信息管理效率。学校还可以定期组织培训和研讨活动，让教师熟练掌握这些工具的使用技巧，从而更好地应对信息化教学的挑战。

二、具备较强的信息加工和筛选能力

信息加工和筛选能力是指职业英语教师能够从海量信息中筛选出有价值、有针对性的信息，并能将这些信息进行整合、分析和创新，以满足教学需求。职业英语教师需要具备批判性思维，辨别信息的真实性、可靠性和适用性，以避免传播错误或有害的信息。有关此项能力的培养方法如下。

（一）开展批判性思维和信息素养培训

教育部门和学校应开展批判性思维和信息素养培训，课程涵盖如何识别信息的真实性、可靠性和有效性，以及如何运用批判性思维对信息进行分析、评价和整合。课程内容可包括逻辑推理、证据评估、辩证思考等方面。通过参与这些培训，职业英语教师将具备更强的信息分析和评价能力，从而在教学中为学生提供更高质量的信息资源。

（二）设立信息评审机制

为保证职业英语教师使用的信息资源质量，学校和教育部门可设立信息评审机制。这一机制应邀请相关领域的专家参与，定期对教师所使用的教学资料、课件和在线资源进行评估，包括对信息的真实性、权威性、时效性和适用性的评估。通过这一机制，教师将更加关注信息质量，提高教学质量和学生学习效果。

（三）开展案例分析和教学研讨活动

为培养职业英语教师的信息整合和创新能力，学校和教育部门可组织各类案例分析和教学研讨活动。例如，通过案例分析，教师可以学习如何将不同信息资源整合到教学设计中，以实现教学目标和满足学生需求；教学研讨活动则可以让教师分享信息应用的经验和心得，从而激发创新思维。此外，学校还可以鼓励教师参加国内外教育信息技术研讨会等活动，提高信息整合和创新能力。

三、关注学生信息动态的能力

关注学生信息动态的能力是指职业英语教师能够关注学生在信息获取、处理和应用方面的发展，引导学生养成合理、安全、文明的信息使用习惯，培养学生的信息素养。此外，职业英语教师还需关注学生的网络行为，预防网络沉迷和网络欺凌等问题的出现。为此，高职院校和职业英语教师可从以下几个方面入手。

（一）开设专业课程培训

为了提高学生的信息素养，职业英语教师应将信息素养教育融入专业课程体系建设，并通过组织专题讲座的方式，邀请专家讲解信息素养的重要性以及信息安全、网络道德安全等知识。

（二）设立信息素养评价机制

为了激励学生关注自身信息素养的提升，职业院校可以设立学生信息素养评价机制。例如，定期进行信息素养测试，检查学生在信息检索、分析和应用方面的能力；组织作品评选活动，鼓励学生创作与信息技术相关的作品，如网页设计、多媒体制作等。通过这些评价方式，学生可以更清晰地认识到自己在信息素养方面的优势和不足，从而制订相应的学习计划。

（三）加强家校合作

家庭教育在学生信息素养培养中起着重要作用，职业院校要加强家校合作，建立网络安全教育体系。具体分析，职业院校可以通过举办家长培训班、座谈会等形式，让家长了解培养学生信息素养的重要性，提高家长对网络安全问题的敏感度；职业院校还可以定期向家长发送网络安全教育资料，提醒家长关注孩子的网络行为。通过这些措施，家长将更加关注和参与学生的信息素养培养，进而同学校和教师一起为学生创造良好的信息学习环境。

第四节 职业英语教师的信息化
教学能力及提升方法

一、信息技术基本技能及提升方法

职业英语教师不仅需要掌握常用的计算机操作技能，如文字处理、电子表格制作、演示文稿制作等，还需要熟悉网络资源的检索、评估和利用技巧，以便在教学过程中获取和整合有价值的信息资源。

（一）文字处理技能

熟练使用文字处理软件（如 Word、WPS 等）是职业英语教师的基本技能。教师应能快速创建、编辑和排版文档，以便高效地准备教学材料，撰写教学计划和评价报告。教师还需学会使用高级功能，如样式、目录、引用等，以提高文档的专业性和可读性。

（二）电子表格制作技能

掌握电子表格软件（如 Excel、Google Sheets 等）的基本操作对于职业英语教师而言同样重要。职业英语教师应能够运用电子表格进行数据整理和分析，以便更好地评估学生的学习进度、成绩和表现。此外，学会使用公式、函数和图表等高级功能，还有助于提升职业英语教师教学管理的效率和质量。

（三）演示文稿制作技能

熟练掌握演示文稿软件（如 PowerPoint、Keynote 等）是提高教学质量的关键。因此，教师需学会设计内容丰富、结构清晰、具有视觉吸引力的幻灯片，以提高学生的学习兴趣和参与度。职业英语教师还应掌握一些多媒体和互动元素的应用技巧，以丰富教学内容和形式。

二、教育信息技术应用能力及提升方法

职业英语教师应能够灵活运用各种教育信息技术，如多媒体课件、网络教学平台、在线测试工具等，并将这些技术融入教学设计和实施中，以提高教学质量和效果。

（一）多媒体课件的设计与应用

多媒体课件能够有效提高学生的学习兴趣，增强教学效果。因此，职业英语教师应熟练掌握多媒体课件制作软件（如 PowerPoint、Prezi 等），利用图片、音频、视频等丰富多样的媒体元素，设计内容生动、形式多样的课件。职业英语教师可通过参加培训班、学习在线教程等方式，不断提升自己的多媒体课件设计能力。

（二）网络教学平台的运用

网络教学平台的运用有助于提高教学管理的效率，促进学生自主学习。因此，职业英语教师应能灵活运用各类网络教学平台（如 Moodle、Blackboard 等），有效地组织在线课程、作业布置、学习效果评估等教学活动。职业英语教师可以通过实践操作、参加培训、阅读相关文献等途径，掌握网络教学平台的使用技巧。

（三）在线测试工具的掌握与运用

在线测试工具能够快速地收集学生的答卷，自动统计成绩，有助于职业英语教师及时了解学生的学习情况，调整教学策略。因此，职业英语教师应了解并熟练使用各种在线测试工具（如 Google Forms、Survey

Monkey 等），设计丰富多样的测试题目，如选择题、填空题、问答题等。职业英语教师可以通过参加线上培训、学习在线教程、交流经验等方式，提高在线测试工具的运用能力。

三、信息技术教学创新能力及提升方法

职业英语教师需要关注信息技术在教育领域的新发展和新应用，勇于尝试新的教学方法和技术工具，推动教育教学的创新。例如，职业英语教师可以利用虚拟现实（VR）、增强现实（AR）、人工智能（AI）等先进技术，为学生创造更丰富、更具体的学习环境和体验。

（一）虚拟现实与增强现实

虚拟现实和增强现实技术为英语教学提供了更生动、沉浸式的学习体验。职业英语教师可以利用这些技术带领学生进行虚拟的语言实践，如角色扮演、文化体验等，提高学生的语言运用能力。职业英语教师可通过参加培训、研讨会、实践活动等途径，了解和掌握 VR 与 AR 技术在教育领域的应用。

（二）人工智能

人工智能技术为职业英语教学带来了创新机会，如智能教学助手、自适应学习系统等。职业英语教师可以运用这些工具，实现个性化教学、智能诊断与评估，提高教学效果。职业英语教师需要时刻关注 AI 技术在教育领域的最新动态，通过阅读相关论文、参加研讨会等途径，提升自己在人工智能教育应用方面的认识和能力。

（三）互动式学习

互动式学习方法，如在线讨论、协作式学习、项目式学习等，可以激发学生的学习兴趣和动力，提高学生的学习效果。因此，职业英语教师

需掌握这些互动式学习方法，运用信息技术工具（如在线讨论板、协作文档等），组织高质量的互动学习活动。教师可以通过参加培训课程、教育研讨会等方式，学习和探讨互动式学习的理念和实践。

（四）移动学习

移动学习是指学习者利用移动设备（如手机、平板电脑等）进行学习的过程。职业英语教师可以运用移动学习工具拓展教学空间和时间，实现随时随地的学习。职业英语教师需关注移动学习的发展趋势，探索和尝试各种移动学习工具和资源，为学生提供多元化的学习途径。

参考文献

[1] 吕浔倩，刘彬.信息化高职教育教学管理研究[M].西安：西北工业大学出版社，2019.

[2] 王九程.信息化时代高职英语教学研究[M].长春：吉林人民出版社，2020.

[3] 孙瑜.信息化背景下高职英语教学改革路径创新研究[M].延吉：延边大学出版社，2021.

[4] 王娟.高职英语教学与教师职业能力培养研究[M].沈阳：辽宁大学出版社，2021.

[5] 张艳.信息化时代高职英语教学研究[M].延吉：延边大学出版社，2019.

[6] 杨明军."互联网+"背景下的高职英语教学模式探究[M].北京：九州出版社，2017.

[7] 李培平，张燕.高职英语信息化教学改革与应用研究[M].北京：九州出版社，2020.

[8] 杨海霞，田志雄，王慧.现代高职英语教学研究与实践探索[M].长春：吉林人民出版社，2019.

[9] 老青，江洁.文科高职英语教育教学研究：以北京地区高等职业院校文科类专业为例[M].北京：北京语言大学出版社，2014.

[10] 赵盛.高职英语教学方法与改革研究[M].长春：吉林人民出版社，2020.

[11] 唐俊红."互联网+英语教学"[M].北京：新华出版社，2018.

[12] 徐道平，王凤娇，赵卫红.互联网时代下高校英语教学研究[M].长春：

吉林人民出版社，2019.

[13] 苑丽英.“互联网+”视域下大学英语教学的创新探索 [M]. 长春：吉林人民出版社，2019.

[14] 王磊.“互联网+”背景下高校英语有效教学研究 [M]. 长春：吉林人民出版社，2019.

[15] 程亚品.“互联网+”时代下信息技术与英语教学的深度融合 [M]. 天津：天津科学技术出版社，2019.

[16] 黄燕鹏.“互联网+”背景下大学英语教学体系的反思与重建 [M]. 成都：电子科技大学出版社，2018.

[17] 陈莉.英语教学与互联网技术 [M]. 北京：光明日报出版社，2016.

[18] 张迎春.“互联网+”背景下高校英语教学创新研究 [M]. 北京：中国原子能出版社，2020.

[19] 蒋春丽.“互联网+”视域下大学英语教学新模式的研究 [M]. 北京：中国书籍出版社，2020.

[20] 孙博.“互联网+教育”视阈下大学英语教学的路径选择与构建 [M]. 长春：吉林科学技术出版社，2020.

[21] 任婷.应用型高校英语教师职业英语能力培养研究 [J]. 校园英语，2022（43）：52-54.

[22] 任婷.职业英语能力培养教学创新模式研究 [J]. 长春师范大学学报，2022，41（7）：174-177.

[23] 王得花.基于职业用途英语（EOP）课程任务型教学质量提升的实践 [J]. 大学，2021（39）：131-133.

[24] 樊辰辰.基于线上线下混合式教学模式的职业英语教学效能研究 [J]. 中国多媒体与网络教学学报（中旬刊），2021（10）：50-52.

[25] 杨青.基于职业需求导向的高职英语课堂教学设计 [J]. 太原城市职业技术学院学报，2021（5）：91-93.

[26] 李伟容.信息化背景下形式聚焦在职业英语课堂的实现路径研究 [J]. 英语广场，2021（3）：55-58.

[27] 杨林.依托职业英语技能大赛的高职公共英语信息化教学模式研究[J].产业与科技论坛，2020，19（24）：160-161.

[28] 叶红.课程思政在职业英语教学改革中的缺失及对策[J].校园英语，2020（50）：68-69.

[29] 王友.高职高专院校职业英语教学的现状与对策[J].生活教育，2015（12）：96-98.

[30] 段晓梅.在职业英语教学中应用现代信息技术的优势[J].职业，2020（29）：89-90.

[31] 周瑞杰.构建多元英语教学模式创新职业英语教育发展[J].辽宁科技学院学报，2020，22（5）：62-64.

[32] 李伟容.信息化背景下项目导向教学在职业英语课堂的发展研究[J].高教学刊，2020（26）：89-91.

[33] 贾玲玉.信息化教学在职业院校英语教学中的应用研究[J].中国现代教育装备，2020（13）：136-137，143.

[34] 聂晶晶.信息化时代职业化英语教育发展策略[J].黑龙江教师发展学院学报，2020，39（6）：143-145.

[35] 李艳辉.基于微课的翻转课堂在高职英语教学中的研究：以《新职业英语2》为例[J].知识经济，2020（15）：153-154.

[36] 李萍.职业英语教学中基于"微课"的翻转课堂教学设计的应用研究：以南京机电职业技术学院为例的混合式教学模式探究[J].当代教育实践与教学研究，2019（24）：22-23.

[37] 李伟容.基于SPOC模式的职业英语混合式教学实证研究[J].高教学刊，2019（21）：113-116.

[38] 李慧.基于职业英语能力培养的高职英语教学模式研究[J].西部素质教育，2019，5（17）：219-220.

[39] 陈颖.信息化时代职业英语教育发展策略[J].内江科技，2019，40（7）：59，95.

[40] 苏波，李爱华.情境英语教学与职业素养培育融合研究：以高职动物医

学专业英语教学为例 [J]. 辽宁农业职业技术学院学报，2019，21（4）：32-34.

[41] 王欣蕾，任程坤. 探索多媒体技术在信息化教学中的应用 [J]. 信息与电脑（理论版），2019（12）：159-160.

[42] 朱江. 信息化教学手段在高职高专职业英语教学中的应用研究 [J]. 数码世界，2019（6）：182.

[43] 杨莉. 混合式教学模式下的职业英语教学探索 [J]. 江西电力职业技术学院学报，2019，32（5）：62-63，65.

[44] 赵怡雪. 微课在职业英语信息化教学中的应用探究 [J]. 科学咨询（教育科研），2019（2）：75.

[45] 陈之枫. 基于产出导向法的高职职业英语听说课堂信息化教学初探 [J]. 海外英语，2018（22）：210-211.

[46] 李媛. 企业对高职生英语能力需求的调查研究：以长三角经济区域为例 [J]. 中国市场，2018（5）：153-155.

[47] 王显辉. 浅谈信息化教学手段在高职高专职业英语教学中的应用 [J]. 中外企业家，2018（3）：166.

[48] 阙丽. 试探英语技能竞赛对职业学校英语教学的策应作用 [J]. 校园英语，2017（43）：66-67.

[49] 洪燕. "互联网＋"背景下的中职英语教学应对策略探讨 [J]. 科技创新与生产力，2017（10）：33-34，37.

[50] 王唯繁. 酒店职业英语信息化教学设计：以客房预订任务为例 [J]. 智库时代，2017（8）：172，174.